中华上下五千年

梁世荣 编

民主与建设出版社
·北京·

© 民主与建设出版社，2021

图书在版编目（CIP）数据

中华上下五千年 / 梁世荣编 . -- 北京：民主与建设出版社，2021.6（2023.1 重印）
ISBN 978-7-5139-3586-9

Ⅰ . ①中… Ⅱ . ①梁… Ⅲ . ①中国历史 – 通俗读物
Ⅳ . ① K209

中国版本图书馆 CIP 数据核字（2021）第 108725 号

中华上下五千年
ZHONG HUA SHANG XIA WU QIAN NIAN

编 者	梁世荣	
责任编辑	刘树民	
封面设计	黄 辉	
出版发行	民主与建设出版社有限责任公司	
电 话	（010）59417747　59419778	
社 址	北京市海淀区西三环中路 10 号望海楼 E 座 7 层	
邮 编	100142	
印 刷	三河市天润建兴印务有限公司	
版 次	2021 年 6 月第 1 版	
印 次	2023 年 1 月第 2 次印刷	
开 本	710mm × 1000mm　1/16	
印 张	20	
字 数	317 千字	
书 号	ISBN 978-7-5139-3586-9	
定 价	68.00 元	

注：如发现质量问题，请联系调换。

前言

　　从古老文明的第一声号子，到武昌起义的第一声枪响，中国历史经历了五千年漫长而耐人寻味的过程，其间既有繁荣辉煌，也有曲折艰难，过去的历史的积累，铸成了今天灿烂的现代文明。通过学习和了解中国历史，人们可以从王朝的兴衰演变中体会生存的智慧，从叱咤风云的历史人物经历中感悟人生真谛。

　　博古通今一直是中国人的追求，因为历史蕴含着经验与真知，无论是王朝帝国的兴衰成败、历史人物的功过是非，还是重大事件的曲折内幕、伟大创新背后的艰辛……这些过往的历史无不折射出做人与做事的道理。学习历史，了解历史，小到个人，是修身齐家，充实自己头脑、得到人生启迪的需要；大到国家，是在世界民族之林立于不败之地的前提。

　　但中华历史源远流长，发生的事件、出现的人物错综复杂、头绪繁多，普通读者很难找到入门捷径。历史知识的普及对历史读物的通俗性和趣味性提出了很高的要求，而从目前有关中国历史的研究和出版状况来看，却并不乐观，过于深奥、抽象的专业史学论著常使普通读者读起来味同嚼蜡，而打着戏说、歪说旗号的文字又经常使之轻浮。如何使历史从神圣的殿堂走人民间？如何能使读者在轻松愉悦中欣赏历史、了解历史？本书在这方面做了努力。

　　为了帮助读者在较短时间内了解中国历史的进程，丰富知识储备，我们精心编撰了这部《中华上下五千年》。本书以时间为序，选取了五千年间的重大事件、风云人物、辉煌成就、灿烂文化等内容，力求在真实性、趣味性和启迪性等方面达到一个新的高度，并通过科学的体例与创新的版式，全方位、新视角、多层面地阐释中国历史。全书分为华夏源头、中原争霸、九州一统、离析与交融、乾坤变幻、王朝更迭六章，精彩扼要地讲述了中国历史演进的基本脉络和文明的发展历程，为读者讲述想知道的、需要知道的、应该知道的历史知识，帮助读者从宏观上把握中国历史，进而掌握人类历史发展的内在规律。

本书还精心选配了数百幅内容涵盖面广、表现形式丰富的图片，包括出土文物、历史遗迹、战争示意图、名人画像等，与文字内容互为补充与诠释，使读者仿佛置身于一座真实立体的历史博物馆，更加直观地了解中国历史。简洁精要的文字，配以多元化的图像，打造出一个立体直观的阅读空间，使读者获得图与文赋予的双重享受。

在这里，我们用通俗流畅的语言来解读重大的历史事件、鲜活的历史人物、丰富的多元文化，把厚重的五千年历史通过简洁明了的形式表达出来。阅读本书，读者可以在轻松愉悦中了解中国历史发展进程，增长知识和胆略，提高历史修养，进而更好地把握现在，展望未来。

目录

九州一统

离析与交融

风云变幻

❧ 王朝更迭 ❧

华夏源头

黄帝战蚩尤

4000多年以前，在我国黄河、长江流域一带生活着许多部落。传说以黄帝为首领的部落，最早住在今陕西北部的姬水附近，后来沿着洛水南下，东渡黄河，在河北涿鹿附近定居下来，开始发展畜牧业和农业。

▲黄帝战蚩尤图

与黄帝同期的另一个部落首领叫作炎帝，当他带领部落向东发展的时候，碰到一个极其凶恶的九黎族的首领蚩尤。传说蚩尤有81个兄弟，全是猛兽的身体，铜头铁额，凶猛无比。他会铸刀造戟，还经常带着他的部落，到处侵扰，闹得周围部落不得安宁。炎帝部落定居山东后，经常受到蚩尤的侵扰，炎帝几次起兵抵抗，但不是蚩尤的对手，被打得一败涂地。

炎帝战败后，带领他的部落逃到涿鹿，请求黄帝帮助复仇。黄帝早就想除掉蚩尤这个祸害，就与炎帝联合在一起，并联络其他一些部落，召集人马，在涿鹿郊外与蚩尤展开了一场殊死决战。

关于这场殊死决战有许多神话传说。据说，黄帝平时驯养了熊、罴、貔、貅、虎等野兽，打仗时，就带着这些猛兽冲锋陷阵。蚩尤的兵士虽然凶猛，但遇到黄帝率领的联合军队，加上异常凶猛的野兽，也招架不住，丢枪弃盾，纷纷败逃。炎黄联军乘势追杀。忽然狂风骤起，昏天黑地，电闪雷鸣，暴雨滂沱。原来是蚩尤请了"风伯雨师"前来助战，企图阻止炎黄联军的追击。黄帝也不甘示弱，请来天女，驱散了风雨，天气顿时晴朗，黄帝终于彻底打败了蚩尤。

各个部落看到黄帝打败了蚩尤，为大家除了害，都很高兴。黄帝以自己的智慧和战功受到大伙儿的尊敬和拥戴，威望越来越高。后来，炎帝族也与黄帝族发生了矛盾，黄帝在阪泉一带打败了炎帝。从此，黄帝成为中原地区部落联盟的首领。

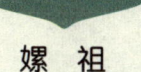

传说，黄帝还是一个大发明家，他不仅发明了在地面上建房屋，还发明了造车、造船和制作衣裳，等等。这当然不会是他一个人发明的，黄帝只不过是个带头人罢了。传说他的妻子嫘祖亲自参加劳动，也有一些发明，养蚕缫丝就是她的功劳。最初人们不知道蚕的作用，那时候只有野生的蚕，嫘祖就教妇女养蚕、缫丝、织帛。打那以后就有了丝和帛。

嫘　祖

黄帝元妃嫘祖，是有史籍记载的中华民族伟大的母亲，又称"先蚕娘娘"。相传她经常带领妇女上山剥树皮、织麻网，她们还把男人们猎获来的各种野兽的皮毛剥下来，进行加工。就这样，各部落的大小首领逐渐都穿上了衣服和鞋，戴上了帽子。

有一天，嫘祖在一片桑树林里发现满树结着白色的小果，观察了好几天，才弄清这种白色的小果是一种虫子口吐细丝绕织而成的。她把此事报告给黄帝，并要求黄帝下令保护本国山上所有的桑树林。

从此，在嫘祖的倡导下，人们开始了栽桑养蚕的历史。后世人为了纪念嫘祖这一功绩，就将她尊称为"先蚕娘娘"。

黄帝为创造远古时代的文明，立下了汗马功劳，在后代人的心目中占有极其重要的地位，所以人们都尊黄帝为中华民族的始祖，自己是黄帝的子孙。因为炎帝族和黄帝族原来是近亲，后来融合在一起，所以我们常常把自己称为炎黄子孙。

尧舜禅让

传说在黄帝之后，出了三个很有名的部落联盟首领，名叫尧、舜和禹。他们原来都是一个部落的，先后被推选为该部落联盟的首领。

起初，尧领导部落生产生活，后来，尧年纪老了，想找一个继承他职位的人。有一次，他召集四方部落首领来商议，到会的人一致推荐舜。

▲壁画艺术中宁静的尧舜时代

尧听说舜这个人挺好，便让大家详细说说舜的事迹。

大家便把了解到的情况说给尧听：舜有个糊涂透顶的父亲，人们叫他瞽叟（就是瞎老头儿的意思）。舜的生母死得早，后母心肠很坏。后母生的弟弟名叫象，极其傲慢，而瞽叟却很宠他。生活在这样一个家庭里的舜，待他的父母、弟弟都很好。因此，大家认为舜是个德行好的人。

尧听了挺高兴，便把自己两个女儿娥皇、女英嫁给舜。为了考察舜，又替舜筑了粮仓，分给他很多牛羊。舜的后母和弟弟见了，非常妒忌，便和瞽叟一起用计想暗害舜。

有一次，瞽叟叫舜修补粮仓的仓顶。当舜沿梯子爬上仓顶时，瞽叟就在下面放了一把火，想把舜烧死。舜在仓顶上一见起火，想找梯子下来，却发现梯子已经被人拿走了。幸好舜随身带着两顶遮太阳用的笠帽。他双手拿着笠帽，像鸟一样张开翅膀跳下来。笠帽随风飘荡，舜安然无恙地落在地上。

瞽叟和象不甘心失败，他们又叫舜去淘井。舜跳下井去后，瞽叟和象就在上面向井里扔石头，想把舜埋在井里面。但是舜下井后，在井里挖出一个通道，从通道中钻了出来，又安全地回家了。

从此以后，瞽叟和象不敢再暗害舜了。舜还是像过去一样和和气气对待他的父母和弟弟。

尧听了大家的介绍后，又对舜进行了一番考察，认为舜确是个众望所归的人，就把首领的位子让给了舜。这种让位方式，历史上称为"禅让"。

舜担任首领后，又俭朴，又勤劳，跟老百姓一起参加劳动，大家都信任他。过了几年，尧死了，舜想把部落联盟首领的位子让给尧的儿子丹朱，但是遭到众人的一致反对。舜才正式成为了部落联盟的首领。

大禹治水

在尧担任首领期间，黄河流域经常发生水灾，良田沃土，房屋牲畜，都被淹没。这时居住在崇地的一个名叫鲧的部落首领，奉了尧的命令去治理洪水。鲧用了将近九年的时间治理洪水，不仅没有制服洪水，反而使洪水闹得更大、更凶了。鲧只知道筑造堤坝挡住洪水，却不知道疏通河道，后来，堤坝被洪水冲垮了，灾情便越来越严重。

舜接替尧担任部落联盟首领后，发现鲧的工作失职，便杀了鲧，并让鲧的儿子大禹去治理洪水。

大禹吸取了他父亲的教训，采取了疏导的办法，带领百姓开渠排水，疏通江河，兴修水利，灌溉农田。

传说在大禹治水的十三年当中，他曾经有三次路过自己的家门而不入。他一直想着老百姓仍在遭受洪水的祸害，庄稼被淹，房子被毁，于是，三次经过家门都顾不上进去探望家人。经过多年的努力，大禹终于治理好了水患，把洪水引到大海里去，为社会的安定、繁荣、发展起到了积极的推动作用。

▲夏禹王像

舜年老以后，也像尧一样，开始物色部落联盟首领。大禹因为治水有功，就被舜选定为自己的继承人。因此，在舜死后，大禹便继任了部落联盟的首领。在他的治理下，部落和平，九州安定。后来，大禹命人铸造了象征九州和平的九鼎。这时，随着生产力的发展，社会产品出现了剩余，那些氏族、部落的首领们利用自己的权力，将剩余产品据为已有，以公有制形式存在的氏族公社开始瓦解。

禹，传说中夏朝的第一个王，鲧之子。因禹治水有功，舜让位于他。在他死后，子启即位，从此开始了王位的世袭制度。

大禹死后，被大禹选定的继承人东夷首领伯益拒不接受。后来禹所在的夏部落的贵族便拥戴禹的儿子启为部落联盟首领。启建立了中国历史上第一个奴隶制国家——夏朝，从此开创了子继父位的世袭制度。

贤臣伊尹

伊尹，出生于伊水流域（今河南洛阳附近），在他很小的时候，就被卖到了有莘国（今开封陈留一带）做奴隶。

有一回，商汤的左相仲虺去给夏桀送贡品，途中在有莘国停留了几天。无意中，他发现送饭菜的奴隶伊尹才智出众，交谈之下，发现伊尹果然是个贤人。

回国后，仲虺就向商汤举荐了伊尹。求贤若渴的商汤，立即派了一名使臣带着聘礼，到有莘国去请伊尹。使臣到了有莘国后，明察暗访，费了很大劲儿，才在野外的一间小茅草屋里找到了伊尹。使臣上下打量了一番这个又黑又矮、蓬头垢面的伊尹，实在看不出这个人有什么出众之处，不由得显出一副傲慢无礼的神情来，他对伊尹说道："你就是伊尹吧，你的运气来了，我们商王想见你，赶快收拾东西跟我走吧！"伊尹被使臣傲慢无礼的言行激怒了，立即以一种凛然不可侵犯的态度，从容地回答说："我伊尹虽然贫寒，但我有田种，有饭吃，过得像尧舜一样痛快，为什么要去见你们商王呢？"商国的使臣讨了个没趣，只好垂头丧气地回商国了。

有莘国的国君听说商汤派使臣来请伊尹，他怕伊尹被商国请去对自己不利，就找了个借口把伊尹抓了起来。后来仲虺亲自来请时，伊尹已失去了人身自由。

▲ 伊尹像

仲虺回商国后，把伊尹面临的处境向商汤汇报了一遍，商汤十分失望。后来，仲虺想出了一个主意，便对商汤建议向有莘国求婚，让伊尹作为陪嫁奴隶，和有莘国的女儿一起到商国来。这样，不仅可以请来伊尹，而且可以使有莘国免除疑虑。商汤表示赞同，马上派人到有莘国去求婚。使臣到了有莘国，向有莘国求婚，有莘国的国君答应了商汤的要求，于是伊尹作为陪嫁奴隶来到了商国。

伊尹来到了商国后，经过交谈，商汤感到伊尹果然是个了不起的人才，于是就任命伊尹为商国右相，和仲虺共同策划、处理各种国事。就这样，伊尹由一个奴隶一跃成了商国的宰相。

在伊尹的辅助下，商国的势力更加强大，最后终于灭掉了摇摇欲坠的夏王朝，建立了商朝。

商汤死后，伊尹成为商国的重要辅臣。商汤有3个儿子，大儿子太丁死得早，于是汤死后，伊尹扶持商汤二儿子外丙继位做了商王，但是外丙不久也死了，于是伊尹又立他的弟弟中壬为王。过了不久，中壬又死了，伊尹只好立商汤的长孙太甲为王。

太甲从小生长在帝王之家，过着无忧无虑的生活，因此他即位后，对政务民事从不过问，整天只知寻欢作乐。

伊尹一再教导太甲要勤政爱民，不能耽于游乐，但太甲根本听不进去。伊尹看到太甲执迷不悟，心想：太甲这样放纵下去，说不定将来会成为像夏桀一样的人。由于劝诫毫无结果，伊尹就和其他大臣商议后，把太甲软禁在汤墓附近的相宫（今河南偃师县西南），让他静心思过。

三年的时间过去了，看到太甲稚气脱尽，行为简朴，与三年前相比判若两人，伊尹非常高兴，便亲自携带商王的冠冕衣服到相宫，迎接太甲返回亳都再登王位，把国政交还太甲。

鸣条之战

约在公元前1600年，商汤正式兴师伐夏。战前商汤誓师，列举了夏桀荒废朝政、破坏生产、不体恤人民、滥施淫威的一系列罪行，表明自己欲救民于水火，替天行道。

商汤精选良车70乘、"敢死"队6000名整装待发，并召集不堪忍受夏桀奴役的诸侯会盟于有仍，讨论并部署灭夏战略。

夏桀急调九夷部落军队汇编入夏朝军队以迎战商汤。汤见夏桀仍有一定的号召力，威势尚存，便采纳伊尹的谋略，修书假意臣服，以之为缓兵之计。后来汤再次宣讨暴桀，而此时，原本听命于桀的九夷军哗变，有缗

▲征射手甲骨文

商代征战的形式是每乘战车上有一名弓箭手。征集三百名弓箭手出征，说明出征战车已达三百乘。

氏阵前倒戈，桀只得纠集起王室直属军队抵御商军。

当时，夏桀夜梦"两日相斗，西方日胜，东方日不胜"，这被居夏从事间谍活动的伊尹得悉并反馈给汤。汤命令大军进行战略转移，从"东方"行军，迂回到夏都以西，由西向东攻击。这一战术能出其不意，攻其不备；而另一方面则是利用了夏桀对"西方日胜"的心理恐惧，弱化夏军心理防线。

商汤命军队由西向夏都突袭夏军，夏桀仓皇应战，出城拒汤。商王和夏主就在鸣条展开了一场势均力敌的厮杀。夏桀指责商汤目无君王，罪不可赦；而商汤反责夏桀荼毒生灵，已没有权威再号令四方。深受夏桀压榨的夏朝民众也坚定地站在了商汤一边，商军助威声、民众斥责声令曾"唯我独尊，无视天下"的桀心有余悸，再加上脑海中不断浮现的"西方日胜"，夏桀胆战心惊，拨马败走。但见商王大手一挥，商军以排山倒海之势冲向夏军，夏王室主力军队一溃千里，向东南方向败退。商相伊尹早已料到有这一着，战前他已安排商军盟友在夏都东南严阵以待，及时伏击败逃的夏军。夏桀再遭重创，逃奔到南巢（今安徽寿县南），不久病死，夏朝灭亡。

鸣条之战以夏桀军队彻底失败、商汤军队大胜而宣告结束。

盘庚迁都

商汤建立商朝时，将国都定在亳（今河南商丘）。后来 300 年当中，前后 5 次搬迁都城。其原因是多方面的，有王族内部经常争夺王位，发生内乱的缘故；还有黄河下游常常闹水灾的缘故。有一次洪水泛滥，把都城全淹了，商朝就不得不迁都。

从商汤开始，王位传到盘庚时，已传了 20 个王。盘庚是个很有才干的君主，为了改变当时社会不安定的局面，他决心再一次迁都。

可是，迁都的想法遭到大多数贵族的反对，他们贪图安逸，都不愿意搬迁。还有一些有势力的贵族煽动平民起来反对，一时间闹得满城风雨。

在强大的反对势力面前，盘庚丝毫没有动摇迁都的决心。他把反对迁都的贵族找来，耐心地劝说他们："迁都是为了我们国家的安定。你们要理解我的苦心，不要产生无谓的惊慌。我的主意已定，不容更改。"

盘庚坚持迁都的主张终于挫败了反对势力，他带着平民和奴隶，渡过黄河，搬迁到殷（今河南安阳小屯村）。在那里整顿商朝的政治，使衰落的商朝重新兴旺起来，以后200多年，一直没有迁都。所以商朝又称作殷商。

从那以后，又经过3000多年的漫长岁月，商朝的国都就变为废墟。到了近代，人们在殷地旧址上发掘出大量古代的遗物，因为那里曾经是商朝国都的遗址，就把那里命名为"殷墟"。

从殷墟发掘出来的遗物中，有龟甲（就是龟壳）和兽骨10多万片，上面都刻着很难辨认的文字。经过考古学家的研究，才把这些文字弄明白。当时，商朝的统治阶级很迷信鬼神。他们在祭祀、打猎、出征时，都要用龟甲和兽骨来占卜吉凶。占卜之后，就把当时发生的情况和占卜的结果用文字刻在龟甲、兽骨上。现在，我们把这种刻在龟甲、兽骨上的文字叫作"甲骨文"。我们今天使用的汉字就是从甲骨文演变而来的。

殷　墟

殷墟是在河南安阳西北郊小屯村一带发现的商朝后半期的文化遗址。该地在商朝时称为殷，从盘庚迁殷到纣亡国，共经历了8代12王273年的时间。中国历史上又称商朝为"殷代""殷商"和"殷朝"。商朝被周武王灭亡之后，殷都被废弃，逐渐荒凉，以致变成废墟，年长日久被埋在地下，后来人们叫它为"殷墟"。从1928年起，这里先后发掘出大量青铜器、玉器、陶器和甲骨（10万多片），还发掘出许多墓葬和宫室遗址。

在殷墟上发掘出的遗物中，还发现了大量的种类繁多的青铜器皿、兵器，工艺制作都很精巧。有一个叫作"后母戊"的大方鼎，重量为875公斤，高130多厘米，上面还刻着富丽堂皇的花纹。从这件青铜器上可以看出，在殷商时期，冶铜的技术和艺术水平都是很高超的。

姜太公钓鱼

盘庚死后，又传了11个王，最后王位传给了纣。

纣和夏桀一样，只知道贪图享乐，根本不管政事民生。他建造了许多富丽堂皇的宫殿，还在别都朝歌（今河南淇县）造了一个"鹿台"，把搜刮来的金银珍宝储藏在里面；他又造了一个极大的叫作"钜桥"的金库，把剥削来的粮食囤积起来。他把成吨的酒倒在池里，把成堆的肉挂得像树林一样，叫作肉林酒池。他和宠姬妲己过着穷奢极欲的生活。纣王还用各种残酷的刑罚来镇压背叛他的诸侯和反对他的百姓，有一种刑罚是把人抓来放在烧红的铜柱上烤死。这叫作"炮烙"。

纣的凶残暴虐，加速了商朝的灭亡。然而此时，在西部的周部落一天天兴盛起来。

周本是一个古老的部落。夏朝末年，这个部落活动在陕西、甘肃一带。后来，为了躲避戎、狄等游牧部落的侵扰，周部落的首领古公亶父率领周人迁移到岐山（今陕西岐山县东北）下的平原，并在那里定居下来。

周部落首领传至古公亶父的孙子姬昌（后来称为周文王）的时候，部落已经很强大了。

周部落强大起来，对商朝构成了很大的威胁。于是，纣王派人把周文王抓住，关在叫羑里（在今河南汤阴县一带）的地方。周部落的贵族把许多美女、骏马和珍宝，献给纣王，又给纣王的

▲周文王访贤版画

亲信大臣送了许多礼物，才把姬昌赎了回来。周文王见纣王昏庸残暴，民心失尽，就决定讨伐商朝。但是，他身边缺少一个有军事才能的人来帮助他带兵打仗。他便开始留心物色这样的人才。

有一天，周文王带着他的儿子和兵士到渭水北岸去打猎。在渭水边，一个老头儿在河岸上坐着钓鱼。大队人马过去，那个老头儿丝毫不为所动，还是安安静静钓他的鱼。文王看了很惊奇，就下了车，走到老头身边，跟他交谈起来。

经过一番谈话，知道他叫姜尚（又叫吕尚，"吕"是他祖先的封地），是一个精通兵法布阵的高人，于是，周文王恳请姜尚同他一起回宫。

因为文王的祖父曾经盼望得到一位帮助周族兴盛起来的人，而姜尚正是这样的人，所以后来人们叫他太公望；在民间传说中，又称他为姜太公。

太公望做了周文王的助手后，一面发展生产，一面训练兵马。周族的势力越来越大。没过几年，周族逐渐占领了商朝统治下的大部分地区，归附文王的部落也越来越多了。

但是，正当周文王打算征伐纣王的时候，却害了一场病死了。

牧野之战

周文王死后，他儿子姬发继承了王位，就是周武王。周武王拜太公望为师，让他的兄弟周公旦、召公奭做太公望的助手，继续整顿政治，训练兵士，准备讨伐商纣王。

这时，纣的暴政已经达到了极点。商朝的贵族王子比干和箕子、微子十分担忧，苦苦地劝说他改邪归正。纣不但不听，反而将比干杀了，还残忍地叫人剖开比干的胸膛，挖出他的心，说要看看比干的心长什么样。迫于无奈，箕子装疯卖傻总算免了一死，被罚作奴隶，囚禁起来。微子看见商朝已经没有希望，便离开了别都朝歌。

在公元前11世纪，周武王得知纣已经到了众叛亲离的地步，认为时机已经成熟，请精通兵法的太公望做元帅，领5万精兵，渡过黄河东进。800诸侯在盟津会师。周武王在盟津举行誓师大会，历数了纣昏庸无道、残害

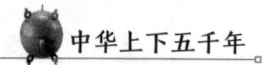
人民的罪状，鼓励大家同心讨伐纣王。

一天，在周武王进军时，有两个老人挡住了军队的去路，要见武王。原来，这两人是孤竹国（在今河北卢龙）国王的儿子，哥哥叫伯夷，弟弟叫叔齐。

孤竹国王钟爱叔齐，想把王位传给他。伯夷得知父王的心意后，便主动离开了孤竹国，叔齐也不愿接受王位，也躲了起来。他们两人在周文王在世的时候，一起投奔周国，并定居下来。他俩听到武王要去讨伐纣王，就赶来阻止，并说这是大逆不道的行为。

太公望知道这两人是一对书呆子，吩咐左右将士不要为难他们，把他们拉走就是了。后来这两个人想不开，竟躲到首阳山（在今山西永济西南）上，后来都饿死在山上。

周武王的讨纣大军士气旺盛，一路上所向披靡，很快就打到距朝歌仅有70里的牧野（今河南淇县西南）。

纣得知后，慌忙拼凑了70万人马，由他亲自率领，跑到牧野迎战。他以为，凭他70万人马，打败5万人马是轻而易举的事。

可是，那70万商军有一大半是由奴隶和从东夷抓来的俘虏组成的。他们平日受尽纣的压迫和虐待，对纣早就恨之入骨了，谁也不想为纣卖命。在牧野战场上，当周军勇猛地冲进商军队伍的时候，他们就掉转矛头，纷纷倒戈，配合周军一起攻打商军。70万商军，一下子就土崩瓦解了。太公望指挥周军，趁势一直追击到商都朝歌。

逃回朝歌后，商纣王看到大势已去，就于当夜躲进鹿台，烧了一把火，跳到火里自焚了。

周武王灭了商朝后，把国都从丰搬到镐京（今陕西西安市西），建立了周王朝。

周公辅政

周武王建立周王朝后仅仅两年就生病死了。他的儿子姬诵即位，就是周成王。那时，周成王只有13岁，不能处理政务。于是由武王的弟弟周公旦辅助成王掌管国家大事，行使天子的职权。历史上，通常不直接称呼周公旦的名字，只称周公。

▲周公像

　　周公尽心尽力辅助成王，管理政事，但还是遭到他的弟弟管叔、蔡叔的猜忌，他们在外造谣说周公有野心，想篡夺王位。

　　这时，纣王的儿子武庚不满足于周朝封给他的殷侯地位，想重新恢复殷商的王位。武庚一听说周朝内部动荡不安，就和管叔、蔡叔串通起来，联络了一批殷商的旧贵族，还煽动东夷的几个部落，起兵叛乱。

　　武庚和管叔等人制造的谣言，很快传到镐京，一时谣言四起，连召公听了也怀疑起来。成王年小，更分不清事实真伪，所以对这位辅助他的叔父也不太信任了。

　　周公内心很痛苦，他首先向召公推心置腹地表明心意，告诉召公，他绝没有野心，让召公顾全大局，不要听信谣言。他这番诚恳的话感动了召公，消除了大家对周公的误会。周公在调和了内部的矛盾之后，毅然调动大军，亲自东征武庚。

　　这时候，东方有几个部落都与武庚串通一气，蠢蠢欲动。周公授权给太公望：各国诸侯，有不服周朝的，都由太公望征讨。这样，由太公望控制东方，周公自己全力讨伐武庚。

　　周公花了三年时间，终于平定了武庚的叛乱，杀了武庚。周公平定了叛乱，把管叔革了职，将蔡叔充军。管叔觉得自己没有脸面去见他的哥哥和侄儿，便上吊自杀了。

　　周公东征结束时，抓获了一大批商朝的贵族。因为他们反抗周朝，所以叫他们"顽民"。周公觉得让这批人留在原来的地方容易滋生事端；同时，又觉得镐京远离东部的广大中原地区，控制起来很不方便，他就在东面新建一座都城，叫作洛邑（今河南洛阳市），把殷朝的"顽民"都迁到那里，派兵监视他们。

　　这样一来，周朝就有了两座都城。西都是镐京，又叫宗周；东部是洛邑，又叫成周。

　　周公辅助成王执政了七年，不仅加强了周王朝的统治地位，而且还为

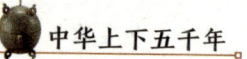

周朝制定了一套典章制度。到周成王满20岁的时候，周公把政权交还给成王。

周成王死后，他的儿子康王即位，这段时间前后约五十多年，是周朝强盛和统一的时期，这就是历史上所说的"成康之治"。

周厉王毁国

在成王、康王之后，周朝逐渐加重了对平民和奴隶的统治与剥削，刑罚也变得严酷起来。

周厉王是周王朝第十代国君，是个十分残暴的君主，他即位后，对人民的压迫更加严酷了。

周国成立以后，渐渐破坏了原始部落公有制的土地制度。周朝初年，周天子又分封了70多个诸侯国，把土地山林赏赐给各级贵族，国人可以进山采集果实、砍柴、打猎，在江河湖泊捕鱼。人们利用这些收入来贴补生活。

到了周厉王做国君，他宠信一个名叫荣夷公的大臣，荣夷公唆使他改变了原有制度，把原来公有的山林江河湖泊和贵族占有的山林土地收为国有，不准国人使用。荣夷公派兵在道路上设关立卡，盘查来往行人，不许人们上山打猎、下水捕鱼，把人们采集来的果实、山珍统统没收。他们还勒索财物，虐待人民。这样一来，上至贵族、大臣，下至平民百姓，都毫无例外地蒙受了经济损失。周厉王的暴虐措施，激起国人的强烈不满。

周昭王南征

周昭王名瑕，是周康王的儿子。昭王十六年（约公元前980年），他亲率大军南征荆楚，取得了胜利。昭王十九年（约公元前977年），昭王再次南征楚国，结果全军覆没，昭王也死于汉水之滨。因南征的失败，周王朝的力量已无力控制南方，到周穆王时只好在南方建立防线，派师戍守。

周厉王在政治上独断专行，无论事情大小，都事必躬亲。为了防止人们的反抗，镇压人们的暴乱，周厉王施行残酷的刑法，导致国人怨声载道。

后来，大臣召公虎进宫奏报厉王，外面的百姓对朝政不满，到处都在议论国事，并劝说厉王及早改变做法，免得出乱子。周厉王不仅不听劝说，反而下了一道命令，禁止国人批评朝政。此后，还杀了一批国人，这样一来，国人都不敢大声说话，就连在街上打招呼也只能用眼光示意。

这样到了第四个年头，也就是公元前841年，人们终于忍受不了周厉王的残暴，举行了一次大规模的暴动，史称"国人暴动"。参加暴动的人有平民，也有贵族，开始仅几十人，后来迅速发展到几万人，整个镐京成了沸腾的海洋。国人拿起武器、农具，像洪水一样向王宫冲去。王宫卫士看到愤怒的人群，吓得纷纷躲避起来。周厉王顾不得体面，慌里慌张带了一批人逃命。他一直逃到彘地（今山西霍县）才停了下来，总算保住了一条命。

国人冲进王宫烧毁了宫殿，搜遍了各个角落也没有找到周厉王，听说他的儿子静躲在召公虎家里，于是又围住召公虎家。召公虎无法控制住人们愤怒的情绪，出于无奈，只好将自己的儿子冒充静交给人们处死，这样才平息了这场规模巨大的暴动。

周厉王被赶下台后，朝廷里没有国王，国内人民拥戴大臣周公和召公主持国政，替天行使职权，历史上称为"共和行政"。从共和元年，即公元前841年起，中国历史才有了确切的纪年。周厉王从这一年一直到共和十四年，一直待在彘地没敢回来，最后死在那里。

这次起义动摇了周王朝的统治。在起义者的打击下，周室王权大大削弱了，诸侯对王室的离心倾向越来越大。后来周厉王的儿子静即位，就是周宣王。此后，周王室虽然表面上仍维系着从前的制度，实际上已经外强中干，周王朝正走向分崩离析，渐渐衰落。

宣王中兴

周宣王，姓姬，名静（一作靖），周厉王之子，周朝第十一位王，公元前828年～公元前781在位。

周厉王昏庸无道，国人举行暴动，周厉王逃到彘（今山西霍县），姬静躲在大臣召公虎的家里。国人知道后，包围了召公的家，要他交出太子。召公极力劝说国人饶恕太子，国人不听，强行闯入召公家里进行搜捕。召公说："先前我多次劝谏周厉王施仁政，周厉王不听，以至于造成了今天这样的灾祸。如果现在太子被人杀了，周厉王会认为我记仇，所以要报复他。作为一个忠臣怎么能这样呢？"召公急忙赶到内室，让他自己的儿子与太子对换服装，忍痛将儿子交给了国人。国人都没有见过太子，分不出是真是假，看见召公的儿子衣服很华丽，以为是真太子，就一哄而上将假太子打死后离去。姬静就冒充召公的儿子隐藏了下来。

周厉王逃跑后，西周朝廷没有人主持国政。大臣和诸侯们经过商议，推举了德高望重的大臣召公和周公共同主持国政，历史上称为"周召共和"。共和元年即公元前841年，中国历史就是从这一年开始有了明确而且连续不断的纪年。

共和十四年（公元前828年），周厉王病死在彘。一直躲藏在召公家的太子姬静已经长大成人，召公、周公利用迷信平息了国人的愤怒，拥立姬静为周王，就是周宣王。

周宣王即位后，吸取他父亲周厉王的教训，决心效仿文王、武王、成王、康王，重用召公、周公、尹吉甫等贤臣，整顿朝政，振兴周朝。在他的励精图治和贤臣们的精心辅佐下，国家逐步恢复了往日的繁荣景象，诸侯们又纷纷来朝见周王了。

刚开始的时候，周宣王在召公和周公等大臣的辅佐下，废寝忘食、殚精竭虑地治理国家。可是时间一长，他就有些懈怠了。

周宣王的王后姜后，是一个既聪明又贤惠的女人。她看到周宣王天天早睡晚起，不想去上朝，心急如焚，心想："要是这种情况继续下去的话，不仅不能振兴周朝，还可能重蹈周厉王的覆辙，这可怎么办啊？"于是，她决定向周宣王进谏。

姜后脱下王后的衣服，摘下头上身上的金银饰品，然后穿上罪人的衣服，把自己关进监狱，命令宫女去禀告周宣王。宫女来到周宣王的寝宫，告诉周宣王姜后的情况。正睡得迷迷糊糊的周宣王一听，立即从床上跳起来，急忙穿上衣服，来到监狱，看到自罚为囚犯的王后关在监狱里，周宣王急忙问怎么回事。

姜后跪下哭着说："臣妾的品德太差，致使大王迷恋上我，害得大王上朝经常迟到，给大臣、诸侯和百姓们留下了大王好色失德的印象。大王好色，必然会穷奢极欲、酒池肉林，导致社会动荡、国家灭亡。当年夏桀王迷恋妹喜，商纣王迷恋妲己，结果导致百姓怨恨、诸侯离心，落得个身死国灭的下场。如果说现在我们国家存在潜在的动乱，那么动乱的根源就是我，是我让大王沉迷女色荒废朝政。"周宣王听了，大受感动，非常羞愧，连忙把姜后扶起来，给她换上王后的衣服，把她接回王宫。

从此以后，周宣王每天早晨准时上朝，勤于政事，不敢有丝毫倦怠。在大臣们的辅佐下，周朝逐渐恢复了过去的强盛。

周宣王非常重视黎民百姓的疾苦。有一年大旱，田里颗粒无收，周宣王亲自登上祭坛，向上天祈祷，希望上天把灾害降临在自己身上作为惩罚来拯救黎民百姓。

周朝四周的少数民族趁着周朝衰落不断侵扰。当周朝复兴后，周宣王命召公及卿士南仲、大师皇父、大司马程伯休父等率军讨伐，沿淮水东进，淮夷纷纷降服，向周朝进贡物品；派秦庄公兄弟五人和尹吉甫征伐猃狁（即西戎），大获全胜，迫使猃狁向西北退走。周宣王还命方叔率军征伐楚国，也获得了胜利。从此周朝天下太平，人民安居乐业。

在周朝的君王中，周宣王是仅次于周武王的明君，他在位期间，励精图治，使周朝复兴，史称"宣王中兴"。

烽火戏诸侯

周宣王在公元前781年死了，太子宫湦即位，这就是周幽王。周幽王是一个昏君，只知吃喝玩乐，不理政事。

周幽王不仅残暴昏庸，而且耽迷女色。他整日派人四处寻找美女。有一个叫褒珦的大臣，劝谏幽王节制享受，幽王不仅不听，反而把褒珦判了罪。

后来，褒家人将褒姒进献给周幽王。周幽王一见褒姒貌若天仙，马上就把褒珦释放了。从此，幽王整天与褒姒在后宫饮酒作乐，将朝政抛在脑后。

然而，幽王虽然宠爱褒姒，但褒姒性格内向，不喜笑颜，任凭幽王想尽一切办法来讨她欢心，褒姒都不笑。

有一天，幽王忽然心血来潮，让人在宫外贴一个布告：有谁能逗王妃

▲烽火戏诸侯

荒淫昏庸的周幽王为博得爱妃一笑，不惜假借烽火之名欺骗属国国君，使他们对其失去信任，最后亡国，可谓荒唐可笑又教训深刻。

娘娘笑一次，就赏他一千两金子。

奸臣虢石父得知后，马上向幽王献计，用"烽火戏诸侯"的玩笑来博取褒姒一笑。烽火是古代军情危急时的报警信号，周王朝在骊山上建有二十多座烽火台，每隔几里便有一座，专门用来防备西戎的进攻。一旦西戎来犯，烽火台上的烽火会像接力棒一样点燃，一个地点一个地点传下去，附近的诸侯远远见了就会发兵来救援。

第二天，幽王兴致勃勃携爱妃褒姒上了骊山，他们白天在骊山吃喝玩乐，到了晚上，让士兵把烽火台的烽火点了起来。附近的诸侯一见黑烟滚滚的烽火狼烟，以为西戎兵打来了，立即率兵来援。赶到时，却不见西戎兵的影子，只听见山上丝竹管弦之声。这时，虢石父从山上下来说，大家辛苦了，这里没有什么事，大王和王妃放烟火不过想取个乐，你们回去吧！

诸侯们从老远跑来，却被幽王耍了一番，一个个气得肺都要炸了，掉转马头就走。褒姒在山上，借着火光看到诸侯们气愤、狼狈的样子，真的笑了一下。幽王瞧见了她这一笑，不由得心花怒放，马上赏给虢石父一千两金子。

幽王自宠幸褒姒以后，被她迷得神魂颠倒，竟然废掉太子宜臼，改立褒姒生的儿子伯服为太子。

后来，西戎兵来犯，幽王下令点起烽火求援，结果各路诸侯对上次的羞辱记忆犹新，加上对幽王昏庸乱政的不满，连一个救兵也没有派。

西戎兵很快攻破周都镐京，把逃到骊山脚下的幽王和伯服杀了，又把美貌的褒姒抢走了。

幽王死后，申侯、鲁侯和许文公在申国立原来的太子姬宜臼为王，这就是周平王。平王后来回到镐京，看到镐京已被犬戎人破坏得面目全非，只好于公元前 770 年，东迁至洛邑。历史上把周朝定都镐京的时期，称为西周；迁都洛邑之后，称为东周。

中原争霸

重耳流亡

重耳是晋献公的儿子，晋献公宠爱一个妃子骊姬，想把骊姬生的儿子奚齐立为太子。后来晋献公年纪大了，想到嗣立的问题，便狠了狠心，将原来的太子申生杀了。申生一死，晋献公的另外两个儿子重耳和夷吾都感到性命难保，便都逃到别的诸侯国避难去了。

晋献公死后，夷吾回国夺取了君位。夷吾感到留着重耳是个祸患，便想除掉重耳，重耳不得不到处逃难。重耳在晋国时很有声望，一批有才能的大臣都愿意辅佐他。

重耳在狄国一住就是十二年，后来有人行刺他，只好逃往卫国。卫国国君看他时运不济，不肯接待他。

重耳一班人一路流亡到齐国。那时齐桓公在位，待他不错，送给重耳不少车马和房子，还把本族一个姑娘嫁给他。重耳觉得在齐国挺舒适，便不再想回国的事，可是跟随的人都思念晋国。于是，众人商量了个办法，把重耳带出了齐国。

后来，重耳又到了宋国。正赶上宋襄公生病，他手下的臣子对重耳的随从狐偃说："宋襄公是非常器重公子的，但是我们实在没有能力帮助你们回晋国去。"

狐偃明白宋国的意思，便与重耳等人离开宋国，又到了楚国。楚成王把重耳当作贵宾，还用招待诸侯的礼节招待他。由此，重耳十分尊敬楚成王。两个人渐渐成了朋友。

有一次，楚成王邀请重耳到王宫去，在宴会上开玩笑说："公子要是将来回到晋国当上国君，那么会怎样报答我呢？"

重耳说："我愿意和贵国永远友好。如果两国交兵打仗，在两军相遇时，我一定退避三舍。"等宴会结束，楚国大将成得臣对楚王说："重耳言谈没有分寸，我看他是个忘恩负义的人。不如趁早杀掉他，免得以后吃他的亏。"

楚成王对成得臣的意见不置可否，正好秦穆公派人来接重耳，成王就让重耳到秦国（都城雍，在今陕西凤翔东南）去了。

▲晋文公复国图卷　南宋　李唐

　　当初秦穆公帮助重耳的异母兄弟夷吾回晋国当了国君。没想到夷吾做了晋国国君以后，不仅不感恩戴德，还和秦国发生了战争。夷吾死后，他儿子又同秦国发生事端。于是，秦穆公决定帮助重耳回国。

　　公元前 636 年，秦国的大军护送重耳渡过黄河，收复了晋国，从此流亡了十九年的重耳回到晋国当上了国君。这就是晋文公。

退避三舍

　　晋文公即位以后，治理内政，发展经济，晋国又渐渐强盛起来。

　　这时候，逃往郑国的周朝天子周襄王派人到晋国讨救兵。原来周襄王有个异母兄弟叫太叔带，联合了一些大臣，向狄国借兵，夺取了周襄王的王位。

晋文公马上发兵攻打狄人，狄人大败，晋文公又杀了太叔带和拥护他的一帮人，护送天子重返京城。

过了两年，宋襄公的儿子宋成公又来向晋国求救，说楚国派大将成得臣率领楚、陈、蔡、郑、许五国兵马攻打宋国。大臣们都同意出兵救援宋国，扶助有困难的国家，以建立霸业。

晋文公知道，要拥有中原霸主的地位，就得打败楚国。他便组建了三路大军，浩浩荡荡地去救援宋国。

公元前 632 年，晋军先后攻克了归附楚国的曹国和卫国，俘虏了两国国君。

楚成王并没有同晋文公交战，听到晋国出兵，立刻下令派大将成得臣退兵。

成得臣先派人要求晋军释放卫、曹两国国君。晋文公却暗地通知这两国国君，答应恢复他们的君位，条件是他们先跟楚国断交。曹、卫两国真的按晋文公的意思做了。

《周易》

《周易》也叫《易经》，从战国时代起，就被看作中国古代儒家学派的经典著作之一，后来被列为儒家经典之首。"周易"的"周"指周代，"易"是变化的意思，按照古书记载，易有"三易"——《连山》《归藏》《周易》。春秋时代，《周易》作为占筮书流行，不断有人对它进行解释和研究，其中包括孔子。到战国时，便出现了《易传》七种十篇，称为"十翼"。后来《易传》被编入《易经》，就成了我们今天所见到的《周易》。《周易》虽是一部占筮之书，但也含有一种朴素的辩证法思想。

成得臣本想救这两个国家，不料这两个国家不讲道义倒先来跟楚国绝交，气得他率领全军直奔晋军大营。

楚军一进军，晋文公立刻命令往后撤。这种做法让许多晋军将领费解。

狐偃解释说，当初楚王曾经帮助过主公，主公在楚王面前许过愿：万一两国交战，晋国会退避三舍。今天后撤，就是为了信守这个诺言啊。

晋军向后撤了九十里（一舍为三十里），才停下来，在城濮（今山东鄄城西南）布置好了阵势。

楚国一些将领见晋军后撤，想停止追击。可是成得臣不肯作罢，一口气追到城濮，跟晋军对峙起来。

大战刚一展开，晋国的将领便用两面大旗，指挥队伍向后败退。他们还在战车后面拖着树枝，使地下扬起一阵阵的尘土。

成得臣一向骄傲自大，看到晋军十分慌乱。便不顾一切地指挥军队直追上去。晋军早就设好了埋伏。晋军的中军精锐，猛冲过来，把成得臣的军队一分为二。原来假装败退的晋军又回过头来，前后夹击，把楚军杀得一败涂地。

晋文公连忙下令，吩咐将士们不要追杀，把楚军赶跑就是了。成得臣带着残将败兵向后败退，自己觉得没法向楚成王交代，就在半路上自杀了。

晋国打败楚国的消息传到周都洛邑，周襄王和大臣都认为晋文公立了大功。晋文公趁机约了各国诸侯开了个大会，订立了盟约。这样，晋文公就成为中原霸主。

弦高退秦军

晋文公打败了楚国后，会合诸侯订立盟约，连归附楚国的陈、蔡、郑三国也与晋国成了盟约国。但是，跟晋国订了盟约的郑国，又暗地里跟楚国结了盟。

晋文公知道了这件事，非常生气，打算再次去征伐郑国，还与秦国约定，一起攻打郑国。

秦穆公一心想向东扩张自己的势力范围，就亲自带着兵马到了郑国边界。晋国的兵马在西边驻扎，秦国的兵马在东边驻扎，两军声势十分浩大。郑国的国君忙派辩士烛之武去劝说秦穆公退兵。

秦穆公衡量了一下利害关系，答应跟郑国单独讲和，自己带领兵马回国了。临走之前，派了三个将军带了两千人马，替郑国守卫北门。

晋国眼看秦军走了，非常生气，有的将领便提议追打秦兵。

晋文公不同意攻打秦军，众人便想办法把郑国又拉到晋国一边，随后也撤兵回去了。

后来，秦国得知郑国又与晋国订立和约，但又没有什么办法，只好忍耐下来。

过了两年，晋文公病死，他的儿子襄公继承王位。有人对秦穆公说道："晋文公刚死去，还没举行丧礼。趁这个机会攻打郑国，晋国决不会去援救郑国。"

留在郑国的将军也派人对秦穆公说，郑国北门的防守由我们掌管，要是秘密派兵来偷袭，一定大功告成。

秦穆公派百里奚的儿子孟明视为大将，蹇叔的两个儿子西乞术、白乙丙为副将，率领三百辆兵车，悄悄地前往郑国偷袭。

第二年二月，秦国的大军刚刚进入滑国地界（在今河南省），便有人自称是郑国派来的使臣，求见秦国主将。

"使臣"说道："我叫弦高。我们的国君听说你们要到郑国来，特地派我在这里等候三位将军，并让我送上一份微薄的礼物，慰劳贵军将士。"随后，他献上四张熟牛皮和十二头肥牛。

孟明视原来打算趁郑国毫无准备的时候，进行突然袭击。现在看来郑国使臣老远地跑来犒劳军队，这说明郑国早已有了准备，要偷袭已经不可能了。便收下了弦高送给他们的礼物，对弦高说："我们并不是到贵国去的，你们不必多虑。"

弦高走后，孟明视对众人说道："看来郑国已经得知了消息，做好了准备，偷袭没有成功的希望，我们还是回国吧。"随后，秦灭掉滑国，回国了。

其实，郑国根本就不知道秦国要去偷袭的事，孟明视上了弦高的当。弦高是个牛贩子，他赶了牛到洛邑去做买卖，正好碰到秦军。弦高得知了秦军的用意后，已经来不及向郑国报告，于是他急中生智，冒充郑国使臣骗了孟明视。

崤山之战

秦国军队偷袭郑国的消息，晋国那边早就知道了。晋国的大将先轸劝说晋襄公不要错过这次打击秦国的机会。于是，晋襄公亲自率领大军开到地势险要的崤山，晋军早在那里设下了埋伏，只等秦军到来。孟明视一进崤山，就被晋军包围起来。秦国的士卒死伤惨重，活下来的人，包括孟明视、西乞术、白乙丙三员大将在内全都成了晋国的俘虏。

晋襄公的母亲文嬴原是秦国人，不愿同秦国结仇，她对得胜回朝的襄公说："秦国和晋国原是亲戚，一向友好。如果把孟明视这些人杀了，恐怕两国的冤仇越结越深，还是把他们放了，让秦君自己去处置他们吧。"

晋襄公觉得母亲说得有道理，就把孟明视等人释放了。

孟明视等三人快到秦国的时候，秦穆公听到全军覆没，便穿了素服，亲自到城外去迎接他们。

孟明视等人跪在地上请罪。秦穆公说："责任在于我，没有听你们父亲的劝告，害得你们兵败受辱，我不怪你们。再说，也不能因为一个人犯了一点小过失，就抹杀他的大功啊！"

孟明视等人感激涕零，从这以后，他们认真训练军队，一心一意要报仇雪耻。

公元前 625 年，孟明视要求秦穆公发兵攻打晋国，去报崤山的仇，秦穆公同意了。孟明视等三员大将率领四百辆兵车打到晋国。晋襄公早有防备，又一次打败了孟明视。

这一来，秦国就有人说孟明视是无能之辈。附近的小国和西戎一看秦国连打败仗，纷纷脱离秦国的管制。

又过了一年，也就是崤山之战后的第三年。孟明视做好一切准备，在国内挑选精兵强将，拨发了五百辆兵车。秦穆公还拿出大量的粮食和财帛，安顿好将士的家属。将士们斗志旺盛，浩浩荡荡地出发了。

春秋无义战

春秋时期，周王室已经开始衰弱，一些较大的诸侯国开始争霸称雄。这时，齐桓公便乘机提出"尊王攘夷"的口号，经过多年征战，最终成为春秋时期的第一个霸主。齐桓公死后，齐国渐趋衰落，随着晋国的强大，晋文公成为春秋的第二个霸主。楚庄王继位后，北上与中原各国争雄，于公元前597年灭郑，成为春秋第三个霸主。后来，吴王夫差在战胜越国、齐国、晋国后，终于称霸中原。之后越王勾践卧薪尝胆，终于灭掉了吴国，成为春秋最后一个霸主。春秋时代展开的大国争霸战争，其最终目的是代替周室并夺取其对各国的号令及索贡权，实际是兼并掠夺战争另一种形式的发展。这就是所谓的"春秋无义战"。

秦军渡黄河的时候，孟明视对将士说："咱们这回出征，只能成功，不能失败，我想把船烧了，大家看行不行？"大伙说："烧吧！打胜了会有船的。打败了，就不回来了。"孟明视的兵士们士气高涨，憋了几年的仇恨全在这时候迸发出来。没过几天，秦军就夺回了上次丢失的两个城，接着又攻下了晋国的几座城池。

面对秦国的凌厉攻势，晋国上下惊慌失措。晋襄公跟大臣商量以后，命令只许守城，不许跟秦国人交兵。

看到晋国人龟缩在城里不敢出来，秦穆公率领大军到崤山，收拾起三年前死亡将士的尸骨，掩埋在山坡上，并带领孟明视等将士祭奠了一番，才班师回国。

秦霸西戎

秦人是远古嬴姓部族的一支，游牧于黄河下游地区。西周王朝建立后不久，秦人参加了反对周朝的叛乱。叛乱平定后，秦人被强制迁到西方的黄土高原。

周穆王喜欢巡游天下，向西巡游时秦人先祖造父曾为周穆王驾车，因此被周穆王封于赵城（今山西省洪洞县故赵城）。秦人另一先祖非子为周孝王养马有功，周孝王把秦地封给他，这也是秦人得名于秦的原因，从此秦成为周朝的一个附庸小国。周厉王时，西戎进攻秦人。周宣王封秦人首领秦仲为大夫，征讨西戎，不料秦仲战败被杀。周宣王又派秦仲的 5 个儿子带兵 7000 去征伐西戎，大败西戎，秦仲的长子庄公被封为西垂大夫。

周幽王昏庸无道，烽火戏诸侯，后来甚至废掉太子宜臼，改立伯服为太子。申国国君申侯是太子宜臼的舅舅，他

▲该画取材于汉代刘向所著《神仙传》，相传春秋时秦穆公之女弄玉擅长吹箫，又与同样擅吹箫的仙人萧史喜结连理。秦穆公于都城外筑高台，弄玉夫妻吹箫，箫声婉转，引来凤凰，后二人乘龙凤升天而去。故后人称此地为凤城。本图即描绘秦穆公之女吹箫，凤凰起舞的场景。

勾结西戎进攻西周的首都镐京（今陕西西安）。周幽王点燃烽火向诸侯求援，但没有一个人来救。西戎杀死了周幽王和伯服，将王室财宝洗劫一空，放火焚毁了镐京，西周灭亡。太子宜臼为了报仇雪恨，秘密来到秦人居住地，请求秦襄公发兵救援。秦襄公派精锐骑兵昼夜兼程，将西戎杀得大败。

周幽王死后，太子宜臼即位，就是周平王。周平王为躲避西戎，迁都到洛邑（今洛阳），东周从此开始。在周平王东迁时，秦襄公派兵护送，周平王就把陕西岐山以西的地方封给秦襄公。后来秦襄公打败西戎，被封为诸侯，由此秦人正式建国。秦襄公和秦文公乘机收服了没有随周平王东迁的周朝的遗民，实力大增。公元前 762 年，秦文公迁都到关中平原的雍（今陕西凤翔）。经过几代人的励精图治，到秦穆公时，秦国成为一个强大的诸侯国。

中原霸主晋文公死后，秦穆公觉得自己称霸的机会到了，就派大将孟明视等人率军进攻晋国的同姓之国郑国，挑战晋国的霸主地位。不料郑国早有防备，秦军只好西返。回师途中，在崤山遭到晋军的伏击，全军覆没。秦穆公东进计划受挫，只好向西发展，攻打西戎。

当时在秦国的西北（今陕甘宁）一带，生活着许多西戎部落，如陇山以西有昆戎、绵诸、翟部落，泾河以北有义渠、乌氏、胸衍部落，洛川有大荔部落，渭南有陆浑部落。他们生产落后，过着游牧生活。西戎常常侵扰秦国的边疆地区，掠夺粮食、牲畜、人口，给秦人造成很大的损失。秦穆公在攻打西戎时，采取了先强后弱、各个击破的正确方针。

西戎诸部落中较强的是绵诸戎（在今甘肃天水市东）和义渠戎（在今甘肃宁县北）。其中，绵诸戎和秦国接壤。绵诸王听说秦穆公贤能，派使者由余出使秦国。秦穆公隆重接待由余，带他参观了秦国金碧辉煌的宫殿和丰裕的积储，并向他了解西戎的地理、兵力。秦穆公采用内史廖的计策，扣留了由余。同时，秦穆公给绵诸王送去几个歌女。绵诸王整日观赏秦国的音乐舞蹈，饮酒享乐，不理政事，国内大批牛马死亡，人民饥寒交迫，他也不闻不问。等到绵诸国内政事一塌糊涂，秦穆公才放由余回国。绵诸王沉迷酒色之中，根本不听由余的劝谏。后来在秦人的规劝下，由余终于归顺秦国。秦穆公以宾客之礼接待由余，和他一起讨论统一西戎的策略。秦穆公以由余为向导，派军以迅雷不及掩耳之势，进攻绵诸戎，俘虏了醉醺醺的绵诸王。义渠部落军事力量强大，曾多次打败秦军。为防御义渠的侵犯，秦国在北部边境修筑长城。但义渠的侵犯并未因此停止，秦国与义渠之间进行了长达百余年的战争。直到秦昭王时，秦国宣太后诱杀义渠王于甘泉宫，秦国才彻底击败义渠，将义渠精壮3万人全部迁到秦国内地，罚做奴隶，另将义渠老幼妇孺全部驱赶到阴山以北的大沙漠。

秦国灭掉西戎20余国，征服了大大小小100多个部落，开疆扩土1000里，控制了今天甘肃、宁夏等大片土地，史称"并国十二，开地千里，遂霸西戎"，周襄王送给秦穆公金鼓，以示祝贺。秦国国界东到黄河，南至秦岭，西抵狄道（今甘肃临洮），北达胸衍戎（今宁夏盐池），秦穆公成为继齐桓公、宋襄公、晋文公之后的春秋又一位霸主。

秦国在雍建都近300年，但由于地处西陲，经济文化落后，被齐、晋等中原国家所轻视，一直到战国初期，秦国一直是一个比较弱小的国家，经常被魏国打败。这种情况直到公元前 361 年商鞅变法，实行奖励耕战的政策才开始改变。

一鸣惊人

秦国打败晋国，报了崤山之仇后，一连十几年两国相安无事。这期间，南方的楚国一天比一天强大起来。

公元前 613 年，楚庄王熊旅继位，当了国君。当年楚庄王还不满 20 岁，掌握楚国大权的是他的两个老师——斗克和公子燮。年轻的楚庄王根本不把国家大事放在心上，一切事务全由斗克和公子燮两人决断。在他即位的前三年时间里，白天打猎，晚上饮酒作乐，并下了一道命令：谁要是敢来劝谏，就处死谁。

三年过去后，楚庄王毫无悔改之意，仍然日夜歌舞，欢宴不止。此时的朝廷政事，混乱不堪，公子燮和公子仪便乘机发动叛乱。幸好朝廷中有庐戢与叔麋两位忠臣，他们当机立断平定了叛乱。但此时，楚国的周边国家陈、郑、宋等小国都依附了晋国。楚国的国势，已经危若累卵了。

一天，大臣成公贾实在看不下去了，他请求面见楚庄王。在富丽堂皇的宫殿里，钟鼓丝竹之声绕梁不绝，楚庄王面前的几案上摆满美酒佳肴，楚庄王正在一面饮酒，一面欣赏美女们翩翩起舞。庄王一见成公贾便问道："你有什么事？"成公贾故作惊惶的样子答道："我是来出谜语为大王助兴的。"楚庄王听说他要出谜语，觉得挺有趣，就微笑地说："好吧，你说说看吧！"成公贾于是清清喉咙说道："南山上有一只大鸟，三年里站在大树上不飞不动也不叫，这是只什么鸟？"楚庄王沉思了一会儿，说："这是一只与众不同的鸟。这种鸟三年不飞，一飞冲天；三年不鸣，一鸣惊人。你的意思我明白了，你下去吧！"

成公贾以为楚庄王已幡然醒悟，朝政会有新的变化，就兴冲冲地告诉了好友大臣苏从，两人眼巴巴地等待。可是，楚庄王照旧宴饮享乐。

苏从见楚庄王依旧没有变化，便冒死直谏楚庄王，疾言厉色地说："大王身为楚国国君，继位三年，只知寻欢作乐，长此以往，难道是要做桀纣那样的人吗？"楚庄王听罢勃然大怒，抽出佩剑指着苏从心窝说："你不知我下的禁令吗？"苏从面无惧色，从容不迫地说："我知道，但是楚国政事已不可收拾，活着也没什么意思，请大王赐臣下一死！"说罢延颈怒目而视，正气凛凛。楚庄王也用眼珠子紧瞪着苏从。突然，他将宝剑插入剑鞘，上前紧走几步，双手紧紧抱住苏从双肩，激动地说："你才是我要寻找的国家栋梁呀！"

楚庄王立刻下令罢去乐师鼓手、歌伎舞女。然后与苏从相对而坐，促膝谈心。

苏从此时才知道，原来楚庄王因为当时朝政十分复杂，权臣乱政，依附者甚多，忠奸难辨，才故意装糊涂。这样做就是要让奸臣充分暴露，让忠肝义胆的贤臣挺身而出，然后做他的助手，整顿内政。

第二天，楚庄王上朝，召集文武百官，当众宣布一些重大人事任命，振乾立纲。楚国从此蒸蒸日上。

晏婴辅政

▲晏婴像

晏婴（约公元前 585 ~ 前 500 年），后人尊称他为晏子。齐国夷维（今山东高密）人，春秋时期著名的政治家。

春秋时期，各国之间的兼并战争非常激烈。一次，晋国想攻打齐国。为了刺探齐国的虚实，晋平公派大夫范昭出使齐国，齐景公摆下盛宴款待范昭。范昭喝得醉醺醺的，对齐王说："请让我用您的杯子喝一杯酒！"齐王吩咐旁边的侍臣："用我的杯子给客人倒一杯酒。"范昭接过酒杯，一饮而尽。坐在旁边的晏婴立刻对侍臣说："马上把那个杯子扔掉！"按照当时的礼节，君和臣是不能共用一个杯子的，如果大臣用了君王的杯子，就是极大的不敬。但范昭却故意这样做，想看看齐国君臣的反应，结果被晏婴识破了他的心机。

范昭回国后，对晋平公说："现在还不是进攻齐国的时候。齐国有晏婴这样的贤臣辅佐，我们一定不会取胜。"晋平公听了以后，就放弃了进攻齐国的计划。

齐景公手下有3个勇士：田开疆、古冶子和公孙接。这三人结拜为兄弟，仗着立过大功，在齐国飞扬跋扈，胡作非为。晏婴决定设计除掉他们。

一次，鲁国国君鲁昭公和大夫叔孙到了齐国，齐景公设宴招待，晏婴和田开疆等三人在一旁陪坐。齐景公对鲁昭公说："我的桃园里种了一棵成寿金桃树，结了几个桃子，请您品尝品尝。"晏婴一听，自告奋勇前去摘桃。过了一会儿，晏婴端着盛着桃子的盘子走了上来，盘子里放着六个又大又香的桃子。晏婴对齐景公说："我只摘了六个熟的桃子，别的还没熟，请您和贵客尝尝。"鲁昭公和齐景公各吃了一个桃子。齐景公说："这桃子十分难得，叔孙和晏婴两位大夫都是贤臣，应当各吃一个。"两人赶紧拜谢，各自吃了一个桃子。

晏婴对齐景公说："盘子里只剩下两个桃子了，不如让这三位勇士说说自己的功劳，看谁的功劳大，就把桃子赏给他。"齐景公点头同意。

公孙接第一个站起来说："当年我跟主公去打猎，赤手空拳打死了一只老虎，救了主公一命，这功劳大不大？"晏婴说："功劳很大。"给了他一个桃子。古冶子说："杀个老虎算什么？当年黄河里一个巨鼋（一种大龟）咬住了主公的马，是我跳进黄河里杀了它，救了主公一命，该不该吃个桃子？"晏婴也给了他一个桃子。

田开疆说："我领兵打仗，为齐国开疆扩土，功劳大不大？"晏婴说："田将军功劳很大，可是已经没有桃子了，怎么办啊？"田开疆气愤地说："我立了那么大的功劳，居然连一个桃子都吃不到，我还有什么脸面活世上？"说完拔剑自杀了。公孙接大吃一惊，说道："我的功劳没有田将军大，却吃了一个桃子，我也没有脸面活在世上了！"说完也自杀了。古冶子一看，说："我们三人是结拜兄弟，他们死了，我活着还有什么意思？"也拔剑自尽了。从此以后，齐国太平了很多。

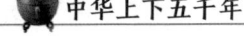
《晏子春秋》

《晏子春秋》是记叙春秋时代著名政治家、思想家晏婴言行的一部书。《晏子春秋》共8卷，包括内篇6卷（谏上下、向上下、杂上下），外篇2卷，计215章，全部由短篇故事组成。全书通过一个个生动活泼的故事，塑造了主人公晏婴和众多陪衬者的形象。这些故事虽不能完全作信史看待，但多数是有一定根据的，可与《左传》《国语》《吕氏春秋》等书相互印证，作为反映春秋后期齐国社会历史风貌的史料。这部书多侧面地记叙了晏婴的言行和政治活动，突出反映了他的政治主张和思想品格。

一次，齐景公派晏婴出使楚国，当时楚国强大，齐国弱小，楚王得知晏婴身材矮小，决定戏弄戏弄他。晏婴来到楚国的都城城下，楚王对他说："你们齐国没人了吗？"晏婴说："我们齐国首都临淄就有百万人口，大街上人们挥汗如雨，怎么说能没人了呢？"楚王说："那齐王为什么派你这个矮子来出使我国？"晏婴说："我们齐国有个规矩：有才能、高大英俊的人出使大国，没有才能、矮小丑陋的人出使小国。"楚王没有讨到便宜，就指着城门旁边的一个洞说："请进城吧！"晏婴哈哈大笑："我要出使的是人国，这是狗洞！只有出使狗国的人才从这里进！"楚王无奈，只好请他从大门进去。

楚王设宴招待晏婴，这时几个武士押着一个罪犯从旁边经过。楚王问："那个人犯了什么罪？他是哪国人？"武士回答说："他犯了盗窃罪，是齐国人。"楚王扭头问晏婴："你们齐国人都是小偷吗？"晏婴说："淮河以南有一种橘树，结出的橘子又大又甜，但如果把它移植到淮河以北，就会结出又苦又涩的枳子，只是水土的原因啊。齐国人在齐国能安居乐业，到了楚国却成了小偷，一定是受到了楚国水土风俗的影响！"出使楚国期间，机智的晏婴有力地回击了楚王的挑衅，维护了自己和齐国的尊严。

楚庄王争霸

楚国经过整顿军队发展生产，出现了富国强兵的新局面，楚庄王认为与中原诸侯争霸的时机成熟了。

公元前606年，楚国讨伐陆浑的戎族，这是邻近东周的小国。得胜之后，楚庄王令大军在洛邑近郊举行一次盛大的阅兵式。一时间，洛邑周围旌旗蔽日，枪矛如林，鼓声号声震天动地。这一来可把那个挂名的周天子吓坏了，他摸不清楚庄王打的是什么主意，慌忙派殿前大臣王孙满前去打探消息。

王孙满见楚庄王后，代表周天子对楚庄王及楚军表示慰问，并送上了犒劳的礼物。

楚庄王和王孙满交谈了一会儿后，楚庄王问起周王宫里藏着的九鼎的大小重量情况。王孙满听话听音，心中对楚庄王此番阅兵用意也已明白大半了。原来九鼎是用九州贡铜铸成，它既代表了九州，又象征着国家权力。夏、商、周三代都将它视为国宝，尤其周朝周公制礼，宝鼎又被视为象征天子尊严的宝器，旁人是不能过问的，现在楚庄王居然问起九鼎，表明了他有夺取周天子权力的野心。王孙满是个善辩的人，面对楚庄王大逆不道的言行，他说："治理天下的人，主要靠德服人，不是靠鼎的作用。过去大禹有德，远方部落进贡山川珍奇，禹以美金铸鼎，周身饰鬼神和万物图案，护佑小民防祸备荒。后来，夏桀无德，鼎移至殷人之手；纣王暴虐，鼎归于周。由此可见，朝政清明，鼎虽轻不移；朝政昏乱，鼎虽重但必迁。至于九鼎的大小轻重，别人是不应当过问的。"

楚庄王听了王孙满的话，知道自己还没有灭掉周朝的能力，也就带兵回去了。

公元前598年，陈国发生内乱，楚国出兵征服了陈国，然后又迫使郑国归附。后来，郑国又派人前往晋国，表示愿意服从。楚庄王得知这一消息，勃然大怒，于第二年亲率楚军进攻郑国。

楚军很快到了郑国新郑城下。郑襄公命兵士深沟高垒，坚守不出，又派人前往晋国求救。楚国日夜攻城，3个月后，由于晋兵久久未至，楚军最后攻陷新郑。

来救援郑国的晋军主将是荀林父，他听说新郑已被攻克，便下令班师回朝。副将先縠不听命令，偷偷率部分人马渡河追击楚军。荀林父见军队有分裂的危险，他控制不了先縠率领的兵马，于是横了横心，就下令三军渡河，与楚军主力决战。

楚庄王下令对晋军发起进攻，并亲自擂起战鼓助威。楚军将士如排山倒海般冲向晋军。由于晋军将领意见不一致，不能统一指挥，一下就被击溃了。晋军战败，渡黄河时，自相践踏落水淹死的不计其数。晋军受了这次挫折，元气大伤。

公元前593年，楚庄王又使宋国降服。这样一来，楚庄王就问鼎成功，成了春秋五霸之一。

楚庄王也真不愧把自己说成是一只一鸣惊人的大鹏鸟。

弭兵之会

从春秋中期开始，周王室中衰，诸侯并起，其中以晋国和楚国最强大。晋、楚两国为了争夺霸权，连年征战，给广大人民带来无穷无尽的灾难。尤其当时夹在两国中间的很多小国，比如宋国，经常成为两大强国的战场，更是苦不堪言。这些小国归顺楚国就会遭到晋国的进攻，归顺

▲青铜马形饰　春秋

晋国就会遭到楚国的进攻，只能在两大强国的夹缝中忍辱偷生。公元前595～前594年，楚庄王率军队围宋国商丘达九个月，宋国人民粮食断绝，只好把自己的孩子与别人的孩子交换当食物，用人骨当柴火。经过长期的战争，晋楚两国也损失巨大，而且两国都面临着新的敌人。晋国对依附它的小国强取豪夺，引起了他们的强烈不满。晋国与西边的秦国结盟，不料秦国很快背盟，联合少数民族白狄攻打晋国。楚国爆发了一系列的内乱，楚国的叛臣巫臣跑到东边的吴国，教吴国人兵车作战。吴国很快强大起来，对楚国构成了严重的威胁。吴军不断骚扰楚国，害得楚军疲于奔命，损失了很多人力物力。在这种情况下，晋国和楚国都有停战的意思，在激烈争夺的同时，又在互相试探，释放俘虏，派使臣互访，谋求媾和。

卿大夫

卿大夫最初是西周时期分封制度下的一个分封级别。在西周的分封制中，天子分封土地给诸侯治理，诸侯再将自己的土地分成小块交给卿大夫治理，卿大夫下面还有士，卿大夫在自己的领地内具有世袭统治权，同时效忠于诸侯。东周时期，在诸侯王脱离周天子控制崛起的同时，卿大夫阶层也开始崛起，许多诸侯国也出现卿大夫控制诸侯国政治的现象。比如孔子时期的鲁国朝政便是在季氏三家卿大夫的把持之下，甚至一些卿大夫干脆弑君自立。秦统一六国之后，由于分封制已经被郡县制所取代，卿大夫这个封建领主也便不再存在。"卿大夫"这个词分裂为"卿"和"大夫"，均是官职名称。"卿"是仅次于"公"的官职级别，秦汉朝廷"三公"之下设"九卿"，如大理寺卿、太常寺少卿等。清常以三品至五品卿作为官爵虚衔。另外，"卿"还被皇帝用作对大臣的爱称，乃至皇帝直接称大臣为"爱卿"。而"大夫"也是古代高级官员的称呼，秦汉之际的中央要职中便有御史大夫、谏议大夫等官职。

为了使自己免遭战乱之苦，宋国不遗余力地倡导"弭兵"运动，弭兵就是停止战争的意思。这得到了广大渴望和平、停止战争的小国国君和百姓的支持。宋国大夫华元得知晋、楚两国释放俘虏、使者互访的情况后，就主动出来斡旋，以促成晋、楚结盟。华元与晋国的正卿栾书、楚国令尹（宰相）子重的私人关系都很好，他不辞辛苦奔波于晋楚两国之间，促成两国停战。

鲁成公十二年（公元前 579 年），在华元的积极斡旋下，晋国上军师士燮与楚公子罢、许偃在宋国的西门之外会盟，并达成了协议，这就是第一次弭兵之会，也称"宋西门之盟"或华元弭兵。盟约规定两国互不侵犯。不久，晋厉公和楚公子罢会盟于赤棘，宋西门之盟一时得到了贯彻执行。但两国都没有诚意，盟约缔结四年后，两国爆发了鄢陵之战，宋西门之盟宣告失败。

鄢陵之战后，两国的内部矛盾日趋激化。晋国士大夫的实力越来越强，已经开始威胁到国君的地位。秦国一向与楚国交好，敌视晋国，在晋楚争霸中经常派兵援助楚国。晋国一直希望与秦修好，但秦国毫不领情。终于，晋国忍无可忍，率兵攻打秦国。晋国与东面齐国的关系也不好，因为齐国经常攻打依附晋国的小国鲁国。晋国虽然派兵打败了齐国，迫使它求和，但并没有解除齐国的威胁。

楚国的情况更加不妙。鄢陵之战以楚国失败而告终，从此开始走下坡路，在与晋国的争霸中处于下风。楚国的统治阶级日益腐败，骄奢淫逸，国内的各种社会矛盾日益尖锐。公族与士族之间、士族与士族之间争权夺利，互相倾轧，造成一些士族逃到晋国和其他国家，为别国效力。东面的吴国逐渐强大，楚国虽然在对吴国的战争中取得了一些胜利，但始终消除不了吴国的威胁。在这种情况下，两国又开始谋求媾和。

宋国的大夫向戌与晋国执政大夫赵文子、楚国令尹子木是好朋友，他趁机来往于两国之间，进行斡旋，谋划议和。晋、楚两国正求之不得，都很爽快地表示答应。另外两个强国齐国和秦国也表示答应。

鲁襄公二十七年（公元前546年）十月，晋国大夫赵文子、楚令尹子木与宋平公、滕国、邾国三国国君，以及齐、秦、鲁、卫、陈、蔡、郑、曹和许14国的大夫会盟于宋国国都商丘的蒙门（东北门）。晋、楚两国达成盟约，盟约规定晋国的盟国要向楚国进贡，楚国的盟国要向晋国进贡，奉晋、楚为共同霸主；秦国和齐国也是大国，秦国不向晋国进贡，齐国也不向楚国进贡。邾国和滕国分别是齐国和宋国的属国，所以不参加会盟。

在歃盟时，晋、楚两国争相争当盟主，都抢先歃血，争执不下。晋国大夫叔向劝赵文子说："我们晋国应当发扬我们的仁德，不必争先了。"于是晋国才让楚国先歃血。这就是第二次弭兵之会，也称"宋蒙门之盟"或"向戌弭兵"。

第二次弭兵之会后，晋国忙于内斗，楚国受制于吴国，所以结盟后，晋、楚40多年没有再发生战争。

孙子兵法

孙武，字长卿，孙子是人们对他的尊称。春秋时期齐国乐安（今山东惠民，一说博兴）人，我国古代伟大的军事家和军事谋略家，中国军事谋略的奠基人。

《孙子兵法》的出土

自从曹操之后，由于长期的战乱，《孙子兵法》就失传了。直到1972年，在山东临沂市东南的银雀山的汉墓，出土了大量写有《孙子兵法》的竹简，《孙子兵法》得以再见天日。《孙子兵法》是世界上最早的一部兵书。

孙武的祖先妫满，被周天子封为陈国国君（陈国在今河南东部和安徽一部分，建都宛丘，今河南淮阳）。后来由于陈国发生内乱，孙武的远祖妫完携家人逃到齐国。齐桓公很赏识妫完，让他当了大官。妫完在齐国定居以后，改妫为田。孙武家世世代代为大将，为齐国立下了赫赫战功。后来因为孙武的祖父立下了战功，齐王将乐安封给他，并赐姓孙。孙武从小就受到家庭环境的影响，非常喜欢兵法，渴望将来能登坛拜将，沙场点兵，施展自己的才华，干出一番惊天动地的大事业。可惜当时齐国内乱不止，几个大家族争权夺利。孙武厌恶内斗，就举家迁到了南方的吴国，一边继续潜心研究兵法，一边寻求发展机会。不久，孙武结识了从楚国逃到吴国的伍子胥，两人谈得十分投机，很快成为好朋友。

公元前515年，吴国的公子光在伍子胥的帮助下，刺杀了吴王僚，然后自立为王，就是吴王阖闾。阖闾即位后，求贤若渴，非常希望吴国能强大起来，摆脱楚国的控制，然后称霸中原。伍子胥向他推荐了好友孙武。孙武将自己写的十三篇兵法献给吴王阖闾，吴王阖闾读完后，大加赞赏，对孙武说："你的兵书我已经读过了，受益匪浅。但不知道实行起来如何，你能不能操练一下，让我见识见识。"孙武回答说："可以。"吴王故意刁难他说："宫女可以吗？"孙武回答说："可以。"

▲孙五（武）子演阵教美人战　版画

图中孙武作道士装束，举旗于城上教宫女演习战术，吴王坐于对面的台上，俯视两队演武的阵容。

▲孙武塑像

于是吴王下令将180名宫女召到宫后的练兵场，让孙武去训练。孙武把180名宫女分为左、右两队，任命吴王最为宠爱的两位妃子为左、右队长，让她们带领宫女由孙武进行训练。

孙武站在指挥台上，大声对宫女们说："你们都要以鼓声为准，前后左右要服从我的命令，明白吗？"宫女们都以为这是个游戏，嘻嘻哈哈地乱成一团，根本不听号令。孙武非常生气，下令将吴王的两位宠妃斩首示众，以儆效尤。吴王大惊失色，连忙说："我已经知道你的才华了，请你手下留情！"孙武严肃地说："一支军队没有纪律这么行呢？士兵不遵守纪律，长官就应该受到惩罚！来人，将两名队长斩首！"斩杀了那两个宠妃，孙武又重新任命两个队长。宫女们吓得大气不敢出，她们在孙武的指挥下，起立、下蹲、前进、后退，有板有眼的，像正规军一样。吴王立刻封孙武为大将，让他去训练吴军。

经过几年的训练，吴军的战斗力大大增强。吴王、孙武和伍子胥开始率领吴军进攻楚国。孙武指挥吴国3万军队进攻楚国20万大军，五战五捷，势如破竹。吴军长趋直入，攻占了楚国都城郢，楚王仓皇逃跑。后来吴王阖闾的儿子夫差即位后，听信奸臣的谗言，杀害了伍子胥。孙武心灰意冷，躲到深山隐居，一心一意地整理兵书去了。

孙武所著《孙子兵法》分为13篇：计篇、作战篇、谋攻篇、形篇、势篇、虚实篇、军争篇、九变篇、行军篇、地形篇、九地篇、火攻篇和用间篇，共6000多字，内容恢宏精辟，深刻揭示了战争规律，全面总结了春秋时期各国的战争经验。在中国和世界军事史上，孙武最早揭示了"知彼知己，百战不殆""先胜而后求战""致人而不致于人"等指导战争的普遍规律，总结出了"攻其无备，出其不意""我专而敌分""避实而击虚"等一系列科学的作战指导原则。《孙子兵法》是中华民族古代文化的瑰宝，被公认为古代最伟大的军事著作，被誉为"东方兵学圣典"，备受古今中外各界人士尤其是军事家的推崇。

伍子胥复仇

楚庄王死后，他的孙子楚平王即位。

公元前 522 年，楚平王要废掉太子建。这时候，太子建和他的老师伍奢镇守在城父（在河南襄城西）。楚平王怕伍奢反对他这么做，就先把伍奢关进监狱。

楚平王派人去杀太子建的同时，逼迫伍奢给他的两个儿子伍尚和伍子胥写信，叫他们回来，以便斩草除根。伍尚回到郢都（今湖北江陵西北）后，就跟父亲伍奢一起，被楚平王杀害。太子建事先得到消息，便带着儿子公子胜逃往宋国。

伍奢的另一个儿子伍子胥，也逃离了楚国，他在宋国找到了太子建。不久，宋国发生了内乱，伍子胥又带着太子建、公子胜逃到郑国，他们请求郑国出兵攻打楚国。郑国国君郑定公没有同意。

太子建情急之中，竟勾结郑国的一些大臣想夺郑定公的权，结果被郑定公杀了。伍子胥带着公子胜从郑国逃了出来，投奔吴国（都城在今江苏苏州）。

楚平王为了捉拿伍子胥，叫人画了伍子胥的像，挂在楚国各地的城门口，并用重金悬赏。

伍子胥和公子胜逃出郑国后，怕被楚国人发现，白天躲藏起来，到了晚上才赶路，到了吴楚两国交界的昭关（在今安徽含山县北）时，关上的官吏盘查得很严。传说伍子胥为了过关而忧虑不安，一夜之间，头发都愁白了。幸亏遇到了一个好心人东皋公，他同情伍子胥等人的遭遇，把他们接到自己家里。东皋公有个朋友，长得有点像伍子胥。东皋公让他冒充伍子胥蒙骗关上的官吏。守关的逮住了假伍子胥，而真伍子胥因为头发全白了，面貌也变了，守关的人没认出来，混出了关。

▲伍子胥像

伍子胥到了吴国，吴国公子光正在谋划夺

▲伍子胥画像镜

取王位。伍子胥帮助公子光杀了吴王僚，公子光登上了王位，这就是吴王阖闾。

吴王阖闾即位之后，封伍子胥为大夫，帮助自己处理内政大事；吴王手下还有一位将军孙武，是个精通兵法的大军事家。吴王依靠伍子胥和孙武，整顿兵马，先后兼并了临近几个小国。

公元前506年，在伍子胥的一再请求下，吴王阖闾拜孙武为大将，伍子胥为副将，亲自率领大军，向楚国进军。吴军所向披靡，攻无不克，战无不胜，楚国的军队一路兵败，吴军乘胜一直打到郢都。

那时，楚平王已经死去，他的儿子楚昭王在吴军到来之前就跑了。伍子胥对楚平王恨之入骨，刨了他的坟，还把平王的尸首挖出来狠狠地鞭打了一顿。

吴军占领楚国郢都。楚国人申包胥逃往秦国求救兵，秦哀公没有答应。申包胥在秦国宫门外赖着不走，日夜痛哭，一连哭了七天七夜。秦哀公终于被感动了，派兵救楚国，并击败吴军。

先师孔丘

吴国在伍子胥、孙武的治理下，成为强国。齐国的齐景公继承国君之位后，重用大臣晏婴，改革朝政，国家也日渐兴盛。

公元前500年，齐国发现鲁国渐强，便想了一个计策，假装要与鲁国媾和，齐景公约定要与鲁定公在夹谷相会。于是，鲁定公决定让鲁国的司寇孔子一同前去。

孔子名丘，字仲尼，是鲁国陬邑（今山东曲阜）人，春秋末年的思想家、政治家和教育家，同时也是儒家学派的创始人。孔子的祖先是殷商王室的后裔。孔子父亲孔纥做过陬邑的大夫，是一员武将。孔纥

▲孔子像

在孔子 3 岁时去世，他随母亲颜氏和其兄孟皮搬到曲阜住下来。由于父亲早逝，家中贫困，孔子只好瞒着母亲，辍学在叔孙氏家放牛。叔孙氏家有许多藏书，孔子经常借来阅读，成了知识渊博的人，孔子的名声也渐渐传开了。

20 岁时，他的妻子为他生了一个儿子，鲁昭公闻信，派人送来鲤鱼，表示祝贺。昭公赐鱼之事，使孔子在曲阜声名鹊起。随后季平子根据孔子的业绩，擢升他为管理人口的司职吏。孔子上任以后，施行了五条措施，鲁国人奔走相告，外邦人陆续迁入，鲁国人口剧增。孔子不到 30 岁，就已经掌握了"六艺"，也就是礼节、音乐、射箭、驾车、书写、计算。此外，还掌握了以《诗》《书》《礼》《乐》《易》《春秋》为代表的各种文献资料，真正是才高八斗、学富五车了。这样一来，许多人都愿意拜他为师，他便办了一些私塾，收了许多学生，并提出了有教无类的教育方针。

孔子在 34 岁时，赴洛阳会见道家学派的创始人老聃。这一次会见，使孔子学到了周朝的礼乐及文物制度。孔子对老子的道家思想佩服得五体投地，称他为云中之龙。公元前 513 年，鲁国发生"三桓"之乱，鲁国掌权的三家大夫——季孙氏、孟孙氏、叔孙氏把鲁昭公轰下了台。这时，孔子也在鲁国待不下去了，只好来到齐国。这一次齐景公待他很客气，还向孔子询问了治国的道理，孔子提出了"正名"的主张，即所谓"君君、臣臣、父父、子子"，也就是说，君、臣、父、子都应当名副其实，各自都按等级名分的要求行事。齐国宰相晏婴认为孔子学说不过是书生之见罢了，并非齐国的当务之急。齐景公听从晏婴的话，决定不用孔子。这样，孔子便离开齐国，又回到鲁国教书，跟他学习的人越来越多。

▲**孔子讲学图　清**
此图表现了春秋时期孔子在杏坛讲学的情景。图中孔子端坐讲授，弟子们在周围恭敬地聆听。作品因是宫廷绘画，所以特别讲求用色和整体结构。

到了公元前 501 年，鲁定公任命孔子做了中都宰，后来又提升为司空、司寇。这时，齐国要与鲁国假意会盟的事引起了孔子的注意。他建议鲁定公防备齐国的阴谋，多带一些大将和兵马前去。在夹谷会盟上，孔子发挥了重要作用，使鲁国在外交上取得了胜利。鲁定公被胜利冲昏了头脑，以为天下太平了，便不过问政事，整天吃喝玩乐。孔子想劝说他，但他总是躲着孔子。无奈之下，孔子便离开了鲁国。

孔子先后到过卫国、曹国、宋国、郑国、陈国、蔡国、楚国。这期间，孔子曾经在陈、蔡之间受困，七天没吃上饭，但孔子依旧不改其初衷，坚持讲诵弦歌，表现了他乐观豁达的人生态度。

公元前484年，孔子又回到了鲁国。鲁哀公季康子和大臣们多次向孔子问政，但最终还是没有起用孔子。此后的5年里，孔子专心从事文献整理和教育事业，删《诗》《书》，定《礼》《乐》，修《春秋》，授徒3000多人，其中，道德高尚、精于六艺的就有七十二贤人。

公元前479年，孔子去世。孔子死后，为后代留下了丰富的思想遗产。孔子强调仁，这是充满人道主义的光辉思想，也是春秋时期社会动荡不安的客观反映。经孔子编著整理保存下来的诸如《春秋》《尚书》《诗经》等书籍，对后世的学术思想影响极大。

李悝变法

李悝（约公元前450～前390年），又称李克，战国时期魏国人，著名政治家、思想家，法家的始祖。据说他是孔子弟子子夏的学生。

春秋末年，赵、魏、韩三家分晋后，魏国定都安邑（今山西夏县），占据今山西西南部的黄河以东地区，这里地势险要、土地肥沃、经济发达。魏国国君魏文侯励精图治，招纳人才，魏国逐渐强盛起来。

魏文侯四十年（公元前406年），魏军攻灭了中山国（在今河北中部一带），魏文侯派太子击前去治理，并把中山国的灵寿封给攻灭中山国的大将乐羊，同时派李悝为中山相。在三人的治理下，中山的局势逐渐稳定。

后来魏文侯又任李悝为上地（今陕西北部黄河以西一带）守（守在当时既是地方最高行政长官，又是地方最高军事将领）。上地孤悬在黄河以西，周围都是秦国的地盘。李悝到任后，秦军向上地发起进攻，结果李悝被打败。但他毫不气馁，秦军退走后，他组织上地人民一面发展生产，一面加强军事训练。为了增强当地的军事实力，李悝规定，以后老百姓如果出现什么矛盾纠纷，就比赛射箭，谁射得远、射得准，就判谁赢。这样一来，上地的男女老少，纷纷练起了射箭。后来秦军再次侵犯上地，李悝率军迎战，上地的人民也纷纷拿起弓箭反抗，秦军大败而走，从此再也不敢侵犯上地。李悝乘胜追击，占领了很多秦国的领土，建了15座城。

李悝在中山和上地显露出他不凡的才华，被魏文侯所赏识，所以就任他为相国。魏文侯问李悝："怎样才能治理好国家呢？"李悝说："要想治理好国家，必须使老百姓有饭吃，给有功劳的人赏赐，做到言而有信和赏罚分明。"魏文侯说："这些我都做到了，但老百姓为什么还不满意呢？"李悝说："这是因为国家有很多寄生虫啊！我认为应该剥夺那些世袭贵族的俸禄和特权。贵族立功可以给予高官厚禄，但他们的儿子倚仗父亲的功劳出门乘着马车，穿着名贵的皮衣，整日欣赏歌舞，无所事事，所以老百姓才不满意。您应该剥夺这些贵族的俸禄，把它用来赏赐那些有本事的人。"魏文侯觉得有理，连连点头，任用他为相国。

李悝当上相国后，开始进行大刀阔斧的变法。第一，他废除官爵世袭制，重用有才能有功劳的人。以前的官爵是世袭制，父亲的官爵由儿子继承，也不管儿子有没有才能和功劳。李悝把废除世袭制作为变法的第一项内容，而且"有功必赏，有罪必罚"。这就沉重地打击了旧贵族势力，许多人才纷纷前来。

第二，充分发挥土地的效用。他首先废除了"井田制"，鼓励人民垦荒种田，扩大土地面积。耕地面积扩大了，粮食产量自然也就提高了，农业得到了大发展。他提倡在一块土地上种植各种粮食作物，并要求农民在住宅四围种植桑树，充分利用空闲土地扩大农民的副业生产，还规定增产者赏，减产者罚。李悝对魏文侯说，方圆百里之内，有土地九万顷，除去山林、河流、城镇所占的面积，还有六百万亩土地。如果精耕细作，每亩可多收粮食三斗（即三十六斤），六百万亩就可以增加粮食产量一百八十万

▲金器　战国前期

战国时代，随着铁制工具的应用和普及，金银器的制作工艺有了很大提高。由于当时的黄金极为稀少，所以只有上层社会才有条件使用。

石；如果耕作不力，就会减产一百八十万石。他还对魏文侯说，建造华丽的建筑，既耗费民力，又耽误农事，这就损害了农业生产；农业生产受到了损害，就会产生饥荒。因此要千方百计为农业发展生产提供便利条件。

第三，李悝主张实行法治。他收集了各国的法律，编成了中国历史上第一部完整的封建法典——《法经》，分为盗法、贼法、囚法、捕法、杂法、具法六篇，以此来维护社会秩序。

第四，李悝还提出国家应实行平籴法。平籴就是国家在丰收年大量买进农民的粮食，歉收年再把粮食以平价卖给农民，以保证农民不会因饥饿而逃亡。

魏国在经过李悝变法后，迅速发展起来，成为战国初期最强大的国家。而李悝本人也被奉为法家的鼻祖，此后的商鞅变法、吴起变法，无不受到他的影响。

名将吴起

吴起（约公元前440～前381年），战国初期卫国左氏（今山东曹县北）人。吴起家境富裕，他周游列国，整日舞枪弄棒，同乡的人都讥笑他

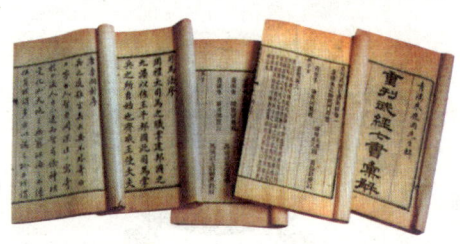

▲《武经七书》

北宋神宗时健全了武学制度，每年招收武生，练习兵法，演练武艺，三年后考试，按等第授官。1078～1085年，朝廷颁布《武经七书》作为武学和武举的统一教材，这在军事学术史上是一个创举。作为第一套军事教科书，它包括《孙子》《吴子》《司马法》《六韬》《尉缭子》《三略》和《唐太宗李卫公问对》。

不务正业。吴起非常愤怒，杀死了嘲笑他的30多人，然后咬掉手臂上的一块肉，和母亲告别，发誓说："要是不当上大官，我绝不回家！"吴起从东城门跑到了鲁国，拜孔子的得意门生曾参（一说是曾参的孙子曾申）为师，学习儒术，日夜苦读，渐渐地学有所成。一次，齐国大夫田居出使鲁国，遇见了吴起，交谈之后，田居非常赏识他，就把女儿嫁给他为妻。

过了不久，吴起听到母亲去

世的消息，本想回去奔丧，但忽然又想起了誓言。吴起只仰天长啸了三声，就立刻擦掉眼泪，继续埋头苦读。吴起的老师曾参以孝道闻名当世，看到吴起如此不孝，认为他的品德很差，就把他赶出门。

《吴子》

《吴子》，中国古代著名兵书之一。题名作者吴起为战国时卫国左氏（今山东定陶西）人。他初为鲁将，后为魏将，因率兵击秦并参加攻取中山之战，被荐为西河郡守。魏武侯时，吴起甚有声名，后受大臣王错排挤，去魏入楚。楚悼王任吴起为令尹进行变法，楚因而强盛一时。悼王既死（公元前381年），宗室大臣作乱，吴起被攻杀于治丧之所。吴起是先秦时代著名的政治家和军事家，他的兵书在战国和西汉时十分流行。

当时天下各国之间的兼并战争愈演愈烈，吴起看到这种情况，就放弃儒术，学习兵法。经过三年的刻苦学习，终于学成，鲁国国君任命他为大将。

一次，齐国进攻鲁国。鲁国国君想任命吴起为大将，但吴起的妻子是齐国人，因此迟疑不决。吴起知道后，回家杀了妻子，然后把妻子的头颅献给鲁国国君，表示自己和齐国已经没有任何关系了，史称"杀妻求将"。鲁国国君大惊失色，只好任命吴起为鲁军统帅，率军与齐军作战。

吴起治军严谨，与士卒同甘共苦，士兵们都愿意听从他的命令。吴起率军来到前线，没有立即同齐军作战，而是把精锐士卒都隐藏起来，只让那些老弱病残来回巡逻。吴起又派人到齐军军营去谈判，齐军果然中计，以为鲁军不堪一击，根本不敢和齐军打仗，就放松了戒备。吴起看到这种情况，率领精锐士卒乘机进攻，齐军毫无防备，一触即溃，大半被杀。吴起得以凯旋。

鲁国人厌恶吴起的为人，看到他取得了胜利，就开始诽谤他，说他不孝顺，母亲死了都不回去奔丧，为了当官把老婆都杀了，品德实在是太差了。鲁国只是个小国，现在却战胜了齐国，那么各大诸侯国就会谋划灭亡鲁国，而且鲁国和卫国本来是兄弟之国，现在鲁国重用吴起，就是抛弃卫国。鲁国国君听到后就辞退了吴起。

吴起听说魏国魏文侯很贤明，正在求贤，就前去投奔。魏文侯问大夫李悝："吴起这个人怎么样啊？"李悝说："吴起既贪财又好色，但是非常会用兵，即使司马穰苴（春秋时期齐国名将）在世也不如他。"于是魏文侯便任命吴起为将，率军攻打秦国。吴起率军大败秦军，攻取秦国河西地区（今黄河与北洛河南段之间的地区）的临晋（今陕西大荔东）、元里（今澄城南）两座城池。第二年，吴起又攻占了秦国至郑（今华县），筑洛阴（今大荔南）、合阳（今合阳东南），将秦国的河西地区全部占领。魏文侯非常高兴，在那里设置了西河郡，并任命吴起为西河郡守，吴起任西河郡守达27年之久。在此期间，吴起率军与各诸侯国大战76次，获胜64次，曾率5万军队打败了50万秦军，占领了大片土地，使魏国成为战国初期第一强国。魏文侯死后，魏国的大臣嫉妒吴起，在魏国新国君面前造谣诽谤他，吴起只好逃到楚国。

楚国国君楚悼王早就听说吴起很有才能，所以吴起一到楚国就被任命为楚相。吴起变法图强，建议裁汰那些不必要的官员，疏远那些王室的远支，把节省下来的财物奖励士卒，楚王欣然接受，楚国国力蒸蒸日上，但吴起也由此遭到了楚国贵族的怨恨。吴起率领楚军南面征服了百越，北面兼并了陈国和蔡国，遏制了赵、魏、韩三国的扩张，西面打退了秦国的进攻，楚国强盛一时，各诸侯国都非常害怕楚国。

后来楚悼王病死，楚国反对变法的贵族立即拿起弓箭射杀吴起，吴起知道自己必死无疑，就趴在楚悼王的尸体上。当时楚国的法律规定，凡是侮辱楚王尸体的，灭三族。但楚国贵族已经顾不了那么多了，结果吴起被乱箭射死，可是箭也射到了楚王的尸体上。太子即位后，将那些射杀吴起和射中楚王尸体的贵族全部诛杀，有70多个贵族因此被灭族。

南门立木

在战国七雄当中，秦国的政治、经济、文化各方面落后于中原各诸侯国。

公元前 361 年，秦国的新君即位，这就是秦孝公。他下决心发奋图强，把秦国治理成强国，他第一件事做的就是搜罗人才。有一个卫国的贵族公孙鞅（就是后来的商鞅），在卫国的时候，国君不重用他。听说秦国在招收人才，便来到秦国，托人把自己引荐给了秦孝公。

商鞅对秦孝公说："一个国家要富强，必须发展农业，奖励将士；治理国家，必须有赏有罚，赏罚分明，朝廷就会树立起威信，一切改革也就容易施行了。"

▲ 商鞅像

商鞅的一席话非常符合秦孝公的心意。可是秦国的一些贵族和大臣却竭力反对。

过了两年，秦孝公控制了朝廷，稳定了君位，就拜商鞅为左庶长（秦国的官名），并把改革制度的事全权给予商鞅决断。

于是，商鞅起草了一个改革的法令，但是担心老百姓不信任他，不遵守新法令。他便想了个法子，叫人在都城的南门竖了一根三丈高的木头，下命令说："谁能把这根木头扛到北门去，就赏这个人十两金子。"

不一会儿工夫，南门口围了一大堆人，大伙儿你瞧我，我瞧你，就是没有一个人上前扛木头。

商鞅知道老百姓不相信他的命令，就把赏金又加了四十两。可是，赏金越高，看热闹的人越觉得不近情理，仍旧没人敢去扛。

▲ 商鞅方升　战国

战国时代商业经济有了初步的发展，但是由于各国独立为政，商业领域最关键的商品流通手段——度、量、衡和货币，标准不一，兑换混乱，制约了经济的发展。

正在大伙儿犹豫不定的时候，从人群中跑出来一个人，那人说："我来试试。"边说边扛起木头就走，一直扛到北门。

商鞅立刻派人赏给扛木头的那个人五十两金子。

这件事立即传播开了，一下子轰动了秦国。从此，百姓都知道左庶长的命令不含糊。

商鞅看到他的法子得到了预期的效果，就把他起草的新法令公布了出去。

从商鞅变法以后，秦国的农业产量增加了，军事力量也强大了。不久，秦国进攻魏国，从河西打到河东，最后攻下了魏国的都城。

公元前350年，商鞅又推行第二次改革。这次改革遭到了许多贵族、大臣的反对。有一次，秦国的太子犯了法。商鞅对秦孝公说："国家的法令人人都要遵守。如果当官的人不去遵守，老百姓就不信任朝廷了。太子犯法，应当惩罚他的师傅。"

后来，商鞅治了太子的两个师傅公子虔和公孙贾的罪，一个割掉了鼻子，一个在脸上刺上字。这样一来，一些贵族、大臣都不敢触犯新法了。

又过了十年，秦国果然越来越富强。

孙膑的谋略

公元前353年，赵国攻卫，迫使卫国臣服，这引起了魏的不安。魏惠王要夺回自己的盟国，便和宋组成联军包围了赵都邯郸并大举攻城。鉴于局势危急，赵向盟友齐国求援。

齐威王采纳段干朋的建议积极筹划救赵。由于魏军主力攻赵，后方空虚，以前吃过魏国大亏的楚国趁机派大将景舍攻魏；秦国也发兵攻打魏东少梁、安邑；魏三面受敌，处境困难。但围赵魏军主将庞涓一心破赵，不为他局所动，继续强攻邯郸，赵国再次向齐告急。齐威王见魏、赵两国相持一年，已呈疲态，认为出兵与魏师决战的时机已经成熟，遂任田忌为主将，孙膑作军师，率齐军主力救赵。

田忌血气方刚，欲直奔邯郸与魏军主力厮杀以解赵围；孙膑深谋远虑，认为不妥，他提出"批亢捣虚""疾走大梁"的策略，并解析这样可以避实击虚，不必付出惨重代价即可解邯郸之围。田忌认为此策妙极，于是统率齐军主力向魏都大梁挺进。魏国此时已成四面受敌，更可怕的是齐国人击向了魏的心脏，庞涓无奈，以少数兵力控制千辛万苦刚刚攻克的邯郸，自己率魏军主力撤出赵国，回救大梁。这时，孙膑已安排齐军在桂陵潜伏，庞涓率军行至这里即遭到已等待多时的齐军突然截击。魏军在攻邯郸时已消耗很大兵力，再加上日夜兼程的行军，疲惫不堪，于是大败而溃；与此同时，邯郸也被赵军夺回。

魏国毕竟实力雄厚，桂陵遭重创10年后，元气又基本恢复，这时它把矛头指向韩国。韩国招架不住，遣使向齐国求助；齐威王召集群臣商议，齐相邹忌认为救韩劳民伤财，还是不救为好；而一向好与邹忌唱反调的大将田忌则主张救韩。威王问孙膑意下如何，孙膑主张"深结韩亲而承魏弊"，即向韩承诺必定相救，使韩竭力抗魏。待韩、魏格斗多时均人困马乏之际再出兵助韩。威王欣然采纳。

▲长杆三戈戟头部　战国早期

尽管韩国得到齐国援助承诺，拼命对魏作战，但李悝变法后得到改革的魏军相当有战斗力；韩军五战五败，再次向齐告急。齐威王认为时机已到，即任田忌、田婴为正副将，孙膑仍作军师，发兵救韩。魏国眼见胜利在望，又是齐国趁机来作梗，于是把矛头由韩转向齐。魏惠王待攻韩魏军撤回后，即命太子申为上将军，庞涓为将，率10万魏军扑向齐军，准备教训齐国。

面对气势汹汹而来的魏军，齐军师孙膑镇定自若，成竹在胸。他对田忌说：魏军精悍善战，一向蔑视我军，这次一定求战心切而轻骑冒进；我们可以示形惑敌，诱敌深入，伺机反攻，一举歼灭他。田忌赞成并制定了作战方案。

一切都在孙膑的算计之中。两军一接触，齐军就佯败后撤。为了诱敌追击，孙膑施展"减灶"招数。第一天挖了10万人的灶，第二天减为5万灶，第三天又减为3万，造成齐军不堪魏军紧追而大量逃亡的假象。庞涓追击齐军3天，发现灶一天天减少，便认为齐军心涣散，已逃亡过半，于是率轻装精锐急进，日夜兼程赶到了马陵。马陵地险路窄，孙膑早看中此地形而命齐军埋伏于此，见魏军到，田忌一声令下，齐军万箭齐发，魏军不及防范，死伤无数，溃不成军。庞涓羞愧自杀，魏军前后被歼10余万。

此战打击了魏国的军事实力，使得齐国威震诸侯，成为东方强国。同时，围魏救赵指导了后世战争，避敌锐气、以劣胜优的宝贵军事思想成为后世军事理论的重要组成部分。

苏秦合纵

苏秦，字季子，生卒年不详，东周洛阳（今河南洛阳）人，排行第五，他的哥哥苏代、苏厉、苏辟、苏鹄，都是当时著名的纵横家。当时，正值战国中期，各国彼此攻伐争斗，很多纵横家纷纷游说诸侯，献计献策，以言辞博取功名利禄。苏秦对此非常羡慕，加上兄长的影响，从小便立志献身此道。他独自前往齐国颍川阳城（今河南登封），拜一代纵横大师鬼谷先生为师，学习纵横之术。

学成之后，苏秦踌躇满志，前往秦国游说秦王。苏秦对秦惠王说："秦国沃野千里，人口众多，实力强大，应该实行连横，东出函谷关，兼并六国，统一天下。"但当时秦国国力有限，还没有足够的实力，所以秦惠王拒绝了他的建议。苏秦在秦国待了一年多，上书十余次，但始终没有被秦所用。苏秦盘缠用尽，只好灰溜溜地回家了。

回到家，他的妻子埋头织布，不理睬他，嫂子不给他做饭，父母也不和他说话。苏秦大受刺激，开始发愤读书。为了争取一切时间读书，苏秦准备了一把锥子，困的时候就拿起来刺自己的大腿，这就是锥刺股的故事。苏秦日夜刻苦攻读《阴符》《揣情》《摩意》等书，仔细研究了各国的政治、军事、经济、山川地理。经过一年的努力，苏秦终于做到了"天下大势，如在掌中"。

公元前334年，苏秦再次辞别亲人，开始到秦以外的六国兜售其"合纵"主张。当时天下各国中齐、楚、燕、韩、赵、魏、秦最强大，而七国之中秦国最强。苏秦经过反复思考，初步形成了一个促成六国结盟以共同对抗秦国的战略思

▲苏秦归家　妻不下机

想，即"合纵"。

苏秦先来到最北面的燕国，对燕王说："燕国之所以没有受到秦国的进攻，完全是因为燕国南边的赵国是燕国的屏障。如果秦国想攻打燕国，则必须过赵国这一关；而赵国如果想攻打燕国，则没有任何阻碍。所以，大王如果想让燕国平安无事，就应该和赵国结盟，这样就不怕秦国了！"

燕王听后觉得十分有理，就为苏秦备好车马，给了他大量的金银珠宝，让他到赵国去游说赵王，促成联盟。

苏秦来到赵国，对赵王说："现在六国中赵国最强大，所以秦国最嫉恨赵国。但是，秦国为什么不敢进攻赵国呢？那是因为秦国害怕韩、魏两国乘机发起攻击，断了秦军的退路和补给线。但是如果秦国进攻韩、魏两国，两国肯定抵挡不住秦国的进攻，必然会投降秦国。秦国没有了后顾之忧，就一定会进攻赵国！"

赵王一听，急忙问苏秦："那你说赵国该怎么办呢？"

苏秦说："臣研究了天下的地图，六国的土地是秦国的五倍，兵力是秦国的十倍。如果六国联合起来进攻秦国，秦国必败。大王如果和韩、魏、齐、楚、燕五国结盟，联合起来，共同抵抗秦国，那么秦国肯定会吓得龟缩在函谷关（今河南灵宝北）内不出的。"

赵王觉得苏秦说得十分有理，就赏给苏秦100辆马车、1000镒黄金、100双白玉璧和1000匹锦绸，让他游说各国，联合抗秦。

百家争鸣

百家争鸣是指春秋（公元前770～前476年）战国（公元前475～前221年）时期知识分子中不同学派的涌现及各流派争芳斗艳的局面。《汉书·艺文志》将战国主要思想学派分为十家——儒、墨、道、法、阴阳、名、纵横、杂、兵、小说。西汉人刘歆在《七略·诸子略》中将小说家去掉，称为"九流"。"十家九流"就是从这里来的。百家争鸣反映了当时社会激烈和复杂的政治斗争，主要是新兴地主阶级和没落奴隶主之间的阶级斗争。这个时期的文化思想，奠定了整个封建时代文化的基础，对中国古代文化有着非常深刻的影响。

苏秦来到韩国，对韩王说："韩国土地方圆900余里，士卒数十万，天下精良的兵器都是韩国出产的。韩国士卒英勇善战，能以一当百，天下没有哪国能比。韩国如果向秦国称臣，秦国必然会让韩国割让土地，今年给了它，明年它还会来要。韩国的土地有限，但秦国的贪欲是无限的。那样的话，韩国早晚会亡国的！大王不如和赵国联盟，共同抵御秦国。"韩王欣然接受。

接着苏秦又说服了魏国和齐国，最后来到最南面的楚国。

苏秦劝楚王说："楚国是天下疆域最大的国家，土地方圆6000余里，士卒百万、战车千辆，粮食可以支撑十年，这可是称霸天下的资本啊。六国中秦国最害怕的就是楚国。如果大王和其他五国国结盟，就会孤立秦国，楚国就会称霸天下。"楚王欣然答应。

公元前333年，六国共同推举苏秦为合纵联盟的纵约长，同时担任六国的相国，身佩六国相印。六国在赵国的洹水"歃血为盟"，苏秦手捧盛满牛血的铜盘请六国君王歃血，拜告了天地和六国的祖宗，写了六份盟约，共同抵抗秦国。

合纵之后，秦国十多年不敢进犯六国。

张仪连横

秦国经过改革，国力日渐增强。面对势力不断扩张的秦国，其他六国都感到恐慌。为了抵抗秦国，有人建议六国采取联合抗秦的策略。这种策略叫作"合纵"。另有一些人站在秦国一边，拉拢各国与秦国合作，打击其他国家，这种策略叫作"连横"。在主张"连横"的政客当中，要数张仪最有名望。

张仪是魏国人，他早年和苏秦同在鬼谷子先生门下求学。

张仪学完课业之后，告别了老师和同学，到各诸侯国去进行游说。

张仪历经千辛万苦到了秦国。这时，秦孝公已经死了，他的儿子秦惠王即了位，张仪凭借他的口才，得到秦惠王的信任，当上了秦国的相国。这时候，六国正在组织合纵。

在六国当中，要数齐、楚两国最强大。张仪认为要实行"连横"，必须拆散齐国和楚国的联盟，他向秦惠文王献了个计策，他假装辞去秦国相位，带着厚礼，以游说者的身份投奔楚国。

楚怀王对张仪在秦的显赫地位早有耳闻。张仪一到楚国，楚王就盛情款待了他。

楚王对张仪说："您来我们这个偏僻落后的国家，有什么指教吗？"

张仪接过话茬说："大王如果能听我的意见，首先同齐国断交，不再同它往来，我能把秦国商、於一带的六百里土地献给贵国；让秦王的女儿嫁给大王作妻妾。秦、楚两国之间娶妇嫁女，结为亲戚，永远和好。这样，削弱了北边齐国的力量，西边得到秦国的好处，我看没有比这更好的主意了。"楚王喜出望外，赞成张仪的主张，一群溜须拍马的大臣都向楚王祝贺。

楚国把相印交给张仪，宣布与齐国解除盟约，并派使臣随张仪接收商、於之地。

张仪出使楚国的目的达到了，他一回到秦国便假装从马上掉下来伤了脚，一连三个月都不理楚国使臣。后来，齐国见楚国不讲信义，便与秦国联合了。张仪见计划实现了，便把楚国使者打发走。楚国使者再一次向张仪索要土地时，张仪耍赖不承认有这回事了。

使者回来一报告，气得楚怀王直翻白眼，发动十万大军攻打秦国。秦惠王也发兵十万人迎战，齐国也赶来助战。楚国一败涂地，十万人马只剩了两三万，商於六百里地没到手不说，还被秦国夺去了汉中六百里地。

后来，张仪又放心大胆地去韩国、齐国、赵国、燕国等国逐一地推行他的连横策略。最后，六国的合纵彻底瓦解了。

胡服骑射

北方的赵国看到秦国恃强凌弱的做法，知道只有发奋图强，才能国泰民安。赵国的国君武灵王，是个很有远见的国君，面对周边的诸侯国日益强大，便考虑着赵国的发展前途。

有一天，赵武灵王对他的臣子楼缓说："咱们国家东边有齐国、中山（古国名），北边有燕国、东胡，西边秦国、韩国和楼烦（古部落名），我们如果不强大起来，随时都会遭受灭顶

▲赵武灵王胡服骑射复原图

之灾。要发奋图强，就必须改革一番。我觉得咱们穿的长袍大褂，干活打仗都不方便。相比之下，胡人（泛指北方的少数民族）的短衣窄袖，倒是很灵活。我打算效仿胡人的风俗，把我们的服装改一改，你看怎么样？"

《六韬》

《六韬》又称《太公六韬》《太公兵法》，旧题周初太公望（即吕尚、姜子牙）所著，普遍认为是后人依托，作者已不可考。现在一般认为此书成于战国时代。全书以太公与文王、武王对话的方式编成。《六韬》是一部集先秦军事思想之大成的著作，对后代的军事思想有很大的影响，被誉为是兵家权谋类的始祖。司马迁《史记·齐太公世家》称："后世之言兵及周之阴权，皆宗太公为本谋。"北宋神宗元丰年间，《六韬》被列为"武经七书"之一，为武学必读之书。《六韬》在16世纪传入日本，18世纪传入欧洲，现今已翻译成日、法、朝、越、英、俄等多种文字。

楼缓一听，连声说好，他说："咱们效仿胡人的穿着，也能学习他们打仗的本领啦！"

赵武灵王说："对啊！咱们打仗全靠步兵，或者用马拉车，这样不如骑马灵活机动。我们学胡人的穿着，就是要学胡人那样骑马射箭。"

这个想法一传开去，就遭到许多大臣的反对。

但是，赵武灵王的决心很坚定，非实行改革不可。他知道要推行这种改革方案，必须排除内部的阻力。他首先去找他的叔叔公子成，跟公子成反复地讲穿胡服、学骑射的好处。公子成最终被说服了，越武灵王立即赏给公子成一套胡服。

大臣们一见最保守的公子成也穿起胡服来了，便都不再提反对意见，都跟着改了。

赵武灵王看到条件已经成熟，就发布了一道改革服装的命令。不久，赵国人不分贫富贵贱，都穿上了胡服。一开始，人们还觉得有点不习惯，后来觉得穿了胡服实在方便灵活得多。

赵武灵王接着又号令国人学习骑马射箭。不到一年，训练了一支强大的骑兵队伍。公元前305年，赵武灵王亲自率领骑兵打败了临近的中山，又收服了东胡和临近几个部落。到了实行胡服骑射以后的第七年，中山、林胡、楼烦都被收服了，赵国的土地扩大了许多。

赵武灵王经常带兵外出打仗，把国内的事务交给儿子处理。公元前299年，他把国君的位子传给了他的儿子，就是赵惠文王。武灵王自己改称叫主父（意思是国君的父亲）。

乐毅伐齐

齐王在位期间，骄横霸道，常常欺负弱小的国家。这样一来，许多诸侯国对他都不满，特别是燕国。

燕国也是战国七雄之一，在燕王哙做国君时，用子之为丞相，后来，燕王哙听信了坏人的主意，把国君的位子让给了子之，结果把国家搞得混乱不堪。齐国趁机进攻燕国，燕差点被灭掉。燕王哙死后，燕昭王即位，他恨透了齐国，总想报仇雪恨，但自知国小地僻，力量对比悬殊，于是他礼贤下士，希望招揽人才。有人对燕昭王说，老臣郭隗有见识，请他帮助招贤纳士准错不了。燕昭王与郭隗一交谈，果然觉得郭隗很有才能，便为他造了一座精美的住宅，还拜郭隗作老师。各国有才能的人听说燕昭王真心实意地招募人才，便纷纷来到燕国。乐毅以魏昭王使节的身份来到燕国，燕王用宾客之礼接待他，被乐毅婉言谢绝，并在昭王面前声声称臣。燕昭王高兴地任他为亚卿，经过考察，发现他非常有才能，便把国家大事交他处理。

经过几年的努力，燕国国力日盛，燕昭王看到齐国潜在的危机逐渐暴露，便与乐毅商讨如何

▲几何纹长柄豆　战国

此豆风格特异，极为少见，是研究燕国文化和青铜工艺的重要实物资料。

征伐齐国。乐毅认为齐国地广人多，单靠燕国的力量不容易取胜，建议联合其他国家一同攻齐。燕昭王赞成乐毅的意见，派乐毅去赵国联络，派其他使者联合楚、魏两国，还叫赵国去说服秦国共同出兵。诸侯各国深受过齐王骄矜暴戾之害，都愿意跟燕国讨伐齐国。

乐毅等回来禀报燕昭王，燕昭王见时机成熟，便任命乐毅为上将军，统领全国军队。与此同时，赵惠文王也把相国的印交给了乐毅，授给他全权。公元前284年，乐毅统领赵、魏、秦、韩、燕五国的军队进攻齐国，在济水西侧首战告捷。随后，乐毅率领燕军，乘胜追击齐军，一鼓作气，攻到齐国都城临淄。齐王逃出都城临淄，最后逃到莒城。乐毅出兵半年，前后攻下70多个齐国的城邑，都划归为燕国的郡县。当时只剩下莒城和即墨尚未攻破。

战国铁兵器

在春秋时期，很少使用铁兵器。但到了战国时期，铁兵器的使用已经非常普遍了。据文献记载，战国时期的铁兵器种类很多，有铁剑、铁甲、铁杖、铁锥等。

在现在已出土的上千件先秦铁器中，绝大部分是战国中晚期的，其中铁兵器占大多数，有矛、戟、剑、刀、镞、匕首、甲胄等。1965年，河北省易县燕下都44号墓出土了铁矛19件、铁戟12件、铁剑15件和铁刀、匕首、胄等。

田单复国

田单家是齐国王室的远支。齐湣王时，田单在齐都临淄担任管理街市贸易与治安的小官。他善于学习，喜读兵法，对军事很有研究。

燕将乐毅率领燕、赵、魏、韩、秦五国联军攻打齐国，在济水以西大败齐军的主力，兵锋直逼临淄。田单逃到临淄附近的小城安平（在今山东临淄东北）。燕军攻占临淄后，紧接着又进攻安平，齐人惊惶失措，纷纷携带财物逃跑。田单命族人把露在车轮外面的车轴锯断，并用铁皮把车轮包起来。在逃跑的时候，由于道路狭窄，车辆互相撞击，许多车由于车轴过长而被撞坏，很多人被燕军俘虏。只有田单和他的族人因为车轴短而且包有铁皮，逃到了齐国东部的大城即墨（今山东即墨北）。燕军很快占领了齐国绝大部分城邑，只剩下莒和即墨两城没有攻破。

　　齐湣王逃到了莒（今山东莒县）。这时楚王为了夺回以前被齐国占领的土地，派大将淖齿以援齐为名，率领楚军进入齐国。齐湣王幻想依靠楚国的力量复国，就任命淖齿为相，结果被淖齿杀死，楚国夺回了被齐国占领的淮北之地。后来，齐国大臣王孙贾等杀死淖齿，拥立齐湣王之子为王，即齐襄王。乐毅率军进攻莒，企图灭亡齐国，昼夜猛攻。齐襄王号召民众坚守莒城，抵抗燕军，保卫齐国。燕军久攻不下，乐毅改变了战略部署，留下一部分兵力继续攻打莒，自己则率兵去攻打即墨。即墨的守将率军出城迎战，结果战败被杀。即墨人推举在逃跑中显示出聪明才智的田单为即墨守将，田单欣然受命，担任起了领导即墨军命抗燕的重任。

　　即墨是齐国一座较大的城池，地处富庶的胶东地区，土地肥沃，物产丰富，人口众多，即墨城的城墙坚固，还有部分军队。田单领导即墨军民构筑城防工事，加固城墙，深挖护城河，收容了7000残兵，并把自己的族人也编入军队，参加守城。他还拿出自己的家产犒赏士卒，与他们同甘共苦。即墨军民深受感动，士气高昂，决心誓死保卫即墨城。从此，即墨和莒成为抵抗燕军的两大坚固堡垒。燕军攻打了一年多，始终没能攻克即墨。乐毅令燕军后撤9里扎营，然后对城中的军民展开了攻心战，声称只要城中军民前来投降，一律优待，有困难的一定帮助。双方一直相持了三年多。

　　公元前279年，燕昭王死，燕惠王即位。燕惠王在做太子的时候就和乐毅不和，这次两座城池乐毅3年都没有攻克，燕惠王对他更加不满。田单见有机可乘，就派间谍到燕国散布谣言，说即墨和莒其实很容易被攻克，之所以没有攻克，是乐毅想做齐王，只是齐人尚未全部归附，所以缓攻两城，等待时机。燕惠王听了以

▲玉透雕双龙佩　战国晚期

▲ 变形蟠龙纹敦　战国燕器

后，立即命骑劫代替乐毅，并召乐毅回国。乐毅见燕惠王这么不信任自己，害怕回燕国后有杀身之祸，就投奔了赵国。

骑劫是一个骄傲狂妄、有勇无谋的人，他一到齐国，就下令对即墨强攻。由于即墨军民的顽强抵抗，燕军没能攻克即墨。

田单派人到燕军军营中散布谣言，说只要把齐军俘虏的鼻子割掉，押到城下震慑守城的齐军，他们就会投降。骑劫果然令人把齐军俘虏的鼻子割掉，然后押到城下，守城的齐军士兵无不义愤填膺。田单又派人去散布谣言，说只要挖了即墨人城外的祖坟，即墨人就会投降了。骑劫再次中计，派燕军挖了即墨人的祖坟。即墨人肝胆欲裂，对燕军的暴行恨之入骨，纷纷要求与燕军决一死战。

田单拿出 2000 两黄金，派即墨城中的豪绅偷偷出城，送给燕军将领，说："即墨不久就投降了，希望燕军入城后不要掠夺我们的族人和妻妾，让我们能和往常一样生活。"燕军将领满口答应。田单把精锐士卒都隐藏起来，只派一些老弱病残到城墙上巡逻，骑劫看后以为齐军精锐已经死伤殆尽。这时，田单又派人来投降，燕军听说即墨要投降，都欢呼万岁，戒备从此松懈下来。

田单命人在千余头牛的牛角上绑上尖刀，身上披着五彩龙纹的外衣，牛尾绑上浸过油脂的苇草，在城墙上挖了十几个洞，又组织了 5000 人的敢死队，扮成鬼神模样。当天夜里，田单命人点燃牛尾的苇草，千余头火牛怒吼着从城洞中冲出，直奔燕军军营，敢死队随后杀出。城中的老弱病残登上城头，敲锣打鼓，大声呼喊。

燕军从睡梦中惊醒，仓皇逃跑，死伤无数，骑劫也在混乱中被杀。田单乘胜进军，齐国各地的军民纷纷响应，很快将燕军赶出齐国。田单复国后，把齐襄王从莒接回临淄，齐襄王任田单为相国，封于安平邑，号安平君。

田单在任齐相期间，无重大建树。后赵国割济东 3 城 57 邑给齐国，求田单为将，田单入赵任将军。公元前 265 年，他率赵军攻燕，夺取 3 城，又攻韩。次年，田单为赵相。田单最后的结局却无人知道。

屈原投江

楚国被秦国打败后，楚怀王又想重新和齐国联合起来。这时，秦昭襄王继承了王位，他很客气地写信给楚怀王，请他到武关（今陕西丹凤县东南）相会，当面订立友好盟约。

楚国大夫屈原劝楚怀王不要去，他说："秦国一定会设下圈套等着我们上当呢。"

正如屈原预料的那样，楚怀王刚进入秦国的武关，立刻被秦国预先埋伏下的人马截断了后路。在会见时，秦昭襄王逼迫楚怀王把黔中的土地割让给秦国，楚怀王拒绝了。秦襄王下令把楚怀王押到咸阳软禁起来，并派人通知楚国让他们拿土地来赎人。

楚国的大臣们听到国君被押，非常气愤，拒绝了秦国的无理要求，并立太子为国君，这个国君就是楚顷襄王。

楚怀王在秦国被关一年多，吃尽苦头，后来病死在秦国。

楚国人为楚怀王被害死心里很气愤，大夫屈原更是怒不可遏，他劝楚顷襄王搜罗人才，远离小人，鼓励将士，操练兵马，为国家和怀王报仇雪耻。

可是他的劝告却招来了令尹子兰和靳尚等人的仇视。他们抓住一切机会在顷襄王面前诬陷屈原。

楚顷襄王听信谗言，把屈原革了职，放逐到湘南去。

屈原到了湘南以后，经常在汨罗江

▲饮酒读《离骚》图　明　陈洪绶
《离骚》历来为忧愤之士所爱，图为一位士人坐于兽皮褥上正饮酒读《离骚》，一副激愤而又无可奈何之状，大有击碎唾壶一展悲吟之意。

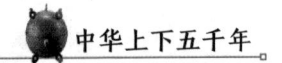

（在今湖南省东北部）一带徘徊，吟诵着伤感的诗歌。

有一天，屈原在汨罗江边遇见一位打鱼的渔夫。渔夫对屈原说："您不是楚国的大夫吗？怎么会落到这种田地呢？"

屈原说："我落到这个地步，是因为许多人都是肮脏的，只有我是干净的；许多人都喝醉了，只有我还醒着。"

屈原不愿意屈辱地活着，到了公元前278年五月初五那天，他抱着一块大石头，跳进汨罗江里自杀了。

附近的百姓得到消息，都划着小船去救他。人们在汨罗江上打捞了许久，也没有找到屈原的尸体。

那位渔夫很难受，他对着江面，把筒子里的米撒到江里表达他对屈原的哀思。

在第二年五月初五的这一天，当地的百姓想起这是屈原投江一周年的日子，又划船到汨罗江中，把竹筒子盛了米撒到水里去祭祀他。后来，人们把盛米饭的竹筒子改为粽子，划小船改为赛龙船。这种纪念屈原的活动渐渐成为一种风俗。人们把每年农历五月初五称为端午节。

屈原生前写下了许多优秀的诗篇，其中最有名的是《离骚》。他在这篇诗歌里，痛斥小人，表达了他忧国忧民的心情，对楚国的一草一木，都寄托了无限的深情。

完璧归赵

赵惠文王在位时，得到了楚国丢失的和氏璧。这时，强大的秦国曾几次派兵攻打赵国。因赵大将廉颇英勇善战，秦国占不到丝毫便宜。

公元前283年，秦昭襄王得知赵国得到了和氏璧，便派使者对赵惠文王说："秦国愿意用十五座城池换取和氏璧。"

赵王和大将军廉颇等大臣商议对策。他们考虑到，如果把和氏璧给了秦国，秦国不守信，只会白白地被骗；要是不给，秦国会借口攻打赵国。他们讨论了许久也没想出一点办法。后来决定先找个使者去秦国周旋，但又没有理想的人选。这时，有人推荐蔺相如。

秦昭襄王听说赵国使臣来到，立即在别宫接见了蔺相如，蔺相如捧着和氏璧恭敬地献给秦王，秦王高兴地接过观赏。随后，递给左右大臣们传看，又传给姬妾和侍人们赏玩，大臣们祝贺秦王得到稀世珍宝。蔺相如在朝堂上等了半天，发觉秦王没有换城的诚意。可是和氏璧已落到别人手中，怎么才能拿回来呢？蔺相如急中生智地对秦昭襄王说："这玉璧确实好，但还有个小毛病，让我指给大家看。"秦

▲ 完璧归赵画像石

王信以为真，叫手下把璧交给蔺相如，相如捧璧退了几步，身子靠着殿柱，怒气冲冲而理直气壮地说："当初大王派使者送国书，愿意以十五城换这块玉璧，赵国大臣都认为大王在骗人。我却认为普通百姓交朋友都讲信用，何况秦国是泱泱大国。赵国诚心实意派我把璧送来，大王却态度傲慢，在一般殿堂接见我，显然是没有诚意换璧。现在请按诺言以城换璧。如果大王逼迫我，我就把我的脑袋和这块璧一起撞碎在柱子上。"说完蔺相如抱着玉璧用愤怒的目光斜视着柱子，做出要去撞的样子。秦王唯恐砸碎了玉璧，赶紧劝他不要这样做，并连连表示歉意。他马上命令大臣把地图拿来，指着那换璧的十五座城给蔺相如看，蔺相如知道秦王又在使用欺骗手段，也将计就计。他对秦昭襄王说："和氏璧是无价之宝，在我把它带来之前，我国举行隆重仪式，斋戒五天。大王也要斋戒五天，我才敢献上和氏璧。"

秦王想，反正你也跑不了，就答应斋戒五日，蔺相如回到住处，叫自己的随从化装成百姓的模样，把璧藏在怀中，从小路偷偷地回国去了。

五天后，秦王在朝廷备了九宾大礼接见赵使蔺相如，蔺相如对秦王说："秦国自穆公以来的二十多个君主，没有一个是讲信用的。我实在怕被骗上当，所以派人把璧先送回赵国了。"秦昭襄王听到这里，大发雷霆，气呼呼地对蔺相如说："我今天举行这么大的仪式，你竟敢把和氏璧送回去。来呀！把他绑起来。"蔺相如不慌不忙地说："请大王别发怒。天下诸侯都知道秦国是强国，赵国是弱国，只有强国欺负弱国，从来没有弱国欺负强国的道理。如果大王真心想要和氏璧的话，请先交十五座城给赵国。弱国是不敢背信弃义而得罪大王的。如果杀了我，天下人也就看透您的用心，都知道秦国不是讲信誉的国家。望你们仔细地想一下吧！"秦王与大臣们被

说得哑口无言。秦王只得在正殿上以欢送赵国特使的礼节把蔺相如送回去。

蔺相如因完璧归赵，为赵国立了大功，赵惠文王提拔他为上大夫。秦昭襄王本来也没打算以城换璧，后来再没提过这件事。

将相和

秦昭襄王一心想要制服赵国，接连入侵赵国国境，而公元前279年，又突然表示愿与赵国和好，约请赵惠文王渑池相会。赵惠文王担心秦国又在耍花招不想去。廉颇、蔺相如都认为不去会被人瞧不起。最后赵惠文王决定冒一次险，他叫蔺相如随行，让廉颇率领精兵守候在赵国边界，准备抵御秦兵进犯赵国。

到了渑池相会这天，秦昭襄王大摆酒席款待赵惠文王。席间，秦王假装醉意让赵王为他鼓瑟助兴，赵惠文王不好推辞，勉强地演奏一段。秦王马上吩咐史官，把这件事记录下来。蔺相如见秦昭襄王有意侮辱国君，立即走到秦王跟前，也请秦昭襄王演奏一段曲子。遭到秦王拒绝后，蔺相如进逼两步，献上陶盆。目光盯着秦昭襄王说："大王未免太欺负人了。如果您不敲盆，在五步之内，我的血将溅到大王身上。"秦王不得已敲了陶盆，相如马上让赵国史官记录下：某年某月某日，秦王为赵国击缶。随后，秦大臣又提出无礼要求，让赵国拿出十五城给秦王献礼。蔺相如也说："请秦国把都城咸阳给赵国献礼。"席间，秦国不能占到一点便宜，而且赵国边境也早有防备，秦国就不敢轻举妄动了。

▲廉颇像

回到赵国后，赵惠文王对蔺相如的勇敢机智大加赞赏，拜他为上卿，地位在廉颇之上。大将军廉颇很不满意，私下里对自己的门客说："蔺相如有什么本领，职位反比我高。就凭一张嘴，能说会道那叫什么本事。我南征北伐，攻下多少城池，立过多少次大功，日后见面一定要给他点颜色看看。"这话传到相如耳里，蔺相如便尽量避开廉颇，并且装病不去上朝。

《战国策》

《战国策》是战国时期各国游说之士计策、谋略及言论的汇编。最初书名纷繁，有《国策》《事语》《长书》《国事》《短长》等不同称呼。西汉末年，刘向汇集了33篇合订为一书，取名《战国策》。

有一天，蔺相如坐车上朝，在路上看见廉颇的车马迎面而来，赶紧叫车夫把车躲进小弄堂里，给廉颇让道。蔺相如的属下有点看不过去，责怪蔺相如不该那么怕廉颇。蔺相如笑着问他们："你们说，廉颇将军厉害，还是秦王厉害？"手下人都说秦王厉害。蔺相如又说："秦王我都不怕嘛！我会怕廉颇吗？今天秦国不敢入侵我国，是因为有我和廉颇在，一旦我们不和，就会削弱内部力量，秦国就会乘机入侵。所以我不与廉颇争高低，为的是国家稳定。"后来，蔺相如的话传到廉颇耳里。廉颇仔细一想，觉得是自己的错。于是，他马上脱光上身反绑双手，背插荆条，去蔺相如府上请罪。他见了蔺相如低头说道："我私心太重，只顾论功争权，幸亏您以大局为重！我实在是没脸来见您，请处罚我吧！"蔺相如连忙搀起廉颇，说："咱们两人都是赵国的大臣，您能理解我，我已经万分感激了，何必给我赔礼呢！"

从这以后，他们互相谅解，成了生死与共的朋友，赵国也更加强盛了。

远交近攻

赵国因为将相和睦，使秦国不敢侵犯。秦国便把矛头指向其他国家。到了公元前270年，秦国又派兵攻打远离秦国的齐国。

正在这时，有人向秦昭襄王推荐一个人，他叫范雎。

范雎是魏国人，才高八斗，能言善辩，但家境贫寒，在魏国大夫须贾

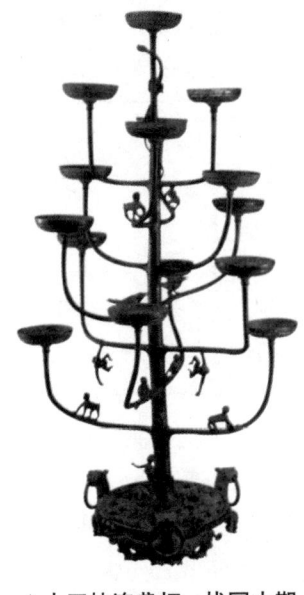

▲十五枝连盏灯　战国中期

灯的底座为透雕三只夔龙，在盘曲飞腾中巧妙地将外圈与中间柱座连接在一起。下方以三只双身虎承托底座，虎口各衔一圆环。灯枝上为短尾长臂的猿猴形象。另雕一家奴于灯座边上，右手抛食，做戏猴的动作。

府里当门客。

有一回，魏昭王要与齐国结盟，派遣须贾出使齐国。须贾带着范雎一起去了。齐襄王听说范雎很有才能，便想与他交好，特意叫手下人赏赐给范雎很多黄金以及佳肴美酒。范雎想到自己只是随员身份，不配接受这份厚礼，再三不肯接受，有人把这件事告诉了须贾。

几天后，须贾率随员回到魏国，向魏国的相国公子魏齐告发。魏齐立即派人把范雎抓起来，严刑拷问，几次把范雎打得昏死过去，牙齿打掉了，肋骨也打折了，浑身上下皮开肉绽。范雎只好直挺挺地一动不动，假装已经被活活打死。魏齐以为范雎死了，叫人把范雎用破席卷起来扔到厕所里，天黑后，范雎才从席子里爬出来。

郑国的郑安平与范雎有很深的交往，他钦佩范雎是个难得的人才，暗地里把范雎救下来，连夜帮他逃出虎口，改名张禄。

后来，秦昭襄王派使臣王稽访求贤士，郑安平扮作士兵模样服侍王稽，找机会向王稽推荐了张禄。经过交谈，王稽觉得张禄的确是个难得的大才，便设法把张禄带到秦都咸阳。

秦王非常恭敬地请范雎进宫，虚心求教。范雎分析了各国的情况，主张对于远离秦国的国家，要采取联合的策略；对于邻近秦国的国家，采取进攻的策略。如果攻打遥远的国家，即使打胜了，也不好管理。而攻占了邻近的国家，那么这个国家的土地，都是自己的了。秦昭襄王听后大加赞赏。立刻拜范雎为客卿。过了几年，正式拜他为秦国宰相。秦王振兴朝政后，准备攻打魏国。

魏王听说秦国要发兵攻魏，忙派须贾出使秦国求和。范雎听说须贾来到秦国，便扮作贫寒落魄的样子，前往馆舍见须贾。须贾见到范雎还活着，吓了一跳，问道："你还活着呀，你现在在干什么？"范雎答："我就在这儿给人家干杂活。"须贾看到范雎的可怜相，就让人取了一件锦袍送给范雎。

须贾顺便问道："听说秦国宰相张禄很得秦王的赞赏，我很想见见他，不知有没有人能给我引见！"范雎笑了笑说："我家主人同张相国很有交情，我倒愿意替须大人说句话。"须贾说："那太好了。"

到了第二天，范雎带须贾到了相府门口，范雎让须贾在门口等候，自己一直走进相府内，门卫们不加盘问还肃然施礼，须贾都一一看在眼里，觉得有些不对劲儿，便忍不住向守门人打听："我今天特来拜会你家主人，不知你家主人在不在家？"守门人告诉他："刚才陪你一起来的就是我家主人，秦国宰相张大人。"须贾一听吓得目瞪口呆。一会儿听到里面传唤："相爷叫须贾进去。"须贾慌忙匍匐在地爬着进入大厅，见到高堂上坐的丞相正是范雎，便连连磕头说："须贾罪该万死，请相国饶恕小人的罪过吧！"范雎愤怒地痛斥须贾一番。接着又说："昨天你送我一件锦袍，念你还有一点良心，饶你一命。今天交你一个任务，回去替我告诉魏王，把魏齐脑袋送来。不然的话，我要发兵直取魏都大梁。"须贾狼狈地退出相府，赶紧回国把范雎的话告诉了魏王，魏齐知道在魏国会成为牺牲品，再也无法待下去了，他偷偷地逃到赵国去，躲在平原君门下避难。

后来，秦国答应了魏国的求和条件，按照范雎的远交近攻计策，向邻近的韩国发动进攻。

窃符救赵

楚国派兵救赵的同时，魏国也同意出兵救援赵国。魏国领兵的大将是晋鄙。

秦昭襄王得知魏、楚两国发兵的消息，亲自前往邯郸督战。他派人对魏安王说："秦国早晚会把邯郸打下来。谁敢来救邯郸，等我灭了赵国，就攻打谁。"魏安王害怕了，连忙派人去追晋鄙，叫他停止前进，按兵不动。

赵孝成王见魏军驻扎在邺城，不来求援，十分着急，他叫平原君给魏国公子信陵君魏无忌写信求救。平原君的夫人是信陵君的姐姐，两家是亲戚关系。

信陵君接到信，一再央求魏安王命令晋鄙进兵，无论信陵君怎么说，魏王也不答应。信陵君没有办法，对门客说："大王不愿意进兵，我决定自己去赵国，与秦军拼个死活。"

他手下的很多门客都愿意跟信陵君一起去。

信陵君有个他最尊敬的朋友，叫作侯嬴。临行前信陵君去跟侯嬴告别，侯嬴说："你们这样去救赵国，像把一块肥肉扔到饿虎嘴边。"

侯嬴接着说："听说国家的兵符藏在大王的卧室里，只有如姬能把它拿到手。当初如姬的父亲被人害死，是公子叫门客找到那仇人，替如姬报了仇。为了这件事，如姬非常感激公子。如果公子请如姬帮忙，让她把兵符盗出来，如姬一定会答应。公子拿到了兵符，就能接管晋鄙的兵权，然后带兵救援赵国。这比空手去送死不是强多了吗？"

信陵君马上派人去求如姬，如姬一口答应了。当天午夜，如姬趁魏王睡觉的时候，把兵符盗了出来，交给一个心腹，送给了信陵君。

侯嬴见信陵君拿到了兵符，又对信陵君说："将在外，君命有所不受。万一晋鄙接到兵符，不肯交出兵权您打算怎么办？"信陵君皱着眉头答不出来。

侯嬴说："我已经替公子想好了。我有个朋友叫朱亥，是魏国数一数二的大力士，公子可以把他带去。要是晋鄙能痛痛快快地把兵权交出来最好；要是他推三阻四，就让朱亥来收拾他。"

信陵君带人到了邺城，假传魏王的命令，要晋鄙交出兵权。晋鄙验过兵符，仍旧有点怀疑，不愿意交出兵权。这时站在信陵君身后的朱亥大喝一声："你不听大王的命令，是想造反吗？"

朱亥边说边从袖子里拿出一个四十斤重的大铁锥，向晋鄙的脑袋上砸过去，结果了晋鄙的性命。

▲金虎符　战国

当下，信陵君选出八万精兵，由他亲自指挥，向秦国的兵营冲杀。秦将王齕没防备魏国的军队会突然进攻，慌忙抵抗。

这时邯郸城里的平原君见魏国救兵赶到，也带着赵国的军队杀出来。两下夹攻，打得秦军一败涂地。

荆轲刺秦王

尉缭得到重用后，用计拆散了燕国和赵国的联盟，秦国趁机攻占了燕国的几座城池。

燕国的太子丹原来留在秦国当人质，他见秦王政有兼并列国的野心，又夺去了燕国的土地，便设法逃回了燕国。太子丹回国后，寻找能刺杀秦王政的人。

太子丹物色了一个很有本领的勇士，名叫荆轲。他把荆轲奉为上宾，把自己的车马给荆轲坐，让荆轲一起享用自己的饭食、衣服。

公元前230年，秦国灭韩国。两年后，秦国大将王翦攻占了赵国都城邯郸，向燕国进军。

燕太子丹十分着急，就去找荆轲，商议如何刺杀秦王。

荆轲说："要挨近秦王身边，必须先让他相信我们是去向他求和的。听说秦王早就想得到燕国的土地督亢（今河北涿州一带），还有流亡在燕国的秦国将军樊於期，秦王正在悬赏抓他。我要是能拿着樊将军的头和督亢的地图去进献，秦王一定会接见我。这样，我就可以下手了。"

"六经"

"六经"是儒家学派的6种主要典籍，也有称它为六艺的，它们是：《诗》《书》《礼》《乐》《易》《春秋》。这6种典籍都与孔子有直接或间接的关系，其中，《诗》《书》都是经孔子整理、编订的；《礼》后来分为三部，《三礼》都成于孔门弟子；《乐》已亡佚，但《礼记》中的《乐记》得其精髓；《易》是孔子喜欢的书，并曾为之作《传》；《春秋》是孔子据鲁史而编撰的。

太子丹说："把督亢的地图带去没有问题，但是樊将军受秦国迫害来投奔我，我怎么忍心伤害他呢？"

荆轲知道太子丹不忍心杀樊於期，就私下去找樊於期，跟樊於期说：

▲**易水送别图　清　吴历**

荆轲是战国时燕国太子丹手下的勇士。秦灭韩、赵之后，又向燕国进军，荆轲便携着樊於期人头及地图前去刺杀秦王，后终因寡不敌众而惨死。荆轲去秦国之前，便抱着必死的决心，于易水江边把酒临风，高渐离击筑，荆轲高吟："风萧萧兮易水寒，壮士一去兮不复还！"吟罢上车而去，头也不回。此图即绘荆轲上车离去的情景。

"我决定去行刺，怕的就是见不到秦王的面。现在秦王正在悬赏捉拿你，如果我能够带着你的头颅给他送去，他一定会接见的。"

樊於期二话没说，拔出宝剑，刎颈自杀了。

荆轲临行前，太子丹交给他一把锋利的匕首，这是一把用毒药煮炼过的匕首，只要被它刺出一滴血，就会立刻气绝身亡。太子丹又派了个年仅十三岁的勇士秦舞阳，做荆轲的助手。

荆轲到了咸阳。秦王政一听燕国派使者送来了樊於期的头颅和督亢的地图，十分高兴，就传令在咸阳宫接见荆轲。

到了秦国的朝堂上，荆轲从秦舞阳手里接过地图，捧着装了樊於期头颅的木匣上去，献给秦王政。秦王政打开木匣，里面果然装着樊於期的头颅。秦王政又叫荆轲把地图拿来。荆轲把一卷地图慢慢打开，到地图全都打开时，荆轲事先卷在地图里的那把浸过毒的匕首就露了出来。

秦王政见了，惊呼。荆轲连忙抓起匕首，左手拉住秦王政的袖子，右手里的匕首向秦王政的胸口刺去。

秦王政使劲挣断了那只袖子，便往外跑。荆轲拿着匕首追了上来，秦王政一见跑不了，就绕着朝堂上的大铜柱子跑。荆轲紧紧地在后面追，两个人在柱子的周围转起圈来。

过了一会儿，有个伺候秦王政的医官，急中生智，把手里的药袋向荆轲扔了过去。荆轲一闪身的工夫，秦王政往前一步，拔出宝剑，砍断了荆轲的左腿。

这时候，侍从的武士一拥而上，杀死了荆轲。台阶下的勇士秦舞阳，也死在了武士们的刀下。

九州一统

天下归一统

公元前 238 年，秦王嬴政扫平吕不韦、嫪毐势力，开始亲政。他任命李斯、尉缭分别为丞相和军师，周密制定出了统一中国的战略步骤，继续远交近攻，分化瓦解六国合纵的同时，攻灭韩、赵、魏以及楚、燕、齐，各个击破，统一全国。

韩、魏是六国合纵之脊，秦王要拔掉这两颗妨碍吞食的"龅牙"，但"牙龈"是赵国，因此要先削弱赵这三晋最强国。公元前 236 年，秦王乘赵东攻燕、国内空虚之际发兵大举攻赵。赵国多出名将，继赵奢、廉颇之后，李牧在危难关头脱颖而出。尽管秦军凭借顽强的战斗力和先进的打法给了赵军沉重打击，但李牧几乎凭一己之力阻挡了秦军的迅猛攻势，使其不得前进。秦王灭赵未逞转而攻韩，公元前 231 年，韩国重镇南阳陷落。朝廷震动，韩向赵求救，但赵勉强能自保，哪有能力救韩，只好眼睁睁地看着韩地逐一失守。

公元前 230 年，秦王派内史滕率军东进，攻占韩国都城阳翟，俘虏韩王安，在韩设置颍川郡，韩国灭亡。

唇亡齿寒，秦王下一个要翦掉的对手就是赵国了。灭韩这年，赵发生地震和旱灾，经济损失巨大。公元前 229 年，秦王派名将王翦、杨端和兵分两路大举攻赵；主力王翦军由上党出井陉，杨端和由河内进攻赵都邯郸。赵派大将李牧迎敌，王翦与李牧是当时最优秀的两位军事将领，双方互有胜负，相持不下。秦王施反间计，收买赵王宠臣郭开诬告李牧谋反，赵王听信谗言，要撤换李牧。李牧以国家危在旦夕、不宜临阵换将为由拒命，结果惨遭杀害，副将司马尚也被换下，赵军士气顿挫，军心涣散，失去了与秦军僵持的能力，终致溃退。公元前 228 年，王翦向赵国发起总攻，不久攻克邯郸，赵王迁被俘，公子嘉率亲族逃入代郡，赵国基本灭亡。

灭赵同时，秦已兵临燕境。燕国自知无力抵抗，太子丹于是孤注一掷，重金雇勇士荆轲，公元前 227 年遣其入秦刺杀秦王，结果刺杀未遂，秦王大怒并以此为借口，派王翦、辛胜攻打燕国，在易水以西大败燕军，歼灭其主力。公元前226年十月，王翦攻陷燕都蓟（今北京市），燕王喜率残部逃往辽东，燕国灭亡。

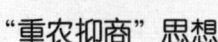

"重农抑商"思想

"重农抑商"是贯穿中国整个封建专制时代的重要思想政策，它萌发于春秋，成熟于战国，延及以后历代，它是中央专制集权政治的配套措施。其"重农"之农，包括小农及以小农为基础的农业经济，目的是稳定国家兵源、财源（赋税）与社会经济基础；其"抑商"之商，指的是商品经济与资本市场，在抑制商人资本对破产小农的盘剥、兼并的表层下，含有防止政权对立面或异己力量出现的根本目的。

伐燕同时，秦王命王翦之子王贲率军南下攻楚，攻下十余座城。公元前225年王贲以胜楚之师回军攻魏，迅速包围魏都大梁（今河南开封）。此时中原诸侯只剩一魏，孤立无援，困守大梁；魏王眼见形势一天比一天危急，却一筹莫展。王贲引黄河、鸿沟水灌城，魏人不堪承受，守城力乏，秦军旋攻破大梁，魏王假遭擒杀，魏国灭亡。中原北方大部分地区已为秦有。

灭魏同时秦已策划伐楚。秦王问诸将灭楚需多少兵力，青年将领李信说需20万，而老将王翦则认为非60万不可。秦王以为王翦年老怯战，否定了他的意见，而派李信、蒙恬领兵20万攻楚。公元前225年秦军南下伐楚，楚将项燕率军抵抗，初时秦军进展顺利，在平舆和寝击败楚军，进抵城父。但楚国毕竟地大兵多，项燕在城父集结数十万楚军发起反击，大败秦军，李信败逃回国。秦王方知王翦估兵不虚，屈尊亲自登门向王翦赔礼，命他征楚。

公元前224年，王翦率60万秦军攻楚，楚集中全部兵力迎战。秦军在陈遭遇楚军，王翦即令秦军坚守不战，违令者斩。项燕见王翦按兵不动，即遣将到秦军阵前挑战，但无论楚军怎样百般叫骂，王翦就是不出来与之交战。项燕于是引军东归，但正当楚军撤退时，王翦一声令下，挥师追击。60 万秦兵排山倒海杀向楚军，在蕲大破楚军，楚帅项燕被杀。公元前 223 年，楚都郢沦陷，楚王负刍被俘，秦在楚地设置郢郡，楚国灭亡。

公元前 222 年，王贲率军歼灭辽东燕军，俘燕王喜；回师途中攻打代郡，俘赵代王嘉，燕、赵彻底灭亡。王贲乘势由燕地南下，直逼齐国，齐王忙在河西集结军队，驻守御防。公元前 221 年，王贲率秦军避开西线齐军主力，迂回到齐北，从北面南下直插齐国都城临淄（今山东淄博市）；齐因长期"事秦谨"，"不修攻战之备"，在秦军大兵压境、虎视眈眈的形势下，齐军未做任何有效抵抗，齐王建便出城投降，齐国灭亡。

从公元前 230 年灭韩至此，秦用十年时间兼并了东方六国，结束了春秋、战国长达 550 年之久的割据局面，建立起统一的多民族的专制主义中央集权的封建国家——秦朝。

千古第一帝

秦王政吞并了六国，统一了中国。他觉得自己的功绩比以往的圣贤大多了，就连古代传说中的三皇五帝也不在话下。于是，他决定用一个比"王"更尊贵的称号美化自己。后来，他决定采用"皇帝"的称号，因为是中国第一个皇帝，就自称是始皇帝。

全国统一了，该怎样来治理这样大的一个国家呢？他决定废除分封的办法，改用郡县制，把全国分为 36 个郡，郡下面再设县。

在秦始皇统一中原之前，各国都采用自己的制度。拿交通来说，各地车辆的规格都不一样，因此车道也有宽有窄。国家统一了，车辆行走在不同的道上很不方便。秦始皇统一中原后，便规定车辆上两个轮子间的距离一律改为六尺，使车轮的轨道相同。这样，全国各地车辆往来就方便了。这叫作"车同轨"。

此外，各诸侯国的文字也不统一。一样的文字，有好几种书写方法。全国统一后，采用了比较方便的书写方法，规定了统一的文字。这样，有力地促进了各地的文化交流。这叫作"书同文"。

"皇帝"的由来

君王称为"皇帝"是从秦始皇开始的。在此之前，中国古代的最高统治者称"王"，如周文王、周武王等。春秋战国时期，王室渐衰，一些国力强大的诸侯国的国君也自称为王，如秦王、楚王、齐王等。

秦王嬴政统一天下后，自认为这是自古未有的功业，如果不改变"王"的称号，"无以称成功，传后世"。于是，让李斯等人议改称号。他们和众人商议后报告秦王说："上古，有天皇、地皇、泰皇，泰皇最贵，可改'王'为'泰皇'。"秦王反复考虑，认为自己"德高三皇，功高五帝"，决定兼采"帝"号，称为"皇帝"。从此以后，"皇帝"的称号便为历代君主所袭用。

后来，又规定了全国统一的度、量、衡制度。这样，各地的买卖交换也就没有困难了。

为了防御北方匈奴的入侵，秦始皇又征发民，把原来燕、赵、秦三国北方的城墙连在一起。这样，从西面的临洮（今甘肃岷县）到东面的辽东（今辽宁阳西北），连成一条万里长城。后来，这座举世闻名的古建筑，一直作为我们中华民族古老文明的象征。

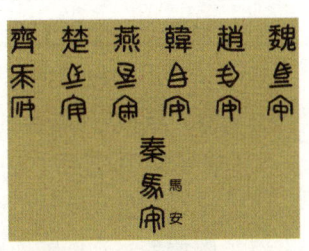

▲秦统一文字示意表

这时候，已经做了丞相的李斯向秦始皇建议，为了国家的稳定，要限制百姓的言行。

秦始皇采纳了李斯的主张，立刻下了一道命令：除了医药、种树等书籍以外，所有私藏的《诗》《书》、百家言论的书籍，都要交出来烧掉；谁要是再私下谈论这方面的书，判死罪；谁要是拿古代的制度来批评现在的制度，满门抄斩。

第二年，有两个方士叫作卢生、侯生，在

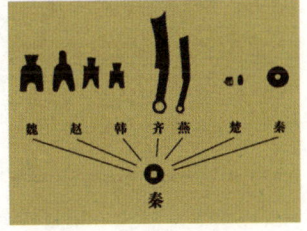

▲秦统一六国货币简图

背后议论秦始皇的不是。秦始皇得知这个情况后，大为恼火，派人去抓他们，他们早已逃跑了。再一查，发现咸阳也有一些儒生一起议论过他。秦始皇把那些儒生抓来严刑拷问。儒生经不起拷打，又东一个西一个地供出一大批人来。秦始皇下令，把那些犯禁严重的四百多个儒生活埋，其余犯禁的流放到边境去做苦役。这就是历史上的"焚书坑儒"事件。

沙丘阴谋

公元前 210 年，秦始皇外出巡视。一行人到了会稽郡后，又折向北去了琅琊（今山东胶南市）。他们从冬季出发，一直到夏天才往回返。回来的路上，秦始皇感到身体不舒服，走到平原津（今山东平原县南）时病倒了。随从的医官给他看病、进药，都没有效果。

到了沙丘（今河北广宗县西）的时候，秦始皇病势严重，他觉得自己快死了，就吩咐赵高说："快给扶苏写信，叫他赶快回咸阳去。万一我不行了，叫他主办丧事。"

信还没来得及交给使者送出，秦始皇就死掉了。

丞相李斯跟赵高商量说："这里离咸阳太远，还需要几天时间才能赶回去，万一皇上去世的消息传了开去，引起混乱就麻烦了；不如暂时保密，不要发丧，赶回咸阳再说。"

他们把秦始皇的尸体安放在车里，关上车门，放下窗帷子，外面的人什么也看不见。随从的人除了秦始皇的小儿子胡亥，以及李斯、赵高和五六个内侍外，别的大臣对秦始皇死去的事，一概不知。车队照常向咸阳进发，每到一地方，文武百官都照常在车外奏事。

李斯催促赵高赶快派人给秦始皇的长子扶苏送信，让他赶回咸阳。当时，扶苏在北方和蒙恬一起镇守边疆，赵高跟蒙恬一家有冤仇。他偷偷地跟胡亥商量，准备假传秦始皇的遗嘱，杀害扶苏，让胡亥继承皇位。胡亥一听，让他当皇帝，当然求之不得。

赵高知道要干这样的事，必须说服李斯才能办到。

经过赵高一通诱骗，李斯动心了，他担心让扶苏继承皇位以后，保不住自己的相位，就和赵高、胡亥合谋，假造了一份诏书，说扶苏在外不能立功，反而怨恨父皇；又说将军蒙恬和扶苏同谋，让他们一起自杀，把兵权交给副将王离。

扶苏接到这封假诏书，就准备自杀。蒙恬怀疑这封诏书有假，让扶苏向秦始皇当面申诉。扶苏是个老实人，说："既然父皇要我死，还有什么好申诉的。"就这样自杀了。

赵高和李斯急急忙忙往咸阳赶。那时候，正是夏天，天气很炎热，尸体很快就腐烂了，车子里散发出一股股臭味，不得不堆上许多烂鱼来遮人耳目。

到了咸阳，他们才宣布秦始皇死去的消息，并且假传秦始皇的遗诏，由胡亥继承皇位。这就是秦二世。

陈胜吴广起义

胡亥夺取皇位的这一年，即公元前209年七月，爆发了我国历史上第一次大规模的农民起义，领导这次起义的人是陈胜、吴广。

陈胜又叫陈涉，是阳城（今河南省登封市东南）人。吴广又叫吴叔，

▲阿房宫图卷
秦始皇及秦二世滥用民力，营建宫殿，使得民众困苦，起兵反抗。

是阳夏（今河南省太康县）人。

陈胜对自己的苦难遭遇一直愤愤不平，可更不幸的事情又落在了他的身上。他和吴广以及其他的穷苦农民，一共九百多人，被秦二世征发去渔阳驻防。

那时候正赶上雨季，他们走到蕲县大泽乡（今安徽省宿县西南）的时候下起了大雨。大泽乡靠近淮河的支流浍河，地势低洼，大水淹没了道路，没法走了。他们只好停下来，等天晴了再走，按照秦朝的律法，叫你什么时候到达什么地方，你就得按时到达，误了日期，就要杀头。陈胜、吴广计算了一下，估计无论如何也不能按期到达渔阳，这样，他们已经犯下死罪了。

陈胜、吴广一起商量办法。陈胜说："如今要是逃走，抓回来是死；起来造反，夺天下大不了也是死。这样下去等死，还不如拼出一条生路呢！"

吴广认为陈胜说得有道理，便决定跟着陈胜干一场。当时的人们很迷信，想要号召众人起来造反，除了假借像扶苏等人的名义外，还得采用装神弄鬼一类的办法，取得众人的信任。他们为此想出了办法。

隶 书

秦始皇在"书同文"的过程中，命令李斯创立小篆后，也采纳了程邈整理的隶书。由于作为官方文字的小篆书写速度较慢，而隶书化圆转为方折，提高了书写效率。郭沫若用"秦始皇改革文字的更大功绩，是在采用了隶书"来评价其重要性。隶书基本是由篆书演化来的，主要将篆书圆转的笔画改为方折，书写速度更快，在木简上用漆写字很难画出圆转的笔画。

第二天，伙夫上街买鱼回来，剖开一条鲤鱼的时候，在鱼肚子里发现一块绸子，绸子上用朱砂写着"陈胜王"三个字。这件事一下子就传开了，众人都认为这是老天爷的旨意，原来陈胜是个真命天子呀！

过了几天，陈胜和吴广带领着一大帮人，趁押送他们的军官喝醉了酒，故意去要求释放他们回家。军官一听，又急又气，先抽打了吴广几鞭子，接着又拔出剑来要杀吴广。这时大伙儿一拥而上，陈胜乘机杀死了军官。

陈胜、吴广杀死了军官，大伙儿都感到出了一口恶气。看到大伙儿都很齐心，陈胜、吴广就决定立即起义。他们派人上山砍伐树木、竹竿作为武器。然后，用泥土垒个平台，作为起义誓师的地方。还做了一面大旗，旗上绣上了一个大大的"楚"字。

陈胜、吴广在大泽乡起义的消息很快传开，附近穷苦的老百姓扛着锄头、铁耙、扁担，纷纷赶来加入起义军，起义军一下子壮大了起来，并且很快地占领了陈县。陈胜在陈县称了王，国号"张楚"。

陈胜称王后，派周文去攻打咸阳。周文虽懂得点军事，作战也勇敢，但最终还是寡不敌众，被秦军打败，被迫自杀了。吴广率领队伍去进攻荥阳，没想到，被自己的部下田臧假借陈胜的命令杀害了，最后只剩下了陈胜。陈胜称王后骄奢虚荣，六亲不认，以致众叛亲离，在秦军强大的攻势面前，只好向东南退却。不料想，最后死于他的马夫庄贾之手。

刘邦和项羽

陈胜、吴广起义以后，各地的百姓纷纷响应。农民起义像一阵风暴，很快就席卷了大半个中国。

在南方会稽郡有一支强大的起义队伍，领导这支队伍的首领是项梁和他的侄儿项羽。项梁是楚国大将项燕的儿子，秦国大将王翦攻灭楚国的时候，项燕兵败自杀，项梁一直想重建楚国。他的侄儿项羽身材魁梧，力大无比，跟项梁学了不少本领。

项梁本是下相（今江苏宿迁西南）人，因为跟人结了仇，躲避到会稽郡吴中来，项梁能文能武，吴中的年轻人都很佩服他，把他当老大哥看待。项梁教这些年轻人学兵法，练本领。这时，他们听说陈胜起义，觉得是个建功立业的好机会，就杀了会稽郡守，占领了会稽郡。不到几天，就拉起了一支8000人组成的队伍。因为这支队伍里都是当地的青年，所以称为"子弟兵"。

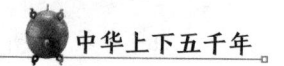

项梁、项羽带着八千子弟兵渡过长江，攻克了广陵（郡名，治所在今江苏扬州市），接着又渡过淮河，向北进军。一路上又有各地方的起义队伍来投奔项梁。

第二年，刘邦带着一支100多人的队伍，来投靠项梁。

刘邦是沛县（今江苏沛县）人，在秦朝做过亭长（秦朝十里是一亭，亭长是管理十里以内的小官）。有一次，上司要他押送一批民夫到骊山做苦工，在去往骊山的山路上，每天总有几个民夫跑掉，刘邦想管也管不了。这样下去，到了骊山，刘邦也交不了差。

有一天，他把民夫们叫到一起，对大家说："你们到骊山去做苦工，累不死也得被打死；就算不死，也不知道哪年哪月才能返回家乡。我现在放你们走，大家各自去找活路吧！"

民夫们非常感激刘邦，当时就有几十个民夫愿意跟着他走。刘邦就带着这些人逃到芒砀山躲了起来。

沛县县里的文书萧何和监狱官曹参知道刘邦是个好汉，都愿意与他交好，他们之间来往不断。

等到陈胜打下了陈县，萧何和沛县城里的百姓杀了县官，并让人到芒砀山把刘邦接了回来，请他当了沛县的首领，大家称他"沛公"。不久，张良也投到了刘邦麾下。

项梁见刘邦也是一个人才，就拨给他人马。从此，刘邦成了项梁的部下。

这时各地起义军的领导权都落在旧六国贵族手里，彼此争夺地盘，互相攻打。秦国的大将章邯、李由，想趁机把起义军各个击破。

面对这种形势，项梁在薛城开始整顿起义队伍。为了增强号召力，项梁听了谋士范增的建议，立楚怀王的孙子为楚王。因为楚国人对当年楚怀王受骗死在秦国一直愤愤不平，所以大家把他的孙子仍称为楚怀王。

巨鹿大战

项梁整顿了起义军后，打败了秦朝大将章邯。项羽、刘邦带领另一支队伍，杀了秦将李由。不久，章邯重新补充了兵力，趁项梁不备，发动了猛烈的进攻。项梁死在了乱军之中，项羽、刘邦也只好退守彭城去了。

章邯打败项梁，认为楚军已经元气大伤，就暂时放弃攻击楚军，带领秦军北上进攻赵国（这个赵国不是战国时代的赵国，而是新建立起来的一个政权），很快就攻下了赵国都城邯郸，赵王歇逃到巨鹿（今河北平乡西南），坚守不出。

章邯派秦将王离包围巨鹿，自己率大军驻扎在巨鹿南面的棘原，为了给王离军运送粮草，他在棘原和巨鹿之间修筑了一条粮道。

赵王歇一面守城，一面派人向楚怀王求救。当时，楚怀王正在筹划进攻咸阳。见赵国来求援，就派刘邦打咸阳，另派宋义为上将军，项羽为副将，带领二十万大军到巨鹿解救赵国。

宋义带领的军队到了安阳（今河南安阳东南），听说秦军气势很盛，就命令楚军停止进军，等秦军和赵军打上一阵，让秦军消耗一下实力，再去进攻。

宋义按兵不动，在安阳一停就是四十六天，这下可急坏了项羽。

项羽对宋义说："现在军营里粮食不多了，但是上将军却按兵不动，自己喝酒作乐，这样对得起国家和兵士吗？"宋义不但不听，还下了道命令：军中如有不服从指挥的，立即斩首。

第二天，项羽趁朝会的时候，拔出剑来把宋义杀了。

将士们大多是项梁的老部下，宋义在军中本来威望就不高，大伙见项羽把他杀了，都表示愿意听项羽指挥。

项羽杀了宋义以后，立刻派部将英布、蒲将军率领两万人做先锋，渡过漳水，切断秦军运粮的通道，把章邯和王离的军队分开了。然后，项羽率领主力渡河。

过了河，项羽命令将士，每人带三天的干粮，把军队里做饭的锅砸掉，把渡河的船凿沉（文言叫作"破釜沉舟"，釜就是锅子），然后，对将士说："咱们这次打仗，没有回头路可走，三天之内，一定要打败秦兵。"

项羽的决心和勇气，极大地鼓舞了将士们的士气。楚军把王离的军队包围起来，个个士气振奋，越打越勇。经过九次激烈战斗，活捉了王离，其他的秦兵死的死、逃的逃，包围巨鹿的秦军一下子就瓦解了。

约法三章

秦将章邯在棘原眼看王离全军覆没，但干着急支援不上。他上了一份奏章，把前线的消息告知朝廷，请求救兵。二世和赵高不但不发救兵，还要治章邯的罪。章邯怕赵高害他，只好率领部下20万人马，向项羽投降了。那时候，赵高害死了李斯后，秦朝的大权完全操纵在他手里。他知道大臣中有人不服他。有一天，他牵

▲泗水亭

此亭在今江苏省沛县，据《沛县志》记载，汉高祖刘邦曾做过泗水亭长。

着一只鹿到朝堂上，当着大臣的面对二世说："我得到了一匹名贵的马，特来献给陛下。"

二世虽然糊涂，但是鹿是马还是能分清的。他笑着说："丞相开什么玩笑，这明明是头鹿，怎么说是马呢？"

赵高绷着脸说："怎么不是马？让大家说是鹿是马。"

不少人懂得赵高的用意，就附和着说："真是匹好马呀！"只有少数大臣说是鹿。几天之后，那几个说是鹿的大臣，都被赵高找借口治了罪。

从那以后，宫内宫外的官员没有不害怕赵高的，再没有人敢在二世面前说赵高的不是了。

公元前206年，刘邦的人马攻占了武关（今陕西丹凤县东南），离咸阳不远了。二世惊慌失措，连忙叫赵高发兵去抵抗。赵高知道再也混不下去了，就派心腹把二世弄死了。赵高杀了二世，对大臣们说："现在六国都已复国了，秦国再挂个皇帝的空名也没有什么意思，应该像以前那样称王。我看可以立二世的侄儿子婴为秦王。"这些大臣不敢反对，只好同意。

子婴知道赵高害死了二世，想自立为王，只是怕大臣们反对，才假意立他为王。子婴和他的两个儿子商量好对付赵高的计策。到即位那天，子

小 篆

　　小篆是在秦始皇统一中国后，推行"书同文，车同轨"，统一度量衡的政策，由丞相李斯负责，在秦国原来使用的大篆籀文的基础上，进行简化，取消其他六国的异体字，创制的统一文字汉字书写形式。小篆一直流行到西汉末年，才逐渐被隶书所取代。但由于其字体优美，始终被书法家所青睐。又因为其笔画复杂，形式奇古，而且可以随意添加曲折，印章刻制上，尤其是需要防伪的官方印章，一直采用篆书，直到封建王朝覆灭，近代新防伪技术出现。《康熙字典》上对所有的字还注有小篆写法。

　　婴推说有病不去，赵高只好亲自去催子婴，子婴命手下人把赵高杀了。

　　子婴杀了赵高，派了5万兵马固守武关（今陕西商县西北）。刘邦采用了张良的计策，派兵在武关附近的山头插上无数的旗子，迷惑敌兵；另派将军周勃带领全部人马绕到武关东南，从侧面打进去，杀死了守将，消灭了这支秦军。

　　刘邦的军队开进武关，到了灞上（今陕西西安市东）。秦王子婴一看大势已去，便带着秦朝的大臣投降了。

　　刘邦进了咸阳，召集了附近各县的父老，对他们说："你们被秦朝残酷的法令害苦了。今天，我跟诸位父老约定三条法令：第一，杀人的偿命；第二，打伤人的治罪；第三，偷盗的治罪。除了这三条，其他秦国的法律、禁令，一律废除。父老百姓可以安居乐业了。"

　　百姓听到了刘邦的约法三章，高兴得不得了，都争先恐后地来慰劳刘邦的将士。从那时起，刘邦的军队给关中的百姓留下了良好的印象，人们都希望刘邦能留在关中做王。

鸿门宴

　　项羽在巨鹿大战中打败了王离，收降了章邯，而后率领40万大军开到函谷关，看见关口有兵把守着，不准项羽的军队进关。项羽得知是刘邦的将士守着关口，肺都要气炸了，命令将士猛攻函谷关。关口很快被打开，项羽军队长驱直入，直到了新丰、鸿门（今陕西临潼东北）才驻扎下来。这里离刘邦军队驻扎地灞上只有40里路，项羽决定第二天攻打刘邦。

项羽的叔父项伯和刘邦的谋士张良是好朋友，他怕打起仗来张良会送命，就连夜赶到刘邦军营告知张良，叫张良赶快逃命。

张良把项伯的话告诉了刘邦。刘邦一听慌了神，连叫："这可怎么办，怎么办呢？"张良说："你先叫项伯帮帮忙，叫他在项王面前给求求情。"

刘邦急忙叫张良把项伯请来，摆上酒席，热情招待。为了结交项伯，刘邦提出两人结为儿女亲家。项伯答应了，并对刘邦说："明天一大早，你要亲自来给项王赔礼。"

第二天一大早，刘邦就带领张良、樊哙和100多人赶到鸿门，拜见项羽。刘邦装作十分热情地说："我和将军一起攻打秦朝，您在黄河的北面作战，我在黄河的南面作战。没想到我能先打进关中，攻破咸阳，今天有机会和将军见面，真是件令人高兴的事。听说有些小人在您面前挑拨我和您的关系，请将军千万别听信这些话。"项羽是个直性人，见刘邦这个态度，怒气很快就烟消云散了。项羽叫人摆上酒席，举杯劝刘邦喝个痛快，态度越来越和气。

酒席上，范增一再给项羽使眼色，并多次举起胸前佩挂的玉玦作暗示，要项羽下决心杀掉刘邦。项羽默不作声，好像没看见一样。

范增着急了，找个借口走出营门。他把项羽的堂兄弟项庄找来，交代他说："项王心肠太软，你到席上敬酒，然后舞剑助兴，趁机杀了刘邦。"项伯见项庄在宴席前不怀好意地舞起剑来，害怕刚结的亲家刘邦吃亏，也拔出宝剑说："一个人舞剑没有两个人来劲。"就用身子护着刘邦，与项庄对舞起来，项庄没机会对刘邦下手。

▲鸿门宴壁画

张良见形势危急，找个机会溜了出去，对樊哙说："宴会上项庄拔剑起舞，总想对沛公下毒手。"樊哙听了急得大喊："我去同他们拼了！"他带上宝剑和盾牌赶到帐前，把几个阻拦的卫兵撞倒，怒目圆睁地冲了进去。

项羽看到冲进一个怒容满面的人，急忙按住剑把，喝问道："你是什么人？"张良急忙上前解释说："他是沛公的车夫樊哙，一定是肚子饿了。"项羽用赞叹的口气说："好一个壮士！快赏给他一斗酒，一只猪腿。"项羽看了樊哙一会儿，越发觉得这人豪壮，说："壮士，还能喝酒吗！"樊哙粗声说："我死都不怕，还怕喝酒吗！当初，楚怀王跟大家有约：谁先打败秦军攻破咸阳，谁就做王。如今沛公先打进咸阳，他没拿一点东西，只是封了库房把军队驻在灞上，等到大王您的到来。如此劳苦功高的人，大王不但没给他奖赏，反而听信小人的挑拨，想去杀害他，这不是跟秦王没区别了吗？大王这种做法未免太不近情理了！"项羽一时答不上话来，招呼樊哙坐下。樊哙就挨着张良坐下了。

中国的县制起源

中国的县制最早可追溯到春秋时期，广泛应用于战国时期，至秦始皇时作为定制全面推行。春秋初期，秦、晋、楚等国已开始在边地设县，后逐渐在内地推行，其长官可以世袭，这有别于以后的县制。春秋中期以后，设县的国家增多，有的在内地也设置了县，县开始成为地方行政组织。春秋末期，有的国家又在边远地区设置了郡。这时的郡，虽然面积比县大，但是由于偏僻荒凉，地广人稀，行政建制却比县低。战国时，郡所辖的地区逐渐繁荣，人口增多，于是在郡的下面分设了县，逐渐形成了郡统辖县的两级地方行政组织。至此，郡县制开始形成。秦统一六国后，把全国分为三十六郡，郡下辖若干县，县分大小，万户以上的县长官称县令，不满万户的县长官称县长。郡县由于直属中央，不受诸侯王控制，因而避免了春秋以来诸侯纷争的局面，有效抑制了地方割据，为以后历代沿用。

刘邦镇定了一会儿，假装要上厕所，樊哙和张良也跟着出去了。刘邦想趁早溜回军营，又怕没有告辞失了礼数。樊哙说："干大事业的人不拘泥于小礼节。如今我们好比任人宰割的鱼肉，性命都难保了还讲什么礼数！"

刘邦走后，张良在外面等了好一会儿，估计刘邦已经到达军营了，才进去对项羽道歉说："沛公酒量小，今天喝多了，不能当面来向大王辞别。他嘱咐我奉上白璧一双敬献给大王；玉杯两只送给亚父。"项羽接过白璧，放在席位上，范增气得把玉杯扔在地上，又用宝剑劈碎，叹着气说："唉，真是没用的人，不值得让我操心！将来争夺项王天下的人，一定是刘邦。等着瞧吧，将来咱们这些人都会成为刘邦的俘虏！"

鸿门宴拉开了楚汉战争的序幕。

四面楚歌

楚汉议和还不到两个月，刘邦便组织了韩信、彭越、英布三路大军会合一处，在韩信统率下，追击项羽。

公元前202年，项羽被汉军围困在垓下（今安徽灵璧县东南），韩信在垓下的周围布置了十面埋伏。项羽的人马少，粮食也快吃光了。他想带领人马冲杀出去，但是汉军和各路诸侯的人马里三层外三层，项羽打退一批，又来一批；杀出一层，还有一层，项羽没法突围出去，只好回到垓下大营，吩咐将士小心防守。

这天夜里，项羽在营帐里愁眉不展。他身边有个宠爱的美人名叫虞姬，看见他闷闷不乐，便陪伴他喝酒解愁。

到了午夜，只听得一阵阵西风吹来，风声

▲霸王别姬　年画

这是杨柳青年画中表现项羽兵败、痛别虞姬的场面，可见"霸王别姬"的故事在民间流传之广。

里还夹着歌声。项羽仔细一听，歌声是从汉营里传出来的，唱的都是楚人的歌曲，唱的人还挺多。

项羽听四面到处是楚歌声，失神地说："完了！恐怕刘邦已经打下西楚了！汉营里没有那么多的楚人呀。"

项羽愁绪满怀，忍不住唱起一曲悲凉的歌来：

力拔山兮气盖世，
时不利兮骓不逝。
骓不逝兮可奈何，
虞兮虞兮奈若何？

项羽唱着唱着，禁不住流下了眼泪。旁边的虞姬和侍从也都伤心地哭了起来。

当天夜里，项羽跨上乌骓马，带了八百个子弟兵冲出汉营，马不停蹄地往前跑去。天亮后，汉军才发现项羽已经突围出去，连忙派了五千骑兵紧紧追赶。项羽一路奔跑，后来他渡过淮河时，跟着他的只剩下一百多人了。

但后面的追兵又围上来了。项羽对跟随他的士兵们说："我从起兵到现在有八年了，经历过七十多次战斗，从来没有失败过，才当上了天下霸王。今天在这里被围，这是天要叫我灭亡，并不是我打不过他们啊！"

项羽说罢又几次冲出重围，一直到了乌江（在今安徽和县东北）边。此时，他的身边只剩下二十几个人了。恰巧乌江的亭长有一条小船停在岸边。亭长劝项羽马上渡江，说："江东虽然小，可还有一千多里土地、几十万人口。大王过了江，还可以在那边称王。"

项羽苦笑了一下说："我当年在会稽郡起兵时，带了八千子弟渡江。到今天他们没有一个能回去。我一个人回到江东，即便是江东父老同情我，立我为王，我也没脸见他们呀。"

项羽说完跳下马来，把乌骓马送给了亭长，兵士们也跳下马。他们的手里都拿着短刀，跟追上来的汉兵展开肉搏战。他们杀了几百名汉兵，楚兵也一个个倒下。项羽受了十几处创伤，最后在乌江边拔剑自杀了。

《大风歌》

刘邦打败了项羽，建立了一个比秦朝更强大的汉王朝。公元前202年，汉王刘邦正式做了皇帝，这就是汉高祖。汉高祖定都洛阳，后来迁都到长安（今陕西西安）。

汉高祖即位后，封在楚汉战争中立下大功的大将为王。这些诸侯王有的虽不是旧六国贵族，但也都想割据一块土地，不听朝廷的指挥。在被封为王的人中要数楚王韩信、梁王彭越、淮南王英布功劳最大、兵力也最强。

在汉高祖即位的第二年，有人告发韩信想谋反。汉高祖问大臣该怎么办，许多人主张发兵灭了韩信。只有陈平反对。

后来，汉高祖采用了陈平的计策，假装到云梦泽巡视，命令受封的王侯到陈地见面。韩信接到命令，只得前去。到了陈地，汉高祖就叫武士把韩信绑了起来，押回长安。

汉高祖捉住韩信后，想治他罪。后来，有人劝汉高祖看在韩信过去功劳的份儿上，从宽处治。汉高祖打消了对韩信治罪的想法。但还是取消了他的楚王的封号，改封为淮阴侯。

过了几年，有一个将军陈豨造反，自称代王，一下子攻占了二十多座城池。

汉高祖让淮阴侯韩信和梁王彭越同去讨伐陈豨。可是两个人都说身体不好，不肯带兵打仗。汉高祖只好亲自率兵讨伐。

汉高祖离开长安后，有人向吕后告发说，韩信和陈豨是同谋，他们计划里应外合，一同造反。吕后跟丞相萧何商量了一个计策，故意传出消息，说陈豨已经被高祖抓住了，请大臣们进宫祝贺。韩信不知是计，一进宫门，就被预先埋伏好的武士杀了。

▲ "汉并天下"瓦当　西汉

为汉高祖初建天下时所造，汉武帝时修建的建章宫遗址中，也曾出现过这种瓦当。

3个月后，汉高祖攻灭了陈豨，回到洛阳，彭越的手下人告发彭越谋反。汉高祖派人抓住彭越后，就把彭越处死了。

淮南王英布听说韩信、彭越都被杀了，干脆也起兵反叛了。

英布一出兵就打了几个胜仗，占领了荆楚一带的土地。汉高祖得知消息后，又亲自带兵征伐。

两军一对阵，汉高祖就指挥大军猛击英布。英布命手下兵士弓箭齐发，汉高祖没留意，当胸中了一箭。他忍住疼痛，继续进攻。英布大败，在逃跑的路上被人杀了。

汉高祖平定了英布叛乱后，在凯旋的路上，回故乡沛县住了几天。他邀集了故乡的父老子弟和以前的熟人，举行了一次宴会。

他在与父老乡亲团聚畅饮当中，想起过去自己战胜项羽的经历，又想到以后要治理好国家，可真不容易。想到这里，汉高祖感慨万千，情不自禁地唱起《大风歌》：

> 大风起兮云飞扬，
> 威加海内兮归故乡，
> 安得猛士兮守四方。

白登被围

就在汉高祖刘邦同西楚霸王项羽在中原展开大战的时候，北方的匈奴也趁乱一步步向南打过来。

汉高祖做了皇帝后，匈奴的冒顿单于（单于是匈奴王）带领了40万人马向汉朝攻来，并包围了韩王信（原韩国贵族，和韩信是两个人）的封地马邑（今山西朔县）。韩王信抵挡不了，便向冒顿求和。汉高祖得知这个消息，派使者责备韩王信。韩王信害怕汉高祖治他的罪，就投降了匈奴。

冒顿占领了马邑，又继续向南进攻。汉高祖亲自带兵赶到晋阳，和匈奴对峙。

这是公元前200年的冬天，寒风刺骨，天气特别冷。中原的士兵没碰到过这样冷的天气，冻得受不了，战斗力明显减弱。但是，汉朝的军队和

▲匈奴武士像

匈奴兵一交战，匈奴兵就败走。一连打了几回，匈奴兵都败下阵去。后来，听说冒顿单于逃到代谷（今山西代县西北）。

汉高祖进晋阳后，派出兵士侦察，回来的人都说冒顿的部下全是一些老弱残兵，连他们的马都是瘦得皮包骨头。如果趁势打过去，准能打赢。

汉高祖担心这些兵士的侦察不可靠，又派刘敬到匈奴营地看看虚实。

刘敬回来说："我们看到的匈奴的确都是些老弱残兵，但我认为冒顿一定把精兵埋伏起来了，陛下千万不能上他们的当。"

汉高祖听罢大怒，说："你胆敢胡说八道，是想阻拦我进军吗？"说完，命令士兵把刘敬关押起来。

汉高祖率领一队人马刚到平城（今山西大同市东北），就被四下里涌出的匈奴兵包围起来。这些匈奴兵个个身强体壮，原来的老弱残兵全不见了。汉高祖在部下的掩护下，拼命杀出一条血路，退到平城东北面的白登山。

冒顿单于的四十万精兵，把汉高祖围困在白登山。周围的汉军无法救援，汉高祖的一部分人马在白登，整整被围困了七天，脱不了身。

后来，高祖身边的谋士陈平打发了一个使者带着黄金、珠宝去见冒顿的阏氏（匈奴的王后），请他在单于面前说些好话。阏氏一见汉朝使者给她送来这么多贵重礼物，心里挺高兴。

当天晚上，阏氏对冒顿说："我们即使占领了汉朝的地方，也没法长期住下来。再说，也会有人来救汉朝皇帝的。咱们不如早点撤兵回去吧！"

冒顿听了阏氏的话，第二天一清早，就下令将包围圈闪开一个缺口，放汉兵出去。

修筑长城

为了防御匈奴人南下，从公元前214年起，秦始皇下令在原秦、赵、燕三国长城的基础上，修建起新的万里长城。秦长城西起临洮，东至辽东，花费了十余年时间，耗费了无数人力物力。长城是当时世界上最巨大的防御工程，对保障内地人民的生产和生活起到了重要作用。

经过这一次险情，汉高祖知道汉朝没有力量再去征服匈奴，只好回到长安。以后，匈奴一直侵犯北方，使汉高祖大伤脑筋。他问刘敬该怎么办，刘敬说："最好采用'和亲'的办法，大家讲和，结为亲戚，彼此可以安安稳稳地过日子。"

汉高祖同意了刘敬的建议，派刘敬到匈奴去说亲，冒顿当即同意了。汉高祖挑了一个宫女所生的少女，假称作大公主，送到匈奴去，冒顿把她立为阏氏。

从那时候起，汉朝开始采用"和亲"的政策，跟匈奴的关系暂时缓和了下来。

白马之盟

汉高祖晚年时宠爱戚夫人。戚夫人生了个孩子，名叫如意，被封为赵王。汉高祖觉得吕后所生的太子刘盈性格软弱，担心他成不了大事，倒是如意说话做事很合自己的心意。因此，想废掉太子刘盈，立如意为太子。

他为这件事召集大臣们商量，但大臣们都反对，连他一向敬重的张良也不同意。大臣们还把当时很有名望的四个隐士——"商山四皓"（皓，就是白发老人的意思）请了来，帮助辅佐太子刘盈。这样一来汉高祖就没法废掉太子了。

▲吕后像

汉高祖知道自己快不行了，便把大臣召集在他跟前，吩咐侍从宰了一匹白马，要大臣们歃血为盟。大臣们当着高祖的面，歃了血，发誓说："从今以后，不是姓刘的不可以封王，不是功臣不可以封侯。谁违背这个盟约，大家就共同讨伐他。"

汉高祖病情越来越重了，便叫吕后进去，嘱咐后事。

公元前195年，汉高祖死了。吕后封锁了消息，秘密地跟他的一个心腹大臣郦食其说："大将们和先帝都是一起起兵的，这些人很难控制。如今先帝去世，他们就更靠不住了，不如把他们都杀了。"

郦食其觉得这事不好办，就约吕后的哥哥吕释之做帮手。吕释之的儿子吕禄偷偷地把这个秘密消息泄露给他的好朋友郦寄，郦寄又把这件事告诉他父亲郦商。

郦商听到这消息，马上去找郦食其，对他说："听说皇上去世四天了。皇后不发丧，反倒打算杀害大臣。这样做，一定会激起大臣和将军们的反抗，不仅天下会大乱，只怕您的性命也难保。"

郦食其害怕了，忙去找吕后。吕后也觉得杀大臣这件事没有十足的把握，就下了发丧的命令。

大臣们安葬了汉高祖，太子刘盈即位，就是汉惠帝。吕后做上了太后。

汉惠帝确实是个软弱无能的人，一切事务都听从他母亲吕太后作主。吕太后大权在手，想干什么就干什么。

吕后最痛恨的是戚夫人和赵王如意。她先把戚夫人罚做奴隶，又派人把赵王如意从封地召到长安来。

汉惠帝知道太后要加害弟弟如意，便亲自把如意接到宫里，他俩吃饭睡觉都在一起，使吕太后没法下手。

汉初三杰

汉初三杰是指张良、萧何、韩信。正是由于他们的全力辅佐，刘邦才能击败强大的楚霸王项羽，建立西汉。刘邦当上皇帝后，曾这样说："出谋划策，决胜千里，我比不上张良；治理国家，安抚百姓，筹集粮饷，我比不上萧何；率领百万大军，战必胜，攻必克，我比不上韩信。这三个人都是绝顶聪明的人，我能够重用他们，这就是我得天下的原因。"

有一天早晨，汉惠帝起床出外练射箭。他想叫如意一起去，一看如意睡得很香，不忍叫醒他，便自己出去了。等惠帝回宫，看到如意已经死在床上了。惠帝知道弟弟是被毒死的，抱着尸首大哭一场。

吕太后杀了如意，还残酷地把戚夫人的手脚都砍去，挖出她的两眼，给她吃了哑药，把她扔在厕所里。

后来，汉惠帝看见戚夫人被太后折磨成这个样子，不禁放声大哭，然后生了一场大病。他派人对太后说："这种事不是人能干得出来的。我是太后生的，但没有治理天下的能力。"

从那以后，汉惠帝很少过问朝廷的事务。

谋士张良

张良（？～公元前186年），字子房，战国时韩国城父（今河南郏县东）人，出身于贵族。他的祖父和父亲都曾担任过韩国宰相，家世显赫。后来韩国被秦国所灭，张良失去了施展抱负的机会和显赫荣耀的地位。张良身负家仇国恨，他散尽家财结交刺客，连弟弟死了都顾不上埋葬，企图暗杀秦始皇，为韩国报仇。

秦灭六国之后，秦始皇曾多次巡游天下，这为张良的行刺计划提供了机会。公元前218年三月初六，秦始皇又一次出巡。当秦始皇的车队浩浩

▲张良像

荡荡地行进在阳武博浪沙（今河南原阳东南）的官道上时，丝毫没有觉察到危险降临。张良结交了一个大力士，让他向秦始皇的御车投掷120斤的大铁锥，但没有击中秦始皇的御车，而误中了随从人员的车辆。刺客当场被擒，张良仓皇逃走。秦始皇大怒，下令捉拿刺客，天下因此戒严了十天。张良被迫隐姓埋名行躲在下邳（今江苏省睢宁县北）。

一天晚上，张良出来散步。望着皎洁的月亮，他长叹一声，不知道什么时候才能报家仇国恨。不知不觉走到了一个小桥下，桥上坐着一个老人。老人见张良走过来，就脱下鞋扔到桥下，对他说："喂！小子，给我把鞋捡起来！"张良非常生气，正想发作，但看对方是个老人，就强忍住了。张良把鞋捡起来，走上桥递给老人。不料老人把脚一伸，傲慢地说："给我穿上！"张良想，既然都捡了，那就给他穿上吧，于是强压怒火给老人穿上。老人满意地捋了捋胡子说："孺子可教！孺子可教！五天后的早晨在这里来等我！"说完转身走了。

五天后，天刚亮张良就赶到桥边，发现老人早已经在桥上了。老人非常生气，说："怎么来得这么晚？五天后再来等我！"五天后，张良一听到鸡叫就赶去了，结果还是没有老人来得早。老人让他五天后再来。

到了第四天的晚上，张良怎么也睡不着了，他三更半夜就穿衣起床来到桥上等候。过了一会儿，老人来了，笑着对他说："不错，隐忍过人。我有一部兵书，你拿去细读吧。10年后天下将大乱，你要有所作为啊。"说完，从怀中掏出一本书递给张良。张良在月光下一看，是周朝姜子牙著的《太公兵法》，赠书的这位老人就是黄石公。张良日夜苦读，终于成为一个深明韬略、足智多谋的谋略家。

秦二世元年（公元前209年）七月，陈胜、吴广起义后，天下大乱，张良聚集上百人响应，后来投奔了刘邦。他为刘邦出谋划策，使刘邦的势力逐渐强大起来，刘邦对他非常器重和信任。张良念念不忘恢复韩国，他游说当时势力最强大的起义军将领项梁立韩国公子成为韩王，项梁一口答应。项梁派人找到了公子成，立他为韩王，并让张良任丞相，辅佐韩王。后来韩王被项羽所杀，张良再次投奔刘邦。

贾谊与《过秦论》

　　贾谊（公元前200～前168年），年少即以育诗属文闻于世人。后见用于文帝，力主改革，被贬。改任梁怀王太傅。梁怀王坠马而死，自伤无状，忧愤而死。主要文学成就是政论文，著有《新书》十卷。代表作有《过秦论》上、中、下三篇，《陈政事疏》（亦名《治安策》），《论积贮疏》等。《过秦论》总结了秦代兴亡的教训，实则昭汉之过。《陈政事疏》和《论积贮疏》是批评时政之作，提出用"众建诸侯而少其力"的办法，巩固中央集权制。要"驱民而归之农"，巩固政权。其文说理透辟，逻辑严密，气势汹涌，词句铿锵有力，对后代散文影响很大。

　　趁着项羽和章邯率领的秦军主力决战之机，刘邦和张良率军准备进攻咸阳。抵达南阳郡时，南阳郡守退入宛城（今河南南阳）固守。刘邦见宛城一时难以攻取，打算绕过宛城继续西进。张良说："现在不拿下宛城，一旦宛城的秦兵从后面追杀过来，秦军前后夹击，我们就危险了。"刘邦认为他说得有理，就命令军队立即更换旗帜，乘夜抄小路悄悄返回，将宛城重重围住。接着，刘邦采用攻心术，招降了南阳太守，兵不血刃地轻取了宛城，为西进解除了后顾之忧，南阳郡的其他城池见太守投降，也纷纷归附刘邦。刘邦军威大振。

　　秦王子婴派了5万兵马守住峣关（今陕西商县西北）。刘邦用张良的计策，派兵在峣关前的山上插满旗子，以迷惑秦军；另派将军周勃率军绕到峣关侧面，一举攻占。子婴见大势已去，只好向刘邦投降。秦朝至此灭亡。

▲张良吹箫破楚兵　年画

这是杨柳青年画中关于楚汉战争的描绘，生动再现了楚霸王兵败乌江的悲怆。

后来刘邦和项羽争夺天下，张良继续为刘邦出谋划策。他建议刘邦拉拢英布、策反彭越、重用韩信，共同抗楚，并反对重建六国，以防力量分散。鸿沟之盟后，项羽率兵东归。张良又建议乘胜追击，不要放虎归山。汉军终于打败了楚军，项羽在垓下被迫自杀。

刘邦统一天下后，大封群臣，说"运筹策帷帐中，决胜千里外，子房功也"，封他为留侯。人们把张良、萧何、韩信并称为"汉初三杰"。

萧规曹随

汉惠帝即位第二年，相国萧何年纪大了，身患重病。汉惠帝亲自去慰问他，就将来谁来接替相位的人选一事，向萧何请教。

萧何不愿意直接说出自己的意见，只说："陛下是最了解臣下的。"

汉惠帝问他："你看曹参这个人怎么样？"

萧何说："陛下的主意太好了。有曹参接替，我可以放心地走了。"

曹参文武全才，先做了将军，后做了丞相。在灭秦、击楚以及平定叛军的诸多战役中，他披荆斩棘，立下赫赫战功，共攻占两个诸侯国、一百二十二县，俘了二个诸侯王、三个诸侯相、六个将军，另俘大莫敖、郡守、司马、军侯、御史各一人。刘邦论功行赏，他功居第二。韩信被诛杀后，刘邦封长子刘肥为齐王，曹参出任齐国相国。

萧何死后，汉惠帝马上命令曹参进长安，继任相国。萧何在世时制定的规章、制度主要有：《九章律》，这是以秦朝《六律》为蓝本，增加《户律》《擅律》《厩律》，合为九章；田赋、口赋、献费三种构成赋役；徭役制度，有正卒、戍卒、更卒三种。还有许多其他制度。曹参对这些规章制度不做任何变动，而是全盘执行。在他出任相国的三年内，没提出任何建议和措施。

一些大臣见曹参这种无所作为的样子，有点着急，也有人去找他，想帮他出点主意。但是他们一到曹参家里，曹参就请他们一起喝酒。有些人想借机向他说起朝廷政务，他总是岔开话头，让人开不了口。

汉惠帝看到曹相国这种做法，认为他瞧不起自己，心里挺不舒服。于是，他把在皇宫里侍候他的曹参之子曹窋叫来，对他说："你回家的时候，找个机会问问你父亲：高祖归了天，皇上年轻没有经验，国家大事全靠相国来处理。可您天天喝酒，不管政事，这么下去，能治理好天下吗？看你父亲怎么说。"

"成也萧何，败也萧何"

韩信是刘邦的大将，为汉朝大业的开创立下了汗马功劳。据《史记》记载，韩信起初在项羽手下当一个郎中小官，屡次向项羽献策，都未被采用。于是就从楚军逃亡至汉军，做了一名小小的治粟都尉。萧何将他推荐给刘邦，于是，韩信从一名小军官，一下子被刘邦拜为统率全军的大将。后巨鹿守将陈豨造反，韩信已事先与之达成默契，愿为内应。刘邦亲自率兵前去平叛，韩信借病不从，却秘密聚集一些亡命之徒欲袭击吕后和太子。不幸事情泄露，吕后用萧何之计，假称皇上已平定陈豨，让群臣皆来拜贺，骗韩信入朝。韩信一来便被武士捆绑，吕后命人在长乐宫前将他斩首。

韩信的成功是由于萧何的大力推荐；韩信的败亡，也是萧何出的计谋。所以民间就由这个故事概括出"成也萧何，败也萧何"这一成语。

曹窋回去的时候，就照惠帝的话对曹参说了。

曹参一听，马上火了，他骂道："你这个毛孩子懂得什么，国家大事也轮到你来啰唆。"说着，竟叫仆人拿板子打了曹窋一顿。

曹窋莫名其妙地挨了一顿打，非常委屈，回宫的时候就一五一十地向汉惠帝说了。汉惠帝听了很不高兴。

第二天，在朝堂上，惠帝就对曹参说："曹窋跟你说的话，是我让他说的，你打他干什么？"

曹参向惠帝谢过罪，接着说道："请问陛下，您跟高祖比，哪一个更英明？"

汉惠帝说："我比不上高皇帝。"

曹参说："我跟萧相国比较，哪一个能力强？"

汉惠帝禁不住微微一笑，说："好像萧相国强一些。"

曹参说："陛下说的对。陛下比不上高皇帝，我又比不上萧相国。高皇帝和萧相国平定了天下，又给我们制订了一套规章。我们只要照着他们的规定办，不要失职就行了。"

汉惠帝这才明白了过来。

曹参采用黄老无为而治的学说，做了三年相国。那个时候，正处于长期战争的动乱之后，百姓需要安定，他那套办法没有加重百姓的负担，国家也得以休养生息。

周勃夺军

汉惠帝一直没有儿子，吕太后作主从外面找来一个婴儿，对外说是惠帝生的，立为太子。公元前 188 年，惠帝一死，这个婴儿接替了皇位。小皇帝不能处理朝政，吕太后便名正言顺地临朝执政。

吕太后为了巩固自己的权力，要立吕家人为王，向大臣们征求意见。

右丞相王陵提起汉高祖临终前与大臣们立下白马盟约的事，不赞成吕太后的想法。吕太后大为不满。

陈平、周勃说："高祖平定天下，分封刘家的子弟为王，这当然是对的；现在太后临朝，封自己的子弟为王，也没有什么不可以。"

散朝以后，王陵批评陈平和周勃违背了誓言。

陈平、周勃说："您别着急。

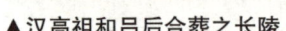

▲ 汉高祖和吕后合葬之长陵

刘邦和吕后同茔而不同穴，实为两座陵墓，位于陕西咸阳窑店乡三义村北，西为高祖陵，东为吕后陵。长陵又称长山，也叫长陵山。以"长"为陵，可能是取首都长安的第一个字。高祖陵封土高 32.8 米，底部和顶部平面均为长方形；吕后陵在高祖陵东南 280 米，封土高 30.7 米，高祖陵和吕后陵在同一陵园内。陵园四面墙垣的中央各开一个门作为通道。

当面在朝廷上和太后争论，我们比不上您；将来保全刘家天下，可就要靠我们了。"

从这以后，吕太后就陆续把她的娘家人，像吕台、吕产、吕禄等一个个都封了王，还让他们掌握了军权。朝廷大权几乎控制在吕家的手里了。

▲"文帝行玺"金印
出土于广州象岗南越王墓。

吕太后临朝的第八个年头，患了重病。临死前封赵王吕产为相国掌管北军；吕禄为上将军，掌管南军，并且叮嘱他们说："现在吕氏掌权，朝廷里有很多大臣不服。我死了以后，你们要带领军队保卫宫廷，不要出去送殡，提防被人暗算。"

吕太后死后，兵权都在吕产、吕禄手里，他们便策划发动叛乱。

刘章得知了吕家的阴谋，就派人去通知哥哥齐王刘襄，约他出兵攻打长安。

齐王刘襄起兵，吕产得到了这个消息，立刻派将军灌英带领兵马去征讨。灌英一到荥阳，就跟部将们商量说："吕氏想夺取刘家天下。如果我们向齐王进攻，这不等于帮助吕氏叛乱吗？"

大家商量了一下，决定按兵不动，暗地里通知齐王，要他联络诸侯，等时机成熟，一起起兵讨伐吕氏。齐王接到通知，马上就地安营扎寨，停止前进。

周勃、陈平知道吕氏要发动叛乱，便想先发制人，但是兵权掌握在吕氏手里，必须想办法夺回兵权。

他们想出了主意，派人鼓动郦寄去劝说吕禄道："太后死了，皇帝年纪又小，您身为赵王，却留在长安带兵，大臣诸侯都怀疑您。如果您能把兵权交给太尉，回到自己的封地，齐国的兵就会撤退，叛乱也就会平息。"吕禄相信了郦寄的话，把北军交给太尉周勃掌管。

周勃拿到了将军的大印，马上赶到北军军营中去。向将士下了一道命令："现在吕氏想夺刘家的天下，你们看怎么办？支持吕家的把右臂袒露出来，帮助刘家的把左臂袒露出来。"

北军中的将士本来都是向着刘家的。命令一传下去，一下子全脱下左衣袖，露出左臂来。这样，周勃顺利地接管了北军，夺了吕禄的兵权。

吕产不知道吕禄的北军已全部落在周勃手里，他跑到未央宫想要发动政变。周勃派朱虚侯刘章带了1000多兵士赶来，杀了吕产。接着，周勃带领北军，把吕氏的势力全部铲除了。

经大臣们商议废掉小皇帝，立高祖的儿子代王刘恒为皇帝，这就是汉文帝。

晁错削藩

▲晁错像

汉景帝即位后，也采用休养生息的政策，治理国家。景帝当太子的时候，有个管家的官员叫晁错，挺有才能，大家都称他"智囊"。后来，汉景帝把他提升为御史大夫。

秦朝实行的是郡县制，但是汉高祖打下天下后，分封了20多个诸侯国。这些诸侯都是汉高祖的子孙。到了汉景帝时，诸侯的势力变得强大起来，土地又多，像齐国就有70多座城。有些诸侯不受朝廷的约束，简直成了独立王国。

晁错见各诸侯国的发展态势很有可能造成国家分裂的危险，就对汉景帝说："吴王私自开铜山铸钱，煮海水取盐，招兵买马，动机不纯。不如趁早削减诸侯国的封地。"

汉景帝有点犹豫，说："削地只怕会引起他们造反。"

晁错说："诸侯想造反的话，削地会反，不削地将来也会反。现在造反，祸患小；将来他们势力大了，再反起来，祸患就大了。"

汉景帝觉得晁错的话很有道理，便下定决心，削减诸侯的封地。过了不久，朝廷找了些理由，削减了诸侯的封地。有的被削去一个郡，有的被削掉几个县。

正当晁错与汉景帝商议要削吴王濞的封地时，吴王濞先造起反来了。他打着"惩办奸臣晁错，救护刘氏天下"的旗号，煽动其他诸侯一同起兵造反。

公元前154年，吴、楚、赵、胶西、胶东、甾川、济南七个诸侯王发动叛乱。历史上称为"七国之乱"。

叛军声势很大，汉景帝惊恐之余，想起汉文帝临终时的嘱咐：国家有变乱，就让周亚夫带兵出征。于是，他拜善于治军的周亚夫为太尉，统率36名将军去讨伐叛军。

那时候，朝廷中有人妒忌晁错，说七国发兵完全是晁错的过错，如果杀了他，七国就会退兵。接着，有一批大臣上奏章弹劾晁错，说他大逆不道，应该杀头。汉景帝看了这个奏章，竟昧着良心，批准了。

这样，一心想维护汉家天下的晁错，竟莫名其妙地被杀了。

汉景帝杀了晁错，下诏书要七国退兵。这时候，吴王濞已经打了几个胜仗，夺得了几座城池。他听说要他拜受汉景帝的诏书，冷笑说："现在我也是个皇帝，为什么要拜受别人的诏书？"

这时，汉军营里有个叫邓公的官员，到长安向景帝报告军情。汉景帝问他："你从军营里来，知不知道晁错已经死了？吴楚答应退兵了吗？"

邓公说："吴王一直有造反的野心。这次借削地的借口发兵，哪里是为了晁错呢？陛下把晁错杀了，恐怕以后没人敢替朝廷出主意了。"

汉景帝这才知道自己错杀了晁错，但后悔已来不及。亏得周亚夫善于用兵，把吴、楚两国的兵马打得一败涂地。这两个带头叛乱的国家一败，其余的五个国家也很快垮掉了。

汉景帝平定了叛乱，仍旧封七国的后代继承王位。但是从那以后，诸侯王只能在自己的封国里征收租税，取消了他们干预地方行政的资格，大大削弱了他们的权力，汉朝的中央集权才得以巩固。

罢黜百家，独尊儒术

经过西汉几位皇帝的励精图治，汉朝的国力逐渐强大起来。汉景帝去世后，他的儿子刘彻即位，就是汉武帝。

西汉初年，实行休养生息政策，推崇道家的无为而治思想。汉武帝即位后，为了进一步加强中央集权和统一全国思想，开始推崇儒家思想，实行自己的政治方略，安排自己的亲信掌管朝政大权，如让他的舅舅田蚡做太尉，掌握军权。同时，汉武帝还重用许多的儒生。为了选拔更多的人才，

武帝下诏命令全国官吏推举"贤良方正",就是向中央推荐人才,然后中央再选拔考试,考试的第一名叫董仲舒。

董仲舒,广川(今河北枣阳)人,西汉著名思想家,当时儒家的代表人物。武帝召见他,向他询问治国的策略。董仲舒把儒家的治国思想讲给汉武帝听,汉武帝觉得非常合乎自己的想法,立即封董仲舒为大官。丞相卫绾建议:"所推举的贤良,只要不是儒家学派的,一律不予录用。"武帝表示同意。太尉窦婴、丞相田蚡还荐举儒生王臧为郎中令,赵绾为御史大夫,

▲董仲舒像

宣扬儒家,排斥道家,建议从此以后实行政治改革,不要再向汉武帝的奶奶窦太后奏事。

三纲五常

董仲舒在孔子提出的"君君、臣臣、父父、子子"的正名说和韩非提出的"臣事君、子事父、妻事夫"的思想的基础上,系统地提出了"三纲""五常"的社会道德规范,从而完成了对于先秦儒家伦理思想的改造。董仲舒以天道的阴阳对此做了论证。他把阳比为德,阴比为刑,天贵德而贱刑。根据这种阳尊阴卑的理论,在君与臣、父与子、夫与妻的关系中,前者对后者的统治以及后者对于前者的忠诚和服从,都是绝对的,无条件的。为了维系"三纲"的伦常关系,董仲舒还论证了仁、义、礼、智、信五种道德规范,他以阴阳五行为基础,认为"五常"也是永恒合理的。"三纲五常"是董仲舒的新儒学的重要内容,它是维护封建宗法制度的核心,是贯穿此后两千年封建社会的伦理道德规范。

但当时窦太后还奉行无为而治的道家思想,并任命她的族人担任重要官员,经常干涉朝政,汉武帝的政策在实施时受到很大阻力。当她得知那

些儒生鼓动汉武帝不要向她奏事后，勃然大怒。她强迫汉武帝废除了刚刚实施的一系列改革，连汉武帝任命的丞相和太尉也被迫罢免，有的大臣还被逮捕下狱，甚至被逼死狱中。窦太后的族人很快接替了这些重要职位，窦太后把持了朝政。

汉武帝深受打击，但他并没有消沉，只是默默等待。公元前135年，窦太后病死，汉武帝掌握了朝政大权，他立即驱逐了窦太后的族人，任命田蚡为丞相，提拔重用董仲舒等儒生，从此儒家理论成为治理国家的理论基础。

董仲舒向汉武帝提出了"大一统"的思想。所谓大一统，就是抑制诸侯，听命于皇帝。他说天是世间万物的主宰，皇帝是天的儿子，称为天子，代表天来统治人民，皇权神授，因此全国人民都要服从皇帝的统治，诸侯也要听命于皇帝。要想政治统一，就需要思想上统一。如果像春秋战国诸子百家那样，各有各的学说，人们站在各自的立场上议论朝政，就无法做到思想统一，因此董仲舒建议"罢黜百家，独尊儒术"，也就是说只提倡儒家学说，把儒家思想作为统治国家的正统思想，其他诸子百家的思想都禁止传播。选拔官吏一定要选用儒生，其他学派的人一概排斥。因为董仲舒的主张适应了在政治上大一统的需要，所以"罢黜百家，独尊儒术"的主张被汉武帝所采纳。

董仲舒还主张"德主刑辅"，就是以实施仁政为主，法制为辅。先对百姓进行教育，当教育无效时再用法律来惩罚。这种软硬兼施、刚柔相济的治国方针，被武帝采用后成为汉朝乃至以后历代的治国指导思想。

五经博士除了参加政治活动外，主要还是从事教育。公元前124年，汉武帝采纳董仲舒和丞相公孙弘的建议，在长安设立了太学，在地方设立学校。太学以五经博士（教授儒家经典《书》《诗》《春秋》《易》和《礼》的学官）为老师，博士的学生称为太学生。太学生经过系统的学习，考试合格者可直接担任官员，这标志着以儒家学说为教育内容的封建教育的开始，儒生成为封建王朝培养和选拔人才的唯一标准。后来儒学教育又扩展到私学、蒙学和家庭教育等各个领域。儒学教育制度的建立，结束了战国以来百家争鸣的局面，儒家学说正式取代了道家学说，确立了独尊地位，成为封建王朝的统治思想，成为中国2000多年封建专制统治的思想基础。"罢黜百家，独尊儒术"的政策，有利于加强封建中央集权和巩固封建大一统局面，对维护当时上升时期的封建统治具有积极作用，也促进了文化的繁荣和教育的发展。但"罢黜百家，独尊儒术"局面的形成，禁锢了人们的思想，扼杀了人们的聪明才智。

推恩令

七国之乱平定后，各诸侯国还拥有相当的实力，汉景帝开始酝酿削弱诸侯国的政策，但他还没来得及实施就病死了。他的儿子刘彻即位，就是汉武帝，继续推行削弱诸侯国的政策。

其实早在汉文帝时，大臣贾谊就提出了类似推恩令的建议。自从文帝、景帝开始，如何限制和削弱日益膨胀的诸侯王国的势力，一直是令皇帝头疼的问题。文帝时，淮南王、济北王谋反，贾谊在他的《治安策》中提出"众建诸侯而少其力"的建议，就是让各诸侯王国分为若干小国，使诸侯王的子孙都能有封土，直到地尽为止；国家大而子孙少的王国，则先建国号，等他的子孙出生后再册封。汉文帝在一定程度上接受了这一建议，但执行得不彻底，诸侯国的势力依然很大。汉景帝即位后，采纳大臣晁错的削藩建议，结果引发了吴楚七国的叛乱。汉景帝迅速平定了叛乱，并采取了一

▲汉武帝刘彻

系列措施，使诸侯王的势力受到了很大削弱。但直到汉武帝初年，一些大的诸侯国仍然连城数十，地方千里，诸侯王骄奢淫逸，蛮横不法，公然抗拒朝廷的命令，威胁着西汉中央集权的统治。汉武帝元朔二年（公元前127年），主父偃在向汉武帝的上书中提出了新的建议。依照汉制，诸侯王的王位是由嫡长子（嫡长子就是正妻所生的第一个儿子）继承的，而其他的儿子和庶出的儿子没有继承王位的资格。主父偃说诸侯王子弟没有一点封地，仁孝之道就得不到传播。因此向汉武帝建议，令诸侯王推私恩分封其子弟为列侯。这样，名义是上施德惠，实际上是肢解诸侯

国以削弱诸侯王的势力。这一建议既迎合了汉武帝巩固中央集权的需要，又使诸侯王找不到武装反抗的借口，因此这个建议立即被汉武帝所采纳。汉武帝下令："诸侯王或欲推私恩分子弟邑者，令各条上，朕且临定其号名。"这就是推恩令。

推恩令规定，以推广皇帝恩泽的名义，诸侯王可以将自己的封地再分封给弟弟或其他儿子，建立侯国，由皇帝定封号。侯国的侯只能衣食租税，无权过问政治。侯国的军事和民政由中央委派的官员进行管理。王国分封了大量的侯国后，封地愈来愈小，权力也愈来愈分散，再也没有力量与西汉中央政

▲朱雀衔环杯　汉

该器造型丰满别致，制作精美，朱雀所衔环可摆动，为汉代出土文物中不可多得的艺术珍品。

府对抗了。推恩令下达后，诸侯王的子弟很多被封为侯，他们对西汉中央政府感恩戴德。据《汉书·王子侯表》记载的王子侯，大部分是在汉武帝元朔年间受封的。实行推恩令后，河间王国先后被分 11 个侯国；淄川王国被分为剧、怀昌等 16 个侯国；赵王国被分为 13 个侯国。此外，城阳、广川、代、中山、济北、鲁、长沙、齐等诸侯王国也都分为几个或十几个侯国。按照汉制，侯国的地位相当于县，隶属于郡。所以王国分为侯国，就是王国的缩小和朝廷直辖郡县的扩大。这样，汉朝中央政府即使不废除各诸侯王国，也达到了同样的目的。到了后来，"大国不过十余城，小侯不过数十里"。诸侯王国的直辖地也仅有几个县了，根本无力与中央对抗。

此外，汉武帝还用种种的借口来剥夺诸侯国的爵位。根据汉制，每年的八月要举行宗庙大祭，各王侯要献出上等的黄金来助祭，称为"酎金"。公元前 112 年（汉武帝元鼎五年），汉武帝以诸侯王、侯所献的助祭"酎金"成色不好或数量不足为借口，被夺去爵位、收回封地的王侯达 106 人，占当时王侯的一半。后来又以其他借口不断剥夺王、侯的爵位。从此以后，诸侯王、侯二等封爵制度虽然还存在，但王、侯已经非常少了，而且只能"衣食租税"，不得过问封国的政事，封土而不治民，势力日益衰落。

西汉初年因功封侯的有 143 人，但到汉武帝太初年间（公元前104 ～前 101 年）只剩下 5 人了。经汉武帝亲自封侯的有 75 人，但后来

其中 68 人被剥夺了爵位。因推恩令而封侯的诸侯王子弟共 175 人，被汉武帝剥夺侯位的有 113 人，王国问题终于得到了解决。其中有个中山靖王，在祭祀祖先时，汉武帝以他所献的黄金成色不足为由剥夺了他的王位，他的后代子孙逐渐贫困，以至于有个叫刘备的后代不得不靠卖草鞋为生。

飞将军李广

公元前 129 年，匈奴又来侵犯汉朝边境。汉武帝派卫青、公孙敖、公孙贺、李广四位将军带兵抵抗。

在这四名将军中，李广的年纪最大，立下了无数战功。李广是陇西成纪（今甘肃秦安县北）人，他的先祖叫李信，在秦始皇时当过将军。李广能骑善射，武艺高强。汉文帝十四年，匈奴大举入侵萧关（今甘肃东南）时，李广应征入伍，参加抗击匈奴。

到了汉景帝做皇帝时，李广担任陇西都尉，不久，又调任骑郎将。吴、楚等七国发动叛乱时，李广跟随周亚夫平定叛乱。在昌邑之战中，李广冲入敌营，拔掉敌军的帅旗，从此名声大震。李广曾在边境的许多地区担任过太守，经常打击匈奴的侵扰。李广每到一地，都以和匈奴奋力拼杀出名，他的战略战术更让匈奴谈虎色变。

武帝即位后，朝廷里的大臣们都夸奖李广是员猛将，武帝便把李广从上郡太守的任上调往京师，担任未央宫的警卫。

这一次，李广和卫青、公孙贺、公孙敖四路人马去抵抗匈奴，匈奴的军臣单于早已得到了消息。匈奴人最害怕的就是李广。军臣单于便把大部分兵力集中在雁门，并设了埋伏，要活捉李广。匈奴人事先挖下陷阱，再和李广对阵，假装被打败了，引诱李广去追赶他们。李广看到前面是平展的草地，没有想到匈奴人挖好了陷阱，就等他中计了。李广追着追着，只听"噫啦"一声，李广连人带马都掉进了陷阱，被匈奴人活捉了。

匈奴人捉住了李广，生怕他跑了，就把李广装在用绳子结成的网兜里，用两匹马吊着。

太 学

公元前124年，汉武帝创建了太学，标志着中国封建官立大学制度的确立。汉朝掌管文化教育的官员为太常，总负责太学的管理。皇帝也亲自到太学视察。太学的教授称博士，主要职责是教授学生。太学的学生称博士弟子，东汉时简称"太学生"，通常是太学直接挑选，各地方官员也可以选送条件优秀的人才。从西汉一直到清朝，太学（有时叫国子学）一直都是国家的最高学府。

李广躺在网兜里，一动不动，像死了一样。走着走着，他微睁眼睛，偷偷地瞧见旁边一个匈奴兵骑着一匹好马，便使出全身力气，一跃跳上马，夺了那个匈奴的弓箭，将那个匈奴兵打翻在地，拼命地往回奔跑。几百个匈奴骑兵在后面追，李广一连射死了前面的几个追兵，终于逃了回来。

李广虽然跑了回来，但是打了败仗，按军法应当斩首。后来李广花钱赎罪，回家做了平民。

过了不久，匈奴又来进犯汉朝边境，李广被重新起用，到右北平做了太守。李广有多年的防守经验，他行动快，箭法精，忽来忽去，敌军总是摸不清他的打法。所以匈奴人称他为"飞将军"。在他驻守右北平期间，匈奴人不敢来犯。

李广常常闲暇无事时，便带上一些将士外出打猎。当时右北平山里有不少老虎，李广一连射死了好几只。有一次，李广外出打猎，突然瞧见迎面的乱草丛中蹲着一只斑斓猛虎，正准备向他扑过来。李广急忙拈弓搭箭，

▲李广射石图　清　任颐

用足全身力气，一箭射去，凭他百发百中的箭法，射个正着。将士们赶快提着剑跑过去捉老虎，可是跑近一看，都愣住了，原来草丛中并没有老虎，只有一块奇形怪状的大石头，李广的那支箭，竟然射进了石头！

飞将军李广一箭射进石头的消息，很快传开了。匈奴人听了，更加害怕李广，急急忙忙地往西迁移，再也不敢来侵扰右北平一带的边境地区了。

神勇两将军

在李广打了败仗逃回汉营的同时，另外由公孙贺、公孙敖带领的军队也打了败仗，只有卫青打了胜仗。以后，卫青又连续打败匈奴兵，被封为关内侯。卫青出身低微，他的父亲是平阳侯曹寿家里的差役。卫青长大后，当了平阳侯家的骑奴。后来，卫青的姐姐卫子夫在宫里受到汉武帝的宠幸，卫青的地位才渐渐显贵起来。

霍去病是卫青的外甥。霍去病从 18 岁开始就在皇帝左右担任侍卫，他擅长骑马射箭。公元前 123 年，匈奴又来进犯，霍去病也跟着卫青一起去抗击匈奴。

匈奴听说汉军大批人马杀来，立即往后逃走。卫青派四路人马分头去追赶匈奴兵，决定歼灭匈奴主力。

▲卫青像

卫青自己坐镇大营，等候消息。可是到了晚上，四路兵马回来了，谁都没有找到匈奴的主力，有的杀了几百个匈奴兵，有的连一个敌人也没找到，无功而返。

这次出击，霍去病是以校尉的职务带领八百名壮士组成的一个小队，这是他第一次带兵打仗。他们一直向北追赶了几百里路，才远远望见匈奴兵的营帐。他带手下兵士偷偷地绕道抄过去，瞅准最大的一个帐篷，猛然冲了进去。霍去病眼疾手快，一刀杀了一个匈奴贵族。他手下的壮士又活捉了两个。而后乘乱杀了两千多匈奴兵。

卫青正在大营等得焦急，只见霍去病提了一个人头回来，后面的兵士还押来了两个俘虏。经过审问，原来这两个俘虏，一个是单于的叔叔，一个是单于的相国，被霍去病杀了的那个，是单于爷爷一辈的王。霍去病因此被封为冠军侯。

后来，霍去病多次打败匈奴西部的浑邪王，先后把他手下的几万兵士都消灭了。单于非常恼火，要杀浑邪王，于是浑邪王就打算向汉朝投降。

汉武帝得到消息后，怀疑敌人可能诈降，于是做了两手准备，先派霍去病率领军队去接应浑邪王，嘱咐霍去病见机行事。霍去病渡过黄河后，见过浑邪王，派人把他送到武帝巡行的处所，再领着投降的匈奴兵渡过了黄河，并平定了那些企图顽抗的匈奴人。汉武帝相应地封了来投降的匈奴首领浑邪王等人的职位。同时加封1700户的封邑给霍去病。

由于霍去病不畏艰险，接连不断地打击敌军，黄河上游沿岸的边塞地区，几乎避免了战争带来的灾祸。

第二年，匈奴又入侵右北平和定襄两郡，屠杀了汉朝的军民1000多人。

公元前119年，为了根除匈奴的侵犯，经过充分准备之后，汉武帝派卫青、霍去病各领五万精兵，分两路合击匈奴。卫青从定襄郡出发，穿过大沙漠，与匈奴的伊稚斜单于率领的精兵相遇，双方展开了激烈的战斗。卫青冒着扑面的砂砾，命令骑兵分左右两翼夹攻匈奴。最后伊稚斜单于招架不了，只好带领残余的几百名骑兵向北逃去。

霍去病带领另一路人马也横越大沙漠，前进两千多里，大破匈奴左贤王的兵马，一直追到狼居胥山下。

这次追歼战，是汉朝规模最大、进军最远的一次。从此以后，匈奴被迫撤到大沙漠以北，沙漠南面就没有匈奴之患了。

河西之战

汉朝建立后，刘邦曾对匈奴发起过进攻，但是自己却被围困于白登。白登解困之后，汉朝对匈奴采取了"和亲"政策并积极防御。到了武帝时期，随着国力的鼎盛，为巩固边防，武帝开始了对匈奴的反击。

▲西汉军戎服饰复原图

公元前121年，匈奴骑兵万余攻入上谷。同年三月，汉武帝派骠骑将军霍去病率精骑万人出陇西，越乌鞘岭，进击河西地区的匈奴。霍去病先采用突然袭击而后连续进击的战术，长驱直入，驰进匈奴脩濮部落，又渡过狐奴河，转战六天，连破匈奴五小王国，降服者赦之，反抗者杀之。匈奴军猝不及防，向北退走。

霍去病知道大军长途跋涉而来，宜速战速决。于是不敢逗留，即刻率军翻越焉支山，向西北急驰千余里，以寻匈奴主力决战。在皋兰山下相遇匈奴浑邪王、休屠王军队，两军展开一场恶战。汉军挟胜余威，猛烈冲杀，浑邪王、休屠王却是仓促应战，部署并未完善，就遭到霍去病军暴风雨般的打击，自然难以招架。二王自知不敌，便下令匈奴军后撤，而汉朝军队的紧逼使匈奴军队无法有秩序地退走，而是溃不成军。匈奴士兵前头跑得慢的被后赶上来的撞倒后就再也爬不起来，后头跑得慢的被汉军赶上，做了刀下之鬼。这一战匈奴大败，被霍去病军斩首8900余级，浑邪王子、相国、都尉等多人被俘，休屠王的祭天金人也被汉军缴获。霍去病至敦煌班师凯旋而还。回到长安，汉武帝亲自出城迎接，加封2200户，是年，霍去病仅20岁。

汉武帝此次派霍去病征匈奴的初衷本是试探霍去病的军事潜能，不曾想霍去病如此骁勇善战，一举击溃河西匈奴。武帝感谢上苍又赐给他一个比卫青还优秀的大将，抗匈雄心更受鼓舞。同年夏天，武帝再命令霍去病统军北击匈奴，为了防止东北方向的匈奴左贤王乘机进攻，他又派李广、张骞率偏师出右北平，攻打左贤王以策应霍去病主力军的行动。

匈奴伊稚斜单于闻知亦不甘示弱，他亲率大军侵入代郡、雁门。霍去病自宁武渡河，翻越贺兰山后至居延海，然后转兵南下至小月氏陈兵张掖，挺进两千里至祁连山一带，迂回到河西走廊北面匈奴后方，而后以秋风扫落叶之势率部对匈奴发起迅猛攻势，大破匈奴主力军。同时西逐诺羌，打通了河西走廊之路。

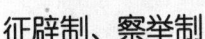

征辟制、察举制

征辟制，即二千石以上的高官，可以直接征召一些人才到自己的官衙里做属僚。察举制，是由地方州郡以"贤良""孝廉""秀才"等名目，选拔德才兼备者举荐给朝廷，经国家考核合格后，授予官职。征辟、察举制，对士家大族集团的形成起重要作用，后来被九品中正制取代。

是役，霍去病军共杀敌 3 万余人，俘匈奴名王 5 人及王母、王子、将相百余人，收降浑邪王部 4 万众，汉朝占领河西走廊全部。

东线右北平方面，李广率 4000 骑先行，不料被左贤王 4 万骑包围。危难时刻，李广尽显"飞将军"本色：他令部下结为圆阵，士兵持弩向外。匈奴连续发起冲击，汉军箭如雨下，阵始终未破；战罢多时，弓箭将尽，李广令军士持弩不发，自己以大黄连弩射匈奴裨将数人，匈奴军惊恐，于是攻势稍缓。战至日暮，汉军兵士都面无人色，独李广意气自如，众将无不叹服。第二天双方又展开激战，广军危急，幸好博望侯张骞及时赶到，匈奴军见不能取胜，撤兵而去。

通过河西之战，汉朝从匈奴手里夺回了河西走廊，打开了通往西域的大门，使匈奴生存空间被压缩至苦寒之地。

漠北之战

漠南、河西两大战役后，虽然匈奴的势力遭到重创，但仍不时南下骚扰汉边。元狩三年（公元前 120 年）匈奴又从右北平、定襄攻汉，杀掠千余人，还用汉降将赵信的计谋，欲把汉军引至漠北歼之。

公元前 119 年，汉武帝怒匈奴两次战败仍贼心不改，遂决定来一次更大规模的军事行动。经过充分准备后，武帝命大将军卫青、骠骑将军霍去病各统骑兵 5 万、4 万随军私人马匹，几十万步兵及转运者，分别从定襄、

▲泉亭

相传霍去病大败匈奴后凯旋，汉武帝赐御酒一缸，霍去病倾酒于泉中，与众同饮，后人建此亭以纪念。

代郡出发，深入漠北，寻歼匈奴主力，予以打击。

匈奴单于听说汉兵远来扫荡，不敢怠慢，"远其辎重，以精兵待于漠北"。卫青率精兵出塞，寻歼单于本部，同时令李广、赵食其从东面迂回策应。抵达漠北后，"见单于兵陈而待"，卫青当机立断，创造性地运用车骑协同的新战术，命令部队以武刚车"自环为营"，以防匈奴骑兵突袭，又令5000骑兵进击匈奴，伊稚斜单于乃以万骑迎战。两军从黎明激战至黄昏，杀得难分难解，临近日落时，突然刮起大风，飞沙走石，两军不辨敌我，卫青乘势分轻骑从左右两翼迂回包抄匈奴。伊稚斜单于见汉军人马尚强，情知再打下去会吃亏，遂趁夜幕降临时，跨上一匹千里马，率数百壮骑杀出重围向西北方逃走；匈奴军溃散，卫青乘势追击，斩杀和俘虏匈奴1.9万余名。

与此同时，"飞将军"李广和赵食其肩负着迂回截击匈奴单于的任务，日夜兼程行军，然大漠深处一眼望去，全是天边无际的荒沙，找不到一个当地人。李广军因没有向导，迷了路，李广焦急却无可奈何，怕再往前走与卫青主力军队更会不上面，下令回军南还。

卫青经过殊死血战，击溃匈奴单于主力，本期望李广能在单于后方截断伊稚斜的退路，然后汉军前后夹击，围歼单于。但北追200余里却不见李广军，伊稚斜单于最终逃脱。卫青继续挥师挺进，兵至寘颜山赵信城，缴获了匈奴屯集的大批粮食和军用物资，并在其地休整一天，放火烧毁赵信城后班师回国。到达漠南以后与李广赵食其会合，卫青差人往李广军营询问迷路经过，并说要上报天子。卫青派去的人劝李广把走失单于的责任推给赵食其，以避惩罚，但李广正直，不答应。卫青恼怒，又遣人催逼李广的幕僚去中军受审，李广说："他们无罪，迷路责任在我，我自己去受审。"他把责任揽在自己身上。来人走后，李广慨然叹道："我自年少从军，与匈奴大小70余战，想不到今天却被大将军如此催逼，我已年过花甲，怎能再受这样的侮辱？"说罢拔剑自刎而死，左右无不泪如雨下。

率兵从东路出代郡的霍去病却取得了辉煌的战绩，足以使他彪炳史册。他深入2000余里，凭借兵精马壮的优势，对匈奴左贤王发起猛烈攻击。霍去病少年英雄，身先士卒，左贤王垂垂老矣，怎是他的对手？战不多时，左贤王就率亲信弃军而逃，匈奴兵大溃。霍去病即率众追击，一直追到狼居胥山，歼其精锐，斩杀北车旨王，俘屯头王、韩王等3王以及将军、相国、当户都尉等83人，俘虏7万多人。并封狼居胥，登临瀚海，祭告天地后班师凯旋。

漠北之战重创了匈奴势力，从此"匈奴远遁，而漠南无王庭"，危害汉朝百余年的边患基本得到解决。

张骞出使西域

汉武帝初年的时候，汉武帝从投降过来的匈奴人那里，得知了有关西域（今新疆和新疆以西一带）的情况。他们说有一个被匈奴打败的月氏国，向西迁移到西域一带。

汉武帝想，月氏在匈奴西边，如果汉朝能跟月氏联合起来，断绝匈奴跟西域各国的交往，这不是等于断了匈奴的右臂吗？

于是，他下了一道诏书，征求能到月氏去联络的人。

有个年轻的郎中（官名）张骞，觉得这件事很有意义，便自告奋勇去应征。随后又有100多名勇士应征，其中有个叫堂邑父的匈奴族人，也愿意跟张骞一块儿去找月氏国。

公元前138年，汉武帝就派张骞带着应征的100多个人出发了。但是要到月氏，中途必须经过匈奴占领的地界。张骞他们小心地走了几天，还是被匈奴兵给发现了，全都做了俘虏。

他们被匈奴扣押了十多年。日子久了，匈奴对他们管得不那么严了。张骞偷偷找到堂邑父，两人商量了一下，瞅匈奴人不防备，骑上两匹快马逃走了。

他们一直向西跑了几十天，历尽千辛万苦，逃出了匈奴地界，进入了一个叫大宛（在今中亚细亚）的国家。

大宛和匈奴是近邻，当地人能听懂匈奴话。张骞和堂邑父便用匈奴话

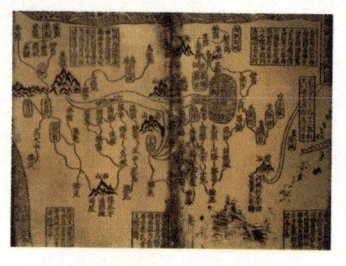

▲西域诸国图

与大宛人交谈起来。大宛人给他们引见了大宛王，大宛王早就听说汉朝是个富饶强盛的大国，听说汉朝的使者到了，非常高兴，后来，又派人护送他们到康居（约在今巴尔喀什湖和咸海之间），再由康居到了月氏。

月氏被匈奴打败以后，迁到大夏（今阿富汗北部）附近，在那里建立了大月氏国。大月氏国王听了张骞的来意，不感兴趣，因为他们不想再跟匈奴结仇。但是张骞毕竟是个汉朝的使者，也很有礼貌地接待了他。

张骞和堂邑父在大月氏住了一年多，没能说服大月氏国共同对付匈奴，只好返回长安。

张骞在外面整整过了13年才回来。汉武帝认为他立了大功，封他为太中大夫。

到了卫青、霍去病消灭了匈奴兵主力，匈奴逃往大沙漠北面以后，汉武帝再次派张骞去结交西域诸国。

公元前119年，张骞和他的几个副手，拿着汉朝的旌节，带着300个勇士，还有一万多头牛羊和黄金、绸缎、布帛等礼物去西域建立友好关系。

张骞到了乌孙，乌孙王亲自出来迎接。张骞送给他一份厚礼，建议两国结为亲戚，共同抵御匈奴。

过了几天，张骞又派他的副手们带着礼物，分别去联络大宛、大月氏、于阗（在今新疆和田一带）等国。乌孙王派了几个翻译作他们的助手。

西域都护府

汉宣帝神爵二年（公元前60年），在西域设置都护府，行使对西域的全面管理。这一年九月，匈奴日逐王率其众投朝，骑都尉郑吉率西域诸国5万人迎之。封日逐王为归德侯。郑吉在西域，破车师归日逐，威震西域，遂并护车师以西北道，号称都护。郑吉在乌垒城（今新疆轮台）设置都护府，督察乌孙、康居等36国，使汉朝的号令更好地在西域得到执行。

这些副手去了好久还没回来。张骞决定不再等下去了，乌孙王便派了几十个人护送张骞回国，顺便一起到长安参观，还带了几十匹高头大马送给汉朝皇帝。

汉武帝见乌孙人来了，很是高兴，又瞧见乌孙王送的大马，就格外优待乌孙使者。

一年后，张骞生病死了。张骞派到西域各国去的副手也陆续回到长安。副手们把到过的地方合起来一算，总共到过 36 个国家。

从那以后，汉朝和西域各国建立了友好交往的关系，汉武帝每年都派使节去访问西域各国。西域派来的使节和商人也络绎不绝。中国的丝和丝织品，经过西域运到西亚，再转运到欧洲，后来人们把这条路线称作"丝绸之路"。

苏武牧羊

卫青、霍去病打败匈奴以后，双方停战了几年。这时，匈奴已经失去大规模进犯中原的实力，于是表示要和汉朝和好，实际上还是想借机进犯中原。

公元前 100 年，匈奴觉察出汉朝又有出兵的迹象，便派使者来求和，还把汉朝的使者都放回来了。汉武帝为了答复匈奴的善意，派中郎将苏武持旌节，带着副手张胜和随员常惠，出使匈奴。

苏武到了匈奴，送回汉朝以前扣留的匈奴使者，献上礼物。在等单于写个回信让他回去的时候，发生了一件意外的事儿。

原来，以前有个汉人使者叫卫律，在出使匈奴后投降了匈奴。单于特别器重他，封他为王。卫律有一个部下叫虞常，对卫律很不满，他跟苏武的副手张胜是故友，虞常和张胜在匈奴见了面，就暗地跟张胜商量，想杀了卫律，再劫持单

▲苏武牧羊图　清　任颐

于的母亲，逃回中原去。由于虞常办事不够严密，泄露了计划，被单于抓起来，交给卫律审问。

事情发生后，张胜害怕了，才把虞常跟他密谋的经过告诉了苏武。卫律审问虞常，用尽了各种酷刑。虞常经受不住折磨，把和张胜密谋的事供了出来。因为张胜是苏武的副使，单于命令卫律去叫苏武来受审。苏武对常惠等人说："我们这次出使匈奴，是为了汉朝与匈奴和好。如今我出庭去受审，使汉朝受到侮辱，我还有什么脸面回到汉朝去呢？"说着，拔出佩刀向自己身上砍去。卫律急忙把他抱住，可是苏武已经把自己砍成了重伤，血流如注，晕过去了。

单于暗暗佩服苏武是个有骨气的人，他希望苏武能够投降，像卫律一样为他效劳。他每天都派人来问候苏武，想要软化苏武，劝他投降。

后来，卫律奉单于之命，用尽了威胁利诱的手段，都不能使苏武投降，就只好回报单于。单于听说苏武这样坚定，便更希望苏武投降。他下令把苏武关在一个大地窖里，不给饭吃，不给水喝，想用饥饿来迫使苏武投降。但是，意志坚强的苏武却毫不动摇。

阳 关

阳关，古关名，在今甘肃省敦煌西南位于河西走廊的敦煌市西南70千米南湖乡"古董滩"上，因坐落在玉门关之南而取名阳关。阳关，始建于汉武帝元鼎年间，在河西"列四郡、据两关"，阳关即是两关之一。阳关作为通往西域的门户，又是丝绸之路南道的重要关隘，是古代兵家必争的战略要地。据史料记载，西汉时为阳关都尉治所，魏晋时在此设置阳关县，唐代设寿昌县。宋元以后随着丝绸之路的衰落，阳关也因此被逐渐废弃。旧《敦煌县志》把玉门关与阳关合称"两关遗迹"，列为敦煌八景之一。

匈奴单于实在拿苏武没有办法，就只好命令把苏武送到北海边上（俄罗斯西伯利亚贝加尔湖一带）去牧羊。单于对苏武说："等公羊生了小羊，就送你回汉朝去！"公羊怎么能生小羊呢？单于的意思很明白，他是决意不放苏武回汉朝了。

北海这个地方，终年白雪皑皑，荒无人烟，连鸟兽也很稀少。苏武饿了，就掘取野鼠洞里的草籽来充饥。过了不久，单于又派人来劝苏武投降，苏武依旧坚决地予以拒绝。每天，苏武一面牧羊，一面抚摸着出使时汉武帝亲手交给他的旌节。日子长了，旌节上的毛都脱落了，苏武还是紧紧地抱着那根光秃秃的旌节，艰苦地度过了漫长的岁月。

一直到了公元前85年，匈奴单于死了，匈奴发生了内乱，分成三个国家。这时候，汉武帝已经死了，他的儿子汉昭帝即位。汉昭帝派使者到匈奴打听苏武的消息，匈奴谎称苏武死了，汉朝使者也就相信了。

后来，汉使者又去匈奴，苏武的随从常惠当时还在匈奴。他买通匈奴人，私下和汉使者见了面，把苏武在北海牧羊的情况告诉了使者。使者又惊又喜，他想出一个主意，见了单于，他严厉地责备说："匈奴既然有心同汉朝和好，就不应该欺骗汉朝。我们皇上在御花园里射下一只大雁，雁脚上拴着一条绸子，上面写着苏武还活着，而且在北海牧羊，你怎么说死了呢？"

单于听了，吓了一跳，他还真的以为苏武的忠义感动了飞鸟，连大雁都代他传达消息呢。他向使者边道歉边说："苏武确实还活着，我们马上就放他回去。"

苏武到匈奴的时候才40岁，在匈奴遭受了19年的摧残折磨，胡须、头发全白了。回到长安的那天，长安的百姓都出来迎接他。他们看见白胡须、白头发的苏武，手里还拿着光秃秃的旌节，没有一个不受感动的，说他真是个有气节的大丈夫。

巫蛊之祸

巫蛊是指祈求鬼神加害于仇人或使人迷惑昏狂的巫术，历朝历代对巫蛊都严刑惩治，比如汉朝法律规定巫蛊者处死。巫蛊的具体办法是在一个木头小人上写下诅咒之人的生辰八字，然后再把木头人的全身都扎上针，埋在被诅咒人的家的方向。

汉武帝刘彻晚年喜欢巡游天下。在一次巡游中忽然得了重病，被巫师

▲无字碑 汉

此碑置于山东泰山玉皇殿大门西则，高6米，宽1.2米，厚0.9米，形制古朴，不著一字，故名。对此碑有两种说法：一说因秦始皇"焚书坑儒"，故于碑上"一字不鏊"；一说汉武登封泰山，为显示自己"受命于天""功德盖世"的超凡气概，立碑于古登封台前，史称"立石"，即今无字碑，至今仍莫衷一是。

治好，从此汉武帝便深信巫术。全国各地的巫师云集京城，用巫术迷惑百姓。女巫们来到宫中，教嫔妃们巫术，埋木人诅咒得宠的妃子。由于嫔妃们为了争宠而互相嫉妒，于是争相到汉武帝跟前告状，举报情敌用木人诅咒皇帝。汉武帝听了大怒，下令捕杀嫔妃和大臣，结果陈皇后被废，株连300人。后来还发生了很多巫蛊案件，历史上称之为"巫蛊之祸"，其中以太子刘据的巫蛊案件影响最大。

一天中午，汉武帝午睡时做了一个梦，梦见有几千个木头人在打他。汉武帝从梦中惊醒，出了一身冷汗。惊魂未定的他急忙召见宠臣江充，讲述了这个噩梦。

江充说："皇上，肯定是有人在用巫蛊诅咒你！"汉武帝一听大怒，马上令江充调查这件事，并派韩说、章赣、苏文协助。

江充和一个胡巫率人挨家挨户地找蛊，只要看见木人，无论是贵族大臣还是平民百姓，一律办罪。其实他从地里挖出的木偶，全是暗中预先埋下的。胡巫用烧红的铁钳或夹或烙，严刑逼供，很多人屈打成招，当时被陷害致死的官员、百姓多达数万人。因为有汉武帝的支持，那些被因巫蛊治罪的人都无处申冤。

后来，江充又把矛头指向了与他不和的太子。一次太子刘据的仆人犯了法，主管京城治安的江充就毫不客气地捉住了太子的仆人，没收了车马。太子听说后，忙派人前来谢罪说："我不是舍不得车马，只是怕皇上责怪我训导无方，请江先生高抬贵手。"江充不但不听，反而上奏了汉武帝，结果受到了汉武帝的夸奖。江充害怕太子当上皇帝后报复自己，所以处心积虑地想除掉太子。

司马相如

司马相如（约公元前179年～前117年），原名司马长卿，因为仰慕战国时代的名相蔺相如才改名，四川蓬州（今南充蓬安）人，一说成都人，汉代文学家。司马相如善鼓琴，其所用琴名为"绿绮"，是传说中最优秀的琴之一。司马相如少时好读书、击剑，被汉景帝封为"武骑常侍"。其代表作包括《上林赋》《子虚赋》。

江充率人在太子的住处和太子母亲卫子夫卫皇后的宫殿里四处挖掘，他将太子和皇后居住的宫室挖得如同菜地，以至于太子和皇后连放一张坐榻的平地都没有。太子和卫皇后尽管非常愤怒，但还是坚信清者自清，隐忍不发。

但江充宣布在太子的住处挖出了6个扎满针的桐木人和写有咒语的帛书，他得意扬扬地说要上奏皇上。太子非常震惊，要求去见汉武帝申辩，但被江充一口回绝。

太子惊恐万分，急忙问老师少傅石德该怎么办。石德说："现在皇上远在敦化甘泉宫避暑养病，巫蛊大案，可能是江充等人故意制造陷害殿下的。奸臣如此猖獗，殿下可以伪造皇上的文书先把江充抓起来，再进行审问。太子难道忘记了秦始皇的太子扶苏被陷害而死的教训吗？"太子于是下决心起兵杀江充。

太子派侍从伪装成皇帝的使者抓捕江充。韩说拒捕当场被杀，章赣、苏文逃走，江充被太子斩首示众，胡巫被活活烧死。

章赣、苏文逃到甘泉宫诬告太子谋反。昏庸的汉武帝亲自来到长安西郊，征调附近郡县的军队，由丞相刘屈氂指挥，平定"叛乱"。太子此时已经骑虎难下，只好打开武库，释放长安的数万囚犯，发给他们武器，卫皇后也令皇宫侍卫进行抵抗。双方军队在京城血战五日，死伤数万人。太子抵挡不住，从长安东门逃走，卫皇后自杀。汉武帝下令通缉太子，太子走投无路，只好自杀。

一年多后，大臣车千秋上书为太子喊冤，汉武帝也觉得此事疑点太多，令车千秋调查，终于真相大白：太子根本没有造反的意图，是被逼无奈才发兵自卫，巫蛊之祸都是江充一手制造的。汉武帝追悔莫及，盛怒之下将苏文烧死，杀光了江充族人，又在长安建造了一座思子宫，并在太子自杀的地方建造了一座归来望思台，以寄托哀思。

司马迁写《史记》

苏武被匈奴扣押的第二年，汉武帝派贰师将军李广利带领3万人进攻匈奴，打了败仗，几乎全军覆没。李广的孙子李陵当时担任骑都尉，带着5000名步兵跟匈奴作战。后来，寡不敌众，又没救兵，李陵被匈奴俘虏，投降了。

▲《史记》书影

消息传来，大臣们都谴责李陵贪生怕死。汉武帝也收押了李陵的妻儿老母，但司马迁却为李陵辩护。他说："李陵带领5000步兵，深入敌人的腹地，打击了几万敌人。他虽然打了败仗，可是杀了很多敌人，也可以向天下人交代了。李陵不想马上死，自有他的打算。他一定还想将功赎罪来报答皇上。"

汉武帝认为司马迁这样为李陵开脱罪责，是有意贬低李广利（李广利是汉武帝宠妃的哥哥），不禁勃然大怒，说："你这样替投降敌人的人辩解，我看是存心反对朝廷。"他命令侍从把司马迁送进监狱，交给廷尉审问，最后被判宫刑（一种阉割性器官的肉刑）。

司马迁认为受宫刑是一件很丢脸的事，便想自杀。但他想到自己有一件极重要的工作没有完成，不能去死。他当时正用全部精力写一部书，这就是我国古代最伟大的历史著作之一——《史记》。

司马迁的祖上几代都担任史官，父亲司马谈也是汉朝的太史令。司马迁10岁那年，就跟随父亲到了长安。由于受到家庭环境的熏陶，司马迁从小就读了不少书籍。

为了搜集史料，开阔视野，司马迁从20岁开始，就游历全国各地。他的经历，为他日后写作打下了坚实的基础。

他从传说中的黄帝时代开始写起，一直写到汉武帝太始二年（公元前95年）为止，汇编成130篇、52万字的历史巨著《史记》。

司马迁在他的《史记》中，把古代文献中过于艰深的文字改写成当时比较浅近的文字。人物刻画和情节叙述形象鲜明，语言生动。因此，《史记》既是一部伟大的历史著作，又是一部杰出的文学著作。

司马迁出狱以后，在朝中担任中书令。他的著作《史记》在我国的史学史、文学史上都占有很重要的地位。

汉朝柱石霍光

汉武帝晚年时，误信谗言逼死了太子刘据，后来十分后悔，准备立钩弋夫人生的刘弗陵为新太子。当时，弗陵才七岁，汉武帝觉得需要找一个忠实可靠的人来辅佐他。他叫画工画了一张"周公背成王朝诸侯图"，送给霍光。为防止后宫乱政，重蹈当年临朝覆辙，就狠下心让钩弋夫人自杀了。公元前87年，汉武帝病危，他嘱咐霍光辅政，霍光流着泪接受了。

汉武帝死后，即位的汉昭帝刘弗陵年仅八岁，朝中政事都由霍光决定。

当时，上官桀与霍光同为汉武帝托孤的

▲霍光像

辅政大臣，现在看到霍光独揽大权，不留情面，就与汉昭帝的大姐盖长公主密谋排挤霍光，并勾结燕王刘旦，想方设法要陷害霍光。

公元前81年，霍光出去检阅羽林军，检阅之后，把一个校尉调到他的府里来。上官桀他们趁机冒充燕王刘旦上书，告发霍光阴谋造反。

汉昭帝接信后看了又看，然后就搁在一边。第二天，霍光等人上朝。霍光事前听说了这件事，不敢进金銮殿。汉昭帝临朝，见了霍光，就问："大将军在哪儿？"上官桀暗自得意，嘴上说道："大将军听说燕王告发他的罪行，躲在偏殿里不敢来。"

桑弘羊

桑弘羊（公元前 152～前 80 年），汉武帝时大臣，一说生于景帝后元三年（公元前 141 年），洛阳人。出身商人家庭，自幼有心算才能，以此 13 岁入侍宫中。自元狩三年（公元前 120 年）起，终武帝之世，历任大司农中丞、大司农、御史大夫等重要职务。元狩年间，在桑弘羊的参与和主持下，汉先后实行了盐、铁、酒官营，均输、平准、算缗、告缗，统一铸币等经济政策。此外，还组织了 60 万人屯田戍边，防御匈奴。这些措施都在不同程度上取得了成功，暂时缓解了经济危机，史称当时"民不益赋而天下用饶"。汉昭帝始元六年（公元前 81 年），昭帝召集各地贤良文学至长安，会议盐铁等国家大事。贤良文学反对盐铁官营和均输平准等与民争利的政策，力主改弦更张，桑弘羊与之展开辩论。由于桑弘羊的坚持和封建国家财政方面的需要，当时除废止酒类专卖改为征税外，盐铁官营等各项重要政策仍沿袭不变。

汉昭帝吩咐内侍传霍光进殿，霍光摘掉官帽，伏在地上请罪。昭帝说："大将军请起！"一边指着信笺道："这封信是假造的，我知道有人成心要害你。"霍光高兴地问："皇上怎么知道的？"汉昭帝说："大将军检阅羽林军是在临近地方，调用校尉也是最近的事，一共不到十天的时间。燕王远在燕京，离长安这么远，他怎么知道这件事？即便知道了，马上派人送信来，也来不及赶到这儿。再说，大将军如果真的要叛乱，也用不着靠一个校尉。这明明是有人谋害大将军，燕王的信是假造的。我虽然年轻，也不见得这么容易受人愚弄。"

上官桀见一计不成，就准备铤而走险。他们偷偷商量好由盖长公主出面邀请霍光赴宴，然后布置下刀斧手，准备趁酒酣耳热之际，行刺霍光。

谏议大夫杜延年得到这个消息，连忙告诉了霍光，霍光立即向昭帝报告，昭帝通知丞相田千秋火速带兵，把上官桀一伙统统抓起来处死。

早慧的昭帝在公元前 74 年病死，年仅 21 岁。

昭帝没有儿子，霍光等大臣与皇后议定立汉武帝的孙子昌邑王刘贺为帝，使者到达昌邑已经是深夜，刘贺已睡下，赶紧起身接诏书。他得知是让自己去当皇帝，就高兴得手舞足蹈。

刘贺进京的路上荒淫无度，即位后仍然旧习不改，荒淫无耻。霍光忧心如焚，他偷偷和大司农田延年商量挽救办法，决定废掉刘贺。

▲ "齐铁官印" 封泥　西汉

封泥是古代封存信件、公文用的。盛行于战国、秦汉。人们捎寄信件或公文时，为了保密，就用绳将简牍捆扎起来，然后在绳子的结节处用胶泥包裹，并捺印上印文。

于是在刘贺即位后不久，霍光将所有大臣召集到未央宫举行会议，当众宣布了要废掉刘贺，另选贤明的意图。与会大臣听这个消息，都感到意外，因为废立之事关系重大，谁也不敢发言。田延年看到这种情况，立刻站起来发言，他假意斥责霍光，说汉武帝把汉家天下寄托给霍光，就因为霍光忠诚于汉室，能使汉朝长治久安。现在如果继续维持刘贺的帝位，那汉家天下就会断送，你霍光将来死了，又有何面目去见汉武帝呢！大臣们见此情景，都同意由霍光主持，废除刘贺，另选贤明之主。于是，霍光联合大臣们十分慎重地写了一封奏章，列举了刘贺的种种劣迹，上奏当时主持汉室的上官太后，即日将刘贺废掉，并将他送回昌邑。

废掉刘贺后，汉武帝刘彻的曾孙刘询即位，这就是汉宣帝。汉宣帝吩咐众大臣有公事先奏明大将军霍光，然后再奏明皇上，这样霍光的地位就更高了。

昭宣中兴

汉武帝临终前任命霍光、金日磾、桑弘羊、田千秋四人为辅政大臣，受命辅佐太子刘弗陵。这四个人的安排也是作了精心选择的。霍光是西汉名将霍去病的弟弟，被授予军政大权，田千秋是新进大臣，桑弘羊是忠于汉武帝军政路线的老臣，金日磾则原是匈奴休屠部的王子，休屠部则是匈奴的大部落，很显然汉武帝是想借此安抚匈奴。

▲玉双凤饰系璧　西汉

青褐色玉，两玉璧两环，雕刻不同纹饰，外侧透雕一对凤鸟。

公元前87年，汉武帝病死，年仅8岁的太子刘弗陵登基，就是汉昭帝。他是汉武帝的幼子，母亲是钩弋夫人，据说她怀孕14个月才生下刘弗陵，大臣们都认为是尧帝降生，纷纷向汉武帝表示祝贺。汉武帝老年得子，更是宠爱有加。临终前，汉武帝想立刘弗陵为太子，但是防止"子幼母壮"，导致外戚专权，他下令赐死钩弋夫人。

汉昭帝聪明伶俐，每当遇到大事，他都和霍光等人商量，将国家治理得有声有色。昭帝始元六年（公元前81年），汉昭帝命大臣桑弘羊召集各郡国所推举的贤良文学之士，询问百姓的疾苦。贤良文学之士与桑弘羊等人意见不一，他们就汉朝的内外政策进行了辩论。这就是历史上有名的盐铁之议。

在盐铁会议上，双方辩论的主要内容有三个方面：（1）民间疾苦的根源。贤良文学之士认为民间疾苦的根源在于国家经营盐铁，提出废除盐铁。桑弘羊表示反对，认为国家垄断盐铁，扩大了财源，是抗击匈奴军费的主要来源。（2）对匈奴的政策。贤良文学之士主张和亲。但桑弘羊则认为匈奴反复无常，只有通过战争才能阻止匈奴的侵扰。（3）关于治国的方针和理论思想。贤良文学之士信奉儒家的仁义学说，主张德治。他们批判严刑峻法，认为这是亡国之道。桑弘羊施政以法家学说作为指导思想，主张法治，反对德治。他认为有了严刑峻法，百姓就小心谨慎，社会自然会安定。另外，这次会议还涉及了农业、社会现状、伦理道德和古今关系等问题。这次辩论反映了西汉统治阶级内部儒法两派对汉武帝晚年的一系列政策的不同认识，并提出了自己的治国方略。

汉昭帝刘弗陵即位后，他的同父异母哥哥燕王刘旦很不服气，想篡位自立，辅政大臣霍光自然成了他的眼中钉。霍光认为"无功不得封侯"，坚决不同意封盖长公主的情人丁外人为侯，得罪了盖长公主。霍光的政敌上官桀，和丁外人、盖长公主、燕王刘旦勾结起来，阴谋策划先除掉霍光，再废掉刘弗陵，然后拥立刘旦为帝。

后来汉昭帝查明事情的真相，杀死了上官桀、丁外人，燕王刘旦和盖长公主也畏罪自杀。可惜汉昭帝只活到 21 岁就死了，霍光又立刘询为帝，就是汉宣帝。

刘询原名叫刘病已，是巫蛊之祸中的太子刘据的孙子。巫蛊之祸后，刚出生不久的他被投入监狱，幸亏一个狱卒可怜他，让两个女囚犯给他喂奶才活了下来。太子刘据的冤案平反后，他恢复了皇族的身份，寄居在祖母史良娣的娘家。刘询长期生活在民间，对人民的疾苦有深刻的了解。他登基后，实行了一系列利国利民的政策，有功必赏，有罪必罚，使官吏廉洁奉公，百姓安居乐业。

汉昭帝和汉宣帝在位期间，汉朝社会稳定，经济不断发展，汉朝盛世再现。后世把他们统治的时期称为"昭宣中兴"。

昭君出塞

汉宣帝在位的时候，由于有霍光等大臣辅助，国家渐渐强大起来。那时候，匈奴由于贵族内部争权夺利，国势渐渐衰落。后来，匈奴发生分裂，五个单于分立自治，互相攻打不休。其中一个单于名叫呼韩邪，被他的哥哥郅支单于打败了，丢掉不少人马。呼韩邪和大臣商量后，决心跟汉朝和好。呼韩邪还亲自带着部下来见汉宣帝。

呼韩邪是第一个来中原朝见的单于，汉宣帝像招待贵宾一样招待他，亲自到长安郊外去迎接他，为他举行了盛大的欢迎仪式。呼韩邪临行时，与汉朝使者订立了此后"汉朝与匈奴合为一家，世世代代不相侵犯"的友好盟约。

公元前 33 年，汉宣帝死去，汉元帝即位。呼韩邪第三次到长安，提出愿意做汉家的女婿，结为亲戚，加强汉匈友好。汉朝经历了近百年的战火侵扰，也希望内外和平安宁。汉元帝答应了呼韩邪的要求。汉元帝决定从后宫的宫女中挑选出合适的人选，嫁给单于。

后宫中有个叫王昭君的宫女，长得十分美丽，又是个明大义、有远见的姑娘，为了自己的终身，自愿嫁到匈奴去。王昭君平时并未被人注意，可当她装束起来，竟是位绝色的姑娘。呼韩邪单于在五位列选的姑娘中，

▲王昭君像

一下就看中了她。汉元帝吩咐办事的大臣选择吉日，让呼韩邪单于和王昭君在长安成亲。

呼韩邪单于得到这样一个年轻貌美的妻子，又是高兴又是感激。

在汉朝和匈奴官员的护送下，王昭君离开了长安，千里迢迢地来到了匈奴单于的领地。

到了匈奴后，呼韩邪单于封昭君为"宁胡阏氏"（王后），意思是说昭君嫁给匈奴，会带来和平安宁。呼韩邪单于娶了昭君很满意，他上书向汉元帝表示愿意为汉朝守卫边疆，让汉天子和百姓永享和平、幸福。

王昭君出塞的时候带去很多礼物，她在塞外同匈奴人民和睦相处，爱护百姓，教给当地妇女织布、缝衣和农业生产技术，受到人民的爱戴。

王昭君在匈奴生了一儿两女，这些子女长大后，也致力于汉与匈奴两族的友好。

王昭君的历史功绩是值得彰扬的。自从她出嫁匈奴后，匈奴和汉朝和睦相处，友好往来，有60多年没有发生战争。

王莽篡位

王昭君离开长安不久，汉元帝就死去了。他的儿子刘骜即位，是为汉成帝。汉成帝是个荒淫的皇帝，他当了皇帝后，朝廷的大权逐渐被外戚（太后或者皇后的亲属叫外戚）掌握了。成帝的母亲、皇太后王政君有八个兄弟，除了一个死去的以外，其他人都封了侯。其中要数王凤的地位最显赫，他被封为大司马、大将军。

王凤掌了大权，他的几个兄弟、侄儿都十分骄横。只有一个侄儿王莽与众不同。他像平常的读书人一样，做事谨慎小心，生活也比较节俭。人们都说王家子弟中，王莽是最好的一个。

王凤死后，他的两个兄弟先后接替他的职位，后来又让王莽做了大司马。王莽很注意招揽人才，有些读书人慕名前来投奔他。

汉成帝死后，在十年之内，换了两个皇帝——哀帝和平帝。汉平帝登基时才9岁，国家大事都由大司马王莽作主。很多大臣都吹捧王莽，说他是安定汉朝的大功臣，请太皇太后封王莽为安汉公。王莽说什么也不肯接受封号和封地。后来，经大臣们一再劝说，他才勉强接受了封号。

王莽越是不肯受封，越是有人要求太皇太后封他。据说，朝廷里的大臣和地方上的官吏、平民上书请求加封王莽的人多达48万人。有人还收集了各种各样歌颂王莽的文字，使王莽的威望越来越高。

▲铜钱　王莽时铸造

渐渐长大的汉平帝越来越觉得王莽的行为可怕、可恨，免不了背地里说些抱怨的话。

有一天，大臣们给汉平帝过生日。王莽借机献上一杯毒酒。汉平帝没想到王莽胆敢做出这种事，接过来喝了。

没过几天，汉平帝就得了重病，死去了。王莽假惺惺地哭了一场。汉平帝死的时候才14岁，没有儿子。王莽从刘家的宗室里找了一个两岁的小孩做皇太子，叫孺子婴。王莽自称"假皇帝"（假是代理的意思）。

一些文武官员想做开国元勋，便劝王莽即位做皇帝。一直以谦让出名的王莽这会儿不再推让了。

公元8年，王莽正式称帝，改国号叫新，都城仍在长安。从汉高祖称帝开始的西汉王朝，历经了210年，到此结束了。

王莽刚做了皇帝，便打着复古改制的幌子，下令实行变法。变法的内容是：第一，把全国土地改为"王田"，不准买卖；第二，把奴婢称为"私属"，不准买卖；第三，评定物价，改革币制。

这些改革，听起来都是好事情，可是没有一件能行得通。这种复古改制，不但受到农民的反对，许多中小地主也不支持。

三堂会审

中国文学作品中经常会出现"三堂会审"这一名词，以形容事态的严重性。其实，三堂会审又称三司会审，是中国古代三法司（三个司法有关单位）共同审理重大案件的制度。《商君书·定分》中载"天子置三法官，殿中置一法官，御史置一法官及吏，丞相置一法官"。后世的"三法司"之称即源于此。汉代以廷尉、御史中丞和司隶校尉为三法司。唐代以刑部、大理寺和御史台为三法司。明、清两代以刑部、大理寺和都察院为三法司，遇有重大疑难案件，由三法司会同审理，以避免决策失误，也是古代法制民主的一种体现。

面对国内的混乱局面，王莽便想借对外战争来缓和一下。这当然要引起了匈奴、西域、西南各部族的反对。后来，王莽又征用民力，加重捐税，纵容官吏对老百姓的压迫和剥削。这样一来，就逼得农民起来反抗了。

绿林赤眉起义

公元17年，荆州发生饥荒，老百姓到沼泽地区挖野荸荠充饥，野荸荠越挖越少，便引起了争斗。新市（今湖北京山东北）有两个有名望的人，一个叫王匡，一个叫王凤，出来调解，受到农民的拥护。王匡、王凤就把这批饥民组织起来举行起义。

王匡、王凤他们把绿林山（今湖北大洪山）作为根据地，接着攻占附近的乡村。

王莽派了两万官兵去围剿绿林军，被绿林军打得溃不成军。投奔绿林山的穷人越来越多，起义军很快就发展到五万多人。

这时候，另一个起义领袖樊崇带领几百个人占领了泰山。不到一年工夫，就发展到一万多人，在青州和徐州之间来往打击官府、地主。

樊崇的起义军纪律严明，规定谁杀死老百姓就处死谁，谁伤害老百就要受惩罚。这样一来，得到了老百姓的拥护。

公元22年，王莽派太师王匡（和绿林军中的王匡是两个人）和将军廉丹率领十万大军去镇压樊崇起义军。樊崇为了避免起义兵士跟王莽的兵士混杂，叫他的部下把自己的眉毛涂成红色，作为识别的记号。这样，人们都称樊崇的起义军为"赤眉军。"

王莽的军队和赤眉军打了一仗，结果被赤眉军打得狼狈逃窜。赤眉军越打越强，队伍不断发展壮大。

绿林、赤眉两支起义大军分别在南方和东方打败王莽军的消息一传开，其他地方的农民也纷纷起义。另外，还有一批没落的贵族和地主、豪强也乘机起兵造反。

南阳郡春陵（今湖南宁远北）乡的汉宗室刘縯、刘秀两人，怨恨王莽废除汉朝宗室的封号、不许刘姓人做官的做法，发动族人和宾客七八千人在春陵乡起兵。他们和绿林军三路人马联合起来，接连打败了王莽的几名大将，声势越来越强大。

绿林军将士们认为人马多了，必须推选出一个负责统一指挥的首领，这样才能统一号令。一些贵族地主出身的将军，利用当时有些人的正统观念，主张找一个姓刘的人当首领，这样才能符合人心。

于是，春陵兵推举刘縯，可是其他各路的将领都不同意。经过商议，众人立了破落的贵族刘玄做皇帝。

公元23年，刘玄正式做了皇帝，恢复汉朝国号，年号"更始"，所以刘玄又称更始帝。更始帝拜王匡、王凤为上公，刘縯为大司徒，刘秀为太常偏将军，又封了其他的将领。从此，绿林军又称为汉军。

昆阳大战

公元23年更始政权建立，为阻止王莽军的南下，保障主力夺取战略要地宛城，刘玄派上公王凤、大将王常、偏将刘秀统率部分兵力趁莽军严尤、陈茂军滞留颍川郡一带之际，迅速攻占昆阳（今河南叶县）、定陵、郾县，与围攻宛城的绿林军主力形成犄角之势。

更始军的动向引起了王莽的不安。公元23年三月，王莽遣大司空王邑、司徒王寻赴洛阳调集各州郡兵 42 万，号称百万，经颍川会合了严尤、陈茂军后直逼昆阳。此时，昆阳城中更始军只有八九千人，王莽军兵力庞大又来势汹汹，不少将领提议与其寡不敌众，遭受重创，不如化整为零，退回根据地以图后举；但青年将领刘秀反对这一消极做法，主张坚守昆阳牵制、消耗王邑军兵力，掩护主力攻取宛城。还未定议，敌人已兵临城下，诸将于是同意坚守。王凤、王常率众守城，刘秀、李轶率 13 骑到定陵、郾城调集援兵。

莽军不久将昆阳围得水泄不通。大将严尤向王邑进言："昆阳虽小，但易守难攻。敌人主力在宛城，我们不如绕过昆阳赶往宛城寻歼其主力，到那时昆阳敌人受震动，城可不战而下。"但王邑拒绝说："非也非也！我军百万之师，所过当灭，今屠此城，喋血而进，前歌后舞，岂不快哉？"于是陈营百余座，挖地道，造云车，猛攻昆阳不已。王凤、王常率全城军民顽强抵挡，多次挫败敌人的进攻，敌军消耗很大。

严尤见昆阳久攻不下，再次向王邑进言："围城应该网开一面，使城中一部分守军逃出至宛城，散布兵危消息，以使敌人情绪消沉，军心动摇，其士气低落下来后，城必可破！"但又为刚愎自用的王邑拒绝，他认为不久昆阳就会告破。

正当王邑将取胜战机丧失的时候，精明强干的刘秀已从定陵、偃县征集了 1 万步骑兵精锐，日夜兼程赶到了昆阳。他见昆阳仍未失守，而王莽军队形不整，显得士气低落，疲惫不堪，心下大喜。他立即投入战斗，率1000 轻骑为前锋，冲到王邑军阵前挑战；王邑以其人少不足畏惧，就派了 3000 人迎战。刘秀急忙挥军疾冲猛杀，转眼间莽军百余人被砍死，剩下的败退回去了。初战告捷，城内城外的更始军士气都为之一振，斗志立时高涨了许多。

刘秀为了更进一步振奋士气，同时动摇莽军军心，便假造宛城已为更始军攻克的战报，用箭射入昆阳城中；又故意遗失战报，让王莽军拾去传播。这一消息顿时一传十，十传百；城内军民守城意志更加昂扬，而城外莽军情绪则更加沮丧。胜利的天平已开始向起义军这边倾斜了。刘秀见效果已经达到，便精选勇士 3000 人迂回到莽军侧后偷渡昆水，而后猛攻王邑大本营。

此时，王邑仍不把刘秀放在眼里，他担心州郡兵主动出击会失去控制就令他们守营勿动；自己和王寻率万人迎战刘秀的3000义勇。然而王邑的轻敌应战怎奈得住刘秀部署严密的进攻？万余兵马很快被冲得阵势大乱，而州郡兵诸将却因王邑有令不得擅自出兵，谁也不敢去救援。于是王邑所部大溃，王寻也被杀死。莽军余部见主帅都溃退了，也纷纷逃命。刘秀乘势掩杀，城中王凤、王常见莽军崩溃，即从城内杀出，与刘秀部内外夹攻王邑。王邑军互相践踏，死伤无数，狼狈向洛阳方向逃去。昆阳围解。

马援经略边疆

从王莽时期开始，塞外羌族不断骚扰边境，不少羌族更趁中原混乱之际入居塞内，金城（治所在今甘肃兰州西北）一带属县多为羌人所占据。汉将来欲就此事上书，说陇西屡有侵扰祸害，除马援外，无人能平。公元35年夏天，光武帝刘秀任命马援为陇西郡郡守，征讨扰边羌人。

▲马援像

马援一上任便整顿兵马，派步骑3000人出征。先在临洮击败先零羌，斩首数百人，获马、牛、羊100多头，守塞羌人8000多望风而降。当时，羌族各个部落还有几万人在浩亹占据要隘进行抵抗，马援和扬武将军马成率军进击。羌人将其家小和粮草辎重聚集起来，在允吾谷阻挡汉军。马援率部暗中抄小路袭击羌人营地。羌人见汉军突然出现，大惊，逃入唐翼谷中，马援挥师追击，羌人布精兵于北山坚守。马援对山摆开阵势佯攻以吸引敌人，暗中却遣数百骑兵绕到羌人背后，乘夜放火，并击鼓呐喊。羌人不知有多少汉军袭来，纷纷溃逃。马援大获全胜，斩首千余级。

因为汉军兵少，马援不敢穷追羌人，缴获了羌人大量粮食、牲畜及财宝后，收军回营。此战，马援身先士卒，腿部被飞箭射穿，光武帝派人前去慰问，并赐给他牛羊数千头。马援像往常一样，把这些赏赐都分给了部下，将士们都十分感激他。

当时，金城破羌以西地区，离汉廷道途遥远，又常有动乱，不好治

▲茂椒林

这是四川阿坝州茂县（古羌地）一片生机盎然的茂椒（烹饪川菜的重要调味品）林。马援平定羌边的目的，也无非是为此——生产发展，人民安居乐业。

理。朝中多数大臣主张舍弃这一地区，独马援持异议，他有三条理由：一是破羌以西城堡都还完整牢固，适合防守；二是那里土地肥沃，灌溉便利；三是若放弃不管而让羌人占据湟中，将后患无穷。光武帝认为马援言之有理，便令武威太守把从金城迁来的客民全部放还，3000多客民返回了原籍。马援又建议朝廷为他们安排官吏，修建城郭，营造工事，开导水利，并鼓励发展

农牧业生产，郡中百姓从此安居乐业。马援又派羌族豪强杨封说服塞外羌人，让他们结好塞内羌人，共同开发边疆。对武都地方背叛公孙述前来归附的氐人，马援以礼相待，奏明朝廷，恢复他们的侯王君长之位，赐给他们印绶。

公元37年，武都参狼羌与塞外各部联合，杀死官吏，发动叛乱，马援率4000人前去征剿。大军行至氐道县境，发现羌人占据了山头，马援率军驻扎在适宜的地方，断绝了羌人的水源，控制了草地，以逸待劳，坚守不出。羌军水源乏绝，陷入困境，逃的逃，降的降，陇右遂平。

马援在陇西做了6年太守，恩威并施，使得陇西战事渐少，百姓能安心从事农业生产。

公元41年，一个名叫李广的聚会徒党，攻陷皖城，自称"南岳大师"。朝廷派张宗率军征讨，被李广击败，朝廷即以马援诸郡兵马共万人出征。马援打败叛军，诛杀了李广。不久，岭南交趾女子征侧姐妹因与太守孙定不和，起兵反汉并占据交趾、九真等岭外60余城；朝廷任马援为伏波将军南征交趾。公元42年，马援在浪泊大破敌军，降服万余人，又乘胜追击，在禁溪击败征侧，公元43年正月诛杀征侧，传首洛阳。马援因功封新息侯，食邑三千户。不久后，马援还平定了岭南。

从交趾胜利回京，老朋友们都出城迎接慰问马援；马援对平陵人孟冀说："方今匈奴、乌桓尚扰北边，我想请求攻打它们；男儿当死边野，以马

革裹尸还葬耳。"公元 48 年，南方武溪蛮暴动，马援请命南征，光武帝因之年事已高，不让他去。在马援的说服下，刘秀答应了他。次年，马援在壶头山病死军中。

汉明帝求佛

汉光武帝活到 63 岁时，得病死了。太子刘庄继承皇位，这就是汉明帝。

有一回，汉明帝做了个梦，梦里出现一个金人，头顶罩了一圈光环，绕殿飞行，一会儿升上天空，向西去了。

第二天，他向大臣们询问这个头顶发光的金人是谁。

有个叫傅毅的博士说："天竺有神名叫佛。陛下梦见的头顶发光的金人一定是天竺的佛。"

天竺的另外一个名称叫身毒，是佛教创始人释迦牟尼出生的地方（天竺是古代印度的别称，释迦牟尼出生在古印度北部迦毗罗卫国，在今尼泊尔境内）。释迦牟尼原来是个王子，大约出生在公元前 565 年。传说他在 29 岁那年，厌倦了王族的舒适生活，出家修道，后来创立了佛教。

释迦牟尼到处宣讲佛教的宗义。他传教四十多年，收了许多信徒，大家尊称他"佛陀"。他死了以后，他的弟子把他生前的学说整理出来，编成了经书，这就是佛经。

汉明帝对傅毅的话很感兴趣，他就派蔡愔和秦景两名官员到天竺去求佛经。

蔡愔和秦景跋山涉水，到达了天竺国。天竺人听到中国派来使者求佛经，表示欢迎。天竺有两个沙门（就是高级僧人），一个名叫摄摩腾，另一个名叫竺法兰，帮助蔡愔和秦景了解了一些佛教的理义。

▲ 白马寺山门

白马寺有中国佛寺"祖庭"之称，始建于东汉永平十一年，因汉明帝"感梦求法"，遣使迎天竺僧人到洛阳而创建。

后来，他们在蔡愔和秦景的邀请下决定到中国来。

公元67年，蔡愔、秦景给两个沙门引路，用白马驮着一幅佛像和四十二章佛经，经过西域，回到了洛阳。

道 教

道教是中国土生土长的宗教，来源于古代的民间巫术和神仙方术，又将《老子》《庄子》加以附会引申，形成以长生成仙为根本宗旨的道教教义，随着相应的宗教组织和活动的出现，道教便正式诞生了。

道教的产生大体上与佛教的传入同时，它一开始就吸收儒、阴阳、谶纬和佛教各家的成分，具有庞杂性。早期道教经典《太平经》约成书于汉安帝、汉顺帝之际，它把汉代道家关于气的学说神秘化，将养生论引申为长生说，主张通过养性积德的方法，包括行孝、守一、含气、服药等，达到长生成仙的目的。它崇拜的至上神是"委气神人"，其下有神人、真人、仙人、道人，组成神仙世界。

尽管汉明帝不懂佛经，也不清楚佛教的道理，但对前来送经的两位沙门还是很尊敬的。第二年，他命令在洛阳城的西面仿照天竺的式样，造一座佛寺，把送经的白马也供养在那儿，把这座寺取名叫白马寺（在今河南洛阳市东）。

汉明帝虽然派人求经取佛像，但他其实并不懂佛经，也不相信佛教，倒是提倡儒家学说。朝廷里的大臣们也不相信佛教，所以到白马寺里去拜佛的人并不多。

投笔从戎

汉光武帝建立了东汉王朝后，让大学问家班彪整理西汉的历史。班彪有两个儿子，一个叫班固，另一个叫班超，还有一个女儿叫班昭。班彪在几个孩子幼小的时候，就教他们学习文学和历史。

班彪死了以后，汉明帝任命班固为兰台令史，继续完成他父亲整理历史书籍的事业，就是《汉书》（一部记载西汉历史的书）。班超跟着他哥哥做抄写工作。哥俩都很有学问，可是性情和志趣不一样，班固喜欢研究百家学说，致力于他的《汉书》，而班超却不愿意皓首穷经地在案头写东西。

后来，班超听到匈奴不断地掳掠边疆的居民和牲口，就扔下了笔，气愤地说："大丈夫应当像张骞那样到塞外去立功，怎么能在书房里待一辈子呢？"就这样，他下决心放弃文案工作，去立战功。

▲班超像

奉车都尉窦固为了抵抗匈奴，采用了汉武帝的办法，派人到西域去，与各国建立友好关系，共同对付匈奴。他赏识班超的勇气才干，派班超出使西域。

班超带着36个随从，先到了鄯善（在今新疆境内）。鄯善原来是归顺匈奴的，因为匈奴逼他们纳税进贡，勒索财物，鄯善王十分厌恶。这次看到汉朝派了使者来，他很高兴，非常殷勤地招待班超一行。

几天后，班超发现鄯善王对待他们忽然变得冷淡了。班超料想到其中必有变故，他从鄯善的侍者口中得知匈奴也派使者来了，鄯善王何去何从犹豫不定。班超立即与同行的36个随从密商，必须先发制人，夜袭匈奴使者。于是，班超布置随从们乘夜纵火烧了匈奴营帐，将匈奴使者全部杀死。第二天，班超把鄯善王请来，鄯善王看到匈奴使者的人头，非常惊叹汉家将军的英勇行为，马上打消疑虑，摆脱匈奴的统治，与汉家复通友好。

班超回到洛阳，汉明帝提拔班超做军马司，又派他去于阗联络。于阗王接见班超的时候，并不怎么热情。班超劝他脱离匈奴，跟汉朝交好。于阗王犹豫不决，找来巫师向神请示。班超见巫师装神弄鬼，借神的名义不愿与汉朝结交，便拔刀杀了巫师。最后，于阗王同意和汉朝和好，并主动把匈奴派去奴役他们的"监护使者"杀了。

班超在西域联合弱小民族，团结抗暴，先后打败莎车（今新疆沙车一带）、龟兹、焉耆（今新疆焉耆一带）等国，匈奴北单于在西域北道上的势力也被驱逐出去，西域五十多国又同东汉王朝建立起友好的关系。

不久，汉明帝去世，他的儿子刘炟即位，即为汉章帝。

班 固

班固（公元32～92年），东汉的历史学家和文学家。他从小就很聪明，文采出众。父亲班彪死后，班固回乡为父亲守孝期间，开始整理父亲的著作《史记后传》，并坚持了20多年，写成了《汉书》，书中详细地记载了西汉的历史。公元79年，汉章帝在白虎观召集文人讨论经书，班固负责记录，还奉命把讨论内容写成了《白虎通义》（也叫《白虎通德论》），这是很有名的历史书籍。后来，大将军窦宪讨伐匈奴，让班固做他的参谋，两个人关系很好。窦宪在政治斗争中被迫自杀后，班固受牵连，最后死在了监狱里。班固的文学作品水平也很高，其撰写的《两都赋》在中国文学史上有很高的地位。

张衡制造地动仪

汉章帝在位期间，东汉的政治比较平稳。汉章帝死后，年仅十岁的汉和帝继承了皇位。窦太后临朝执政，她的哥哥窦宪掌握了朝政大权，东汉王朝便开始走下坡路了。

这段时期里，出了一位著名的科学家——张衡。张衡是南阳人。十七岁那年，他离开家乡，先后到了长安和洛阳，在太学里用功读书。朝廷听说张衡很有学问，便召他进京做官，先是在宫里做郎中，继而又担任了太史令，叫他负责观察天文。这个工作正好符合他的研究兴趣。

经过观察研究，他断定地球是圆的，月亮的光源是借太阳的照射而反射出来的。他还认为天好像鸡蛋壳，包在地的外面；地好像鸡蛋黄，在地的中心。这种学说虽然不完全准确，但在1800多年以前，能得出这种科学结论，不能不使后来的天文学家感到钦佩。

张衡还用铜制作了一种测量天文的仪器，叫作"浑天仪"。上面刻着日月星辰等天文现象。

那个时期，地震发生频繁。有时候一年发生一两次大地震。发生一次大地震，就波及好几十个郡，城墙、房屋倾斜倒坍，造成人畜伤亡。

张衡记录了地震的现象，经过细心的考察和试验，发明了一个探测地震的仪器，叫作"地动仪"。

地动仪是用青铜制造的，形状类似酒坛，四周刻铸了八条龙，龙头朝着八个方向。每条龙的嘴里含了一

▲张衡地动仪模型之一

颗小铜球；龙头下面，蹲着一个铜制的蛤蟆，蛤蟆的嘴大张着，对准龙嘴。哪个方向发生了地震，朝着那个方向的龙嘴就会自动张开来，把铜球吐进蛤蟆的嘴里，发出响亮的声音，发出地震的警报。

公元138年二月的一天，地动仪对准西方的龙嘴突然张开，吐出了铜球。按照张衡的设计原理，这就是报告西部发生了地震。

过了几天，有人骑着快马来向朝廷报告，离洛阳一千多里的金城、陇西一带发生了大地震，还出现了山体崩塌。

张衡61岁那年得病死去。他为我国的科学事业作出了巨大的贡献。

蔡伦造纸

蔡伦发明的造纸术和火药、指南针、印刷术一起，是我国古代科技史上的四大发明，是中国人对世界文明的巨大贡献。蔡伦，字敬仲，出生于农家，从小家境贫寒，为了生计，于东汉明帝永平末年入宫做了宦官。进宫之后，蔡伦从小黄门做起，小心谨慎，不敢有半点马虎。到了汉和帝年间，蔡伦升任中常侍，参与国家机密大事。后来又加官尚方令，掌管宫廷手工作坊，监督御用品的制造。公元89年，蔡伦开始负责监管刀剑武器和其他器械的制造工作。蔡伦监督制造的器械，全都精工坚密，世人争相仿效。当然，他最杰出的贡献是改进了造纸术。

▲蔡伦像

进宫之前，蔡伦就对造纸感兴趣，曾经用破旧的废物糅合在一起，做过许多加工试验，虽然不是很成功，却对造纸用的材料有了很深的了解，为他后来成功改进造纸术奠定了基础。

他认真总结西汉以来用麻质纤维造纸的经验，经过长期的实验，对造纸的原料和造纸工艺都进行了改革，引发了书写材料的革命。他把树皮、麻头、破布和旧渔网等作为造纸的原料，不但扩大了原料的来源，还降低了造纸的成本；在传统流程的基础上，增加了用石灰进行碱液蒸煮的工序，使植物纤维分解速度加快、分解分布得更加均匀细致；经过切断、捣碎、沤煮、化浆、定型、风干等一整套工艺流程，纸张的质量大大提高，书写起来极为方便。

公元 105 年，蔡伦将他监造的优质纸张进献给汉和帝，因造纸有功，被封为龙亭侯。之后，植物纤维造纸开始代替竹简、缣帛，成为广泛使用的书写材料，蔡伦也被后世奉为造纸祖师。

经过蔡伦改革之后，造纸业开始成为一个独立的手工行业，在全国各地发展起来。纸的推广使用，为保存文献、记载历史、交流思想、积累传

1.浸湿原料切碎洗涤浸灰水

2.架火

3.蒸煮舂捣

4.洗涤打浆

5.抄纸晒干揭下压平

▲造纸流程示意图

播文化、促进科学技术的发展作出了巨大的贡献。后来，蔡伦的造纸术陆续传到朝鲜、越南、日本、阿拉伯以及非洲和欧洲，到19世纪，又传到大洋洲，被世界普遍接受。

蔡伦不仅被我国的造纸工人奉为造纸鼻祖"纸神"，还被日本等国的造纸工人尊为祖师，历代奉祀。我国大部分的产纸地区，都有为祭祀蔡伦而建造的庙宇。每年的阴历三月十六日是蔡伦的祭祀纪念日。元朝政府曾经在他的故乡耒阳重修蔡伦庙，蔡伦的墓地陕西洋县也有他的祠庙。

蔡伦发明的纸和造纸术，具有划时代的伟大意义，为人类文明与进步作出了巨大的贡献。它充分显示了中华民族古老悠久的历史和灿烂辉煌的古代科技成就，是中华民族的骄傲。

宦官当政

东汉是中国历史上宦官专权最猖獗的时期之一。

东汉中后期大部分皇帝即位时的年龄都很小，朝政掌握在皇太后手里，皇太后依靠自己的父兄（被称为外戚）来管理朝政，从而形成了外戚专权的局面。皇帝长大后，不甘心做傀儡，想要亲政，夺回大

▲伎乐陶俑　东汉
这组陶俑由六俑组成，表现了一个完整的伎乐表演的场面，形象生动逼真。

权，但满朝文武都是外戚和他们的亲信，自己势单力薄，只好依靠身边伺候自己的人——宦官，宫廷中侍奉皇帝及其家人的人员。

汉和帝即位时只有10岁，实权掌握在窦太后和他的哥哥窦宪手里。朝中重要的职位都被窦家人占据，地方的主要职位也都被窦家的党羽占据。窦家人及其党羽横行不法，百姓深受其害。汉和帝成年后，决心夺回大权。但皇帝身居深宫，只有依靠宦官。永元四年（公元92年），汉和帝派宦官郑众指挥禁军，一举铲除了窦家的势力，夺回大权。郑众因功被封侯，参与朝政。这是东汉宦官专权的开始。从此以后，东汉出现

了外戚和宦官两大集团争权夺利、互相厮杀的局面，东汉的政治日益黑暗。

汉安帝即位时只有 13 岁，实权掌握在汉和帝的皇后邓太后和他的哥哥邓骘手里。邓骘是东汉开国功臣邓禹的孙子，家世显赫，邓家封侯 29 人，公 2 人，大将军 13 人，高官 14 人，列校 22 人，州牧、郡守 48 人，权势熏天。邓太后还提拔士大夫，以求得他们的支持。邓太后去世后，汉安帝和宦官李闰、江京等人杀死邓骘，消灭了邓家势力，夺回大权。李闰、江京等掌握了朝政大权。

汉安帝死后，他的皇后阎氏及其兄长阎显拥立汉朝宗室刘懿为帝，史称汉少帝，阎氏家族掌握了朝政大权，汉少帝不久病死。延光四年（公元 125 年），宦官孙程等 19 个宦官发动政变，一举消灭了阎氏势力。逼太后交出传国玉玺，拥立汉安帝之子 11 岁的刘保为帝，就是汉顺帝，改元"永建"。

汉顺帝刘保为了报答宦官的大恩，封孙程等 19 个宦官为侯，执掌朝政。从此东汉宦官的势力空前膨胀。宦官们不仅操纵朝政，而且还可以将爵位传给养子，甚至取得了举孝廉的权力。东汉政权由外戚阎氏专政变为宦官专权，朝政更加腐败，社会更加黑暗，当时民间有"举秀才，不知书；察孝廉，父别居"的讽刺时政的民谣。

百 戏

百戏是汉朝对音乐、舞蹈、杂技、魔术、角抵戏等表演艺术的统称，起源于民间，是由古老的原始宗教仪式发展而来，秦朝时开始传入宫廷。西汉时，在汉武帝的倡导下，百戏盛极一时。到了东汉，无论是宫廷中的庆典，还是民间节日，尤其是庄园内的宴乐聚会，都少不了百戏表演助兴。百戏表演时往往数百人同台演出，载歌载舞，场面热烈。

汉顺帝死后，梁太后和梁冀先后拥立 2 岁的汉冲帝、8 岁的汉质帝和 15 岁的汉桓帝。梁冀把持朝政，一手遮天，飞扬跋扈。汉质帝对他非常不满，当面说他是跋扈大将军，结果被梁冀派人毒死。

全国各地向皇帝进贡时，供品中最好的都被梁冀挑走，剩下的才送到皇宫里。梁冀霸占民田，建造宅邸庄园，庄园里修建的亭台楼阁竟然和皇宫的一样。他还派人到西域去，购买珍奇异宝。一次，有个人打死了他庄园里的一只兔子，梁冀竟然株连了十几个人，将他们全部杀死。当时，官员升迁都要先到梁冀家向他谢恩，然后再到政府人事部门报到，梁冀还经常杀害与他不和的大臣。

梁冀掌权 20 年，梁家有 7 人被封侯，3 人当上皇后，6 人为贵人，2 人为大将军，担任其他职位的不计其数。

延熹二年（公元 159 年），梁太后死，梁冀杀了汉桓帝宠爱的梁贵人的母亲。汉桓帝忍无可忍，就秘密联络了单超等 5 个与梁冀有仇的宦官，发动宫廷侍卫羽林军 1000 多人，围攻梁冀的住宅，梁冀被迫自杀。梁家的势力被彻底肃清，梁冀提拔的官员 300 多人全部被罢免，一时间朝廷里几乎空了。汉桓帝将梁冀的家财全部没收，竟有 30 亿之多，相当于国家半年的税收！

单超等五人因诛杀梁冀有功，同时被封侯，当时人们称他们为"五侯"，朝政被他们把持。"五侯"和他们的兄弟亲属横行天下，肆意欺压百姓。

公元 189 年，外戚何进密谋铲除宦官集团，不料计划泄露反被宦官所杀。何进的部下袁绍领兵杀进皇宫，杀死宦官 2000 多人。宦官张让等挟持汉少帝逃到黄河边，被追兵赶上，投河自尽。自此，宦官专权的局面结束，但腐朽的宦官集团和外戚集团最终酿成东汉末年的黄巾起义的爆发，导致了东汉王朝的灭亡。

▲陶院落　东汉

这个院落把住宅和防御设施结合了起来，是东汉时期豪强地主武装力量的一种真实反映。

党锢之祸

"五侯"掌权以后，胡作非为，与梁冀相比，有过之而无不及。他们把持朝政，卖官鬻爵，党羽遍布朝廷和各郡县，搞得整个社会一片黑暗。历史上有名的"党锢事件"就在这时发生了。

当时，除了外戚和宦官两大势力集团的相互斗争外，还有第三股力量，即士人集团，主要由名士和太学生组成。这个士人集团当中的名士，是一批士族地主出身的官员，他们对宦官掌权十分不满，主张改革朝政，罢斥宦官；那些太学生，主要出身

▲李膺像

于中小地主阶层，因为社会黑暗腐败，政治前途渺茫，便要求改革。这些人批评朝政，对飞扬跋扈的宦官及其党羽深恶痛绝。

公元 165 年，陈蕃做了太尉，名士李膺做了司隶校尉。他们都是读书做官、操行廉正又看不惯宦官弄权的人，因而太学生都拥护他们。

《熹平石经》

《熹平石经》是中国历史上最早的官定儒家经典刻石，它和魏正始年间所刻《正始石经》，以及唐文宗开成二年（公元 837 年）所刻《开成石经》并列为古代著名的三大石经。汉代独尊儒术之后，朝廷将儒家经文刻制成石头书籍，供学官们正定校勘，作为向太学生讲授的标准经本。《熹平石经》共刻《鲁诗》《尚书》《周易》《春秋》《公羊传》《仪礼》《论语》等 7 经，共计 200910 字，刻制时间从东汉熹平四年（公元 175 年）至光和六年（公元 183 年），一共历时 7 年。制成后立于洛阳太学门前。《熹平石经》主要由蔡邕等人用隶书体写成，是中国书法史上的著名碑刻。

李膺做司隶校尉的职责是纠察京师百官及附近各郡县官吏。有人向他告发大宦官张让的弟弟张朔做县令时，横行不法，虐杀孕妇，事后逃到张让家躲避罪责。李膺打听到张朔藏在张让家空心柱子中，亲率部下直入张让家中，"破柱取朔"，拉出去正法了。

张让马上向汉桓帝哭诉。桓帝知道张朔的确有罪，也没有责备李膺。

李膺执法公正，刚直不阿，轰动了京师，受到士人和百姓的推崇。

过了一年，有一个和宦官来往密切的方士张成，从宦官侯览那里得知朝廷即将颁布大赦令，就纵容自己的儿子杀人。杀人凶手被逮起来，准备法办。就在这时，大赦令下来了。张成得意地对众人说："有大赦诏书，司隶校尉也不能把我儿子怎么样。"这话传到李膺的耳朵里，李膺怒不可遏。他说："张成预先知道大赦，故意叫儿子杀人，这是藐视王法，大赦轮不到他儿子。"就下令把张成的儿子处决了。

张成哪肯罢休，他与宦官侯览、张让一起商量了一个鬼主意，叫张成的弟子牢修向桓帝诬告李膺和太学生，罪状是"结成一党，诽谤朝廷"。

汉桓帝接到牢修的控告，便下令逮捕党人。除了李膺之外，还有杜密、陈翔、陈寔和范滂等200多人，均在党人之列。朝廷出了赏格，通令各地抓捕这些人。李膺和杜密都被关进了监狱。

捉拿人的诏书到达了各郡，各郡的官员都把与党人有牵连的人申报上去，有的多达几百个。

第二年，有个颍川人叫贾彪，自告奋勇到洛阳替党人申冤叫屈，汉桓帝的岳父窦武也上书要求释放党人。李膺在牢里采取以守为攻的办法，故意招出了好些宦官的子弟，说他们也是党人。宦官害怕，就对汉桓帝说："现在天时不正常，应当施行大赦。"汉桓帝对宦官是唯命是从的，马上宣布大赦，把两百多名党人全部释放了。

党人被释放后，宦官不许他们在京城居留，打发他们一律回家，并把他们的名字向各地通报，罚他们一辈子不得做官。历史上称之为"党锢之祸"（"锢"，禁锢之意）。"党锢之祸"实质上缘起于东汉正

▲《熹平石经》 残石

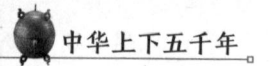

直派与宦官专权之间的斗争，对后代产生了深远影响。

"党锢之祸"发生后不久，汉桓帝死了。窦皇后便和窦武商量，从皇族中找了一个年仅 12 岁的少年即位，这就是汉灵帝。

黄巾起义

汉灵帝昏庸腐败，宠信宦官，只知道吃喝玩乐。国库里的钱耗尽了，他们便在西园开了一个挺特别的铺子，专门用来搜刮钱财。有钱的人可以公开到这里来买官职，买爵位。

▲"苍天乃死"字砖 东汉

字砖中"苍天乃死"四字与黄巾起义的口号不谋而合，起义军因此广泛传布太平道，表达民众推翻汉朝的普遍心愿。

老百姓面对朝廷的腐败，地主豪强的压迫，再加上接二连三的天灾，活不下去了，纷纷起来造反。

巨鹿郡有弟兄三个，老大名叫张角，老二名叫张宝，老三名叫张梁。三个人不仅有本领，还常常帮助老百姓排忧解难。

张角通晓医术，给穷人治病，从来不要钱，深得穷人的拥护。

他知道农民只求安安稳稳地过日子，可眼下受地主豪强的压迫和天灾的折磨，多么盼望有一个太平世界啊！于是，他决定利用宗教把群众组织起来，创立一个教门叫太平道。

随着他和弟子们的传教广泛深入民间，相信太平道的人越来越多。大约花了十年的时间，太平道传遍了全国。各地的教徒发展到几十万人。

张角和其他组织者商议后，把全国八个州几十万教徒都组织起来，分为三十六方，大方有一万多人，小方六七千人，每方选出一个首领，由张角统一指挥。

他们秘密约定三十六方在"甲子"年（公元 184 年）三月初五那天，京城和全国同时举行起义，口号是："苍天已死，黄天当立；岁在甲子，天下大吉。""苍天"，指的是东汉王朝；"黄天"，指的是太平道。张角还派人在洛阳的寺庙和各州郡的官府大门上，用白粉写上"甲子"两字，作为起义的暗号。

可是，在离起义的时间还有一个多月的紧要关头，情况发生了变化，起义军内部出了叛徒，向东汉朝廷告了密。

面对突然变化的形势，张角当机立断，决定提前一个月举事。张角自称天公将军，张宝称为地公将军，张梁称为人公将军。三十六方的起义农民，接到张角的命令后，同时起义。因为起义的农民头上全都裹着黄巾，作为标志，所以称作"黄巾军"。

汉灵帝得到消息后，惊慌失措，忙拜外戚何进为大将军，派出大批军队，由皇甫嵩、卢植率领，兵分两路，前去镇压黄巾军。

然而，各地起义军声势浩大，把官府的军队打得望风而逃。大将军何进不得不请求汉灵帝调集各州郡的力量，让他们各自招募兵丁，对付黄巾军。这么一来，各地的宗室贵族、州郡长官、地主豪强，都借着攻打黄巾军的名义，乘机扩张势力，抢夺地盘，一时间，把整个国家搞得四分五裂。

黄巾军面对东汉朝廷和各地地主豪强的血腥镇压，进行了艰苦顽强的抵抗。在形势极为严峻的关键时刻，黄巾军领袖张角病死。张梁、张宝带领起义军将士继续和官兵进行殊死搏斗，先后在战斗中不幸牺牲。

起义军的主力虽然失败，但是化整为零的黄巾军一直坚持战斗了20年。经过这场大规模起义的严重打击，东汉王朝的腐朽统治，也就奄奄一息了。

董卓之乱

董卓，字仲颖，陇西临洮（今甘肃岷县）人，出身豪强，自幼个性豪爽，武艺高强。董卓少年时曾到羌族居住的地区游历，认识了很多羌族首领。汉桓帝末年，董卓官拜羽林郎。黄巾起义时，朝廷任命董卓为中郎将，镇压黄巾起义，后因军功官居并州（约当今山西大部和内蒙古、河北的一部）刺史，成为割据西北的地方势力。

《九章算术》

《九章算术》成书最迟于东汉前期，共分九章，系统总结了中国自秦汉以来的数学成就。含分数、四则运算和比例计算，还有各种面积、体积的计算方法，以及利用勾股定理进行测量，一次方程、二次方程的解法，开平方、开立方的方法等。书中记载了负数的概念和正负数加减的运算法则，这在世界数学史上还是第一次。书中还涉及几何学的内容。《九章算术》对中国古代数学的发展所产生的影响巨大而深远。它在中国数学史上有很高的地位，同时也影响至世界，被译成多种文字出版发行。

公元189年，外戚何进想铲除宦官，密召董卓带兵进京支援。不料何进的计划泄漏，反被宦官所杀。何进的部下袁绍率兵冲进皇宫，将宦官全部杀死。董卓也随即率兵3000，赶到洛阳。

董卓刚到洛阳，害怕自己兵少众人不服，就命令军队晚上悄悄出城，白天再大张旗鼓地进城，一连几天都是如此。洛阳军民都以为董卓的援军源源不断地赶来，原来何进手下的军队也纷纷投靠董卓，董卓势力大增，掌握了洛阳的军权。

董卓想废汉少帝，立陈留王刘协为帝，自己独掌大权，就找来袁绍商量。袁绍家四世三公，在洛阳的影响力很大，所以董卓想取得他的支持。

董卓对袁绍说："我觉得陈留王刘协比汉少帝有本事，想立他做皇帝，你觉得怎么样？"袁绍说："皇上年纪还不大，又没有什么过失，废了恐怕天下人不服啊。"

董卓生气地说："我现在大权在握，想干什么就干什么，谁能把我怎样？"袁绍一听也生气了，手握刀柄说："你以为天下的英雄好汉就你一个人吗？"说完将官帽丢在地上，转身而走。袁绍逃出洛阳，回到河北老家，组织军队，准备讨伐董卓。

袁绍走后，董卓觉得京城里再也没有对手了，立即废掉了汉少帝，立陈留王刘协为帝，就是汉献帝，自封为相国，掌握了朝政大权。

董卓废掉汉少帝，大臣们都敢怒不敢言，只有负责京城治安的执金吾丁原表示反对。董卓派人用大量的金银财宝贿赂丁原的部将吕布，吕布是个没有道德操守的小人，立即杀死了丁原投靠了董卓。这样一来，大臣们再也没人敢反对董卓了。董卓得意扬扬，开始为所欲为。

▲牵马俑　东汉晚期

董卓纵容士兵大肆烧杀抢掠，搞得京城洛阳人人自危。一次，董卓的军队来到洛阳东南的阳城县，正遇到老百姓在祭祀土地神，董卓竟然命令军队冲上去把男人全部杀死，割下头颅挂在车上，然后把妇女财物装上车，高唱凯歌，好像打了胜仗一样，浩浩荡荡地回到洛阳。董卓对洛阳的百姓谎称是剿匪胜利，烧掉人头，把掠夺来的妇女分给士兵。

董卓下令逮捕洛阳的有钱人，随便安个罪名后就处死，然后没收他们的财产。当时人们使用的是五铢钱，董卓下令改用小钱，并融掉铜人、铜像，大量铸钱，导致钱贱物贵，物价暴涨，人民生活困苦不堪。董卓还让部下列出洛阳从官员到百姓，凡是不孝顺父母的、不尊重长官的、不尊敬兄长的人和贪官污吏的名单，把他们抓来审判并处死，财产充公。在审判过程中，董卓的部下不分青红皂白，大肆屠杀，老百姓噤若寒蝉。

董卓的倒行逆施，激起了各地郡守、刺史们的强烈不满。他们推举袁绍为盟主，联合起来讨伐董卓。

董卓惊恐万分，决定将首都迁到长安（今陕西西安），但遭到了大臣们的反对。董卓大怒，命令军队放火烧掉了洛阳的宫殿、官府和民宅，一时间，繁华的洛阳变成了一片废墟。他又命令军队像驱赶牲口一样把洛阳的老百姓驱赶到长安，一路上老百姓冻死的、饿死的、被打死的不计其数。董卓还命令吕布挖掘历代汉朝皇帝和官员的陵墓，盗走陪葬物品。

到了长安后，董卓又自封为太师，更加肆无忌惮。他在长安附近的郿县（今陕西眉县）修建了一座碉堡，叫郿坞，里面贮存的粮食可供30年，还有不计其数的金银珠宝。他得意扬扬地说:"成功了我可以称霸天下,失败了我就躲进郿坞里去。"

　　吕布因为和董卓的侍婢私通,担心董卓发觉,很是不安。司徒王允就鼓动他杀了董卓,随后派兵攻入郿坞,杀死董卓全家。长安人民听说董卓死了,欣喜若狂,纷纷买酒买肉庆祝,将他的尸体烧成灰,撒在道路上踩踏泄愤。

　　董卓死后,他的部下李催、郭汜打着为董卓报仇的旗号,攻打长安的吕布。吕布抵挡不住,出城逃走,王允被杀。不久李催、郭汜之间又发生内讧,互相攻打,结果令曾经最繁华的关中地区人口几乎死绝。

离析与交融

王允除董卓

董卓到了长安后，就自称太师，要汉献帝尊称他为"尚父"。

他看到朝廷里的大臣们人心涣散，对他没有什么威胁，也就寻欢作乐起来了。他在离长安二百多里的地方，建筑了一个城堡，称作郿坞。郿坞的城墙修得又高又厚，他把从百姓那里搜刮得来的金银财宝和粮食都贮藏在那里，单说粮食一项，30年也吃不完。

郿坞筑成以后，董卓得意地对人说："如果大事能成，天下就是我的；如果大事不成，我就在这里安安稳稳度晚年，谁也打不进来。"

董卓有一个心腹，名叫吕布，勇力过人。董卓把吕布收作干儿子，叫吕布随身保护他。他走到哪里，吕布就跟到哪儿。吕布的力气特别大，射箭骑马的武艺，十分高强。那些想刺杀董卓的人，因为害怕吕布的勇猛，就不敢动手了。

司徒王允想除掉董卓。他知道要除掉董卓，必须先打吕布的主意。于是，他就常常请吕布到他家里，一起喝酒聊天。日子久了，吕布觉得王允待他好，也就把他跟董卓的事情向王允透露一些。

原来，董卓性格暴躁，稍不如他的意，就不顾父子关系，向吕布发火。有一次，吕布无意中冲撞了他，董卓竟将身边的戟朝吕布掷去。幸亏吕布眼疾手快，侧身躲过了飞来的戟，没有被刺着。为此，吕布心里很不痛快。

▲连环计　年画
本图绘王允利用貂蝉来离间董卓和吕布，从而达到诛杀董卓的目的。

王允听了吕布的话，心里挺高兴，就把自己想杀董卓的打算告诉了吕布。

吕布答应跟王允一起干。

公元192年，汉献帝生了一场病，身体痊愈后，在未央宫接见大臣。董卓得到通报从郿坞到长安去。为了提防有人刺杀他，他在朝服里面穿上铁甲，在乘车进宫的大路两旁，派卫兵密密麻麻地排成一条夹道护卫。他还叫吕布带着长矛在身后保卫他。他认为经过这样安排，就万无一失了。

殊不知，王允和吕布早已设好计策。吕布安插了几个心腹勇士扮作卫士混在队伍里，专门在宫门口等候。董卓的坐车刚一进宫门，就有人拿起戟向董卓的胸口刺去。但是戟扎在董卓胸前铁甲上，竟然刺不进去。

吕布见此情景，立即举起长矛，一下子戳穿了董卓的喉头。随即，吕布从怀里拿出诏书向大家宣布："皇上有令，只杀董卓，别的人一概不追究。"董卓的将士们听了，都高兴地呼喊万岁。

长安的百姓听到奸贼董卓死了，欢声雷动，举杯相庆。可是，过了不久，董卓的部将李催、郭汜攻入长安，杀死了王允，赶走了吕布，长安又陷入混乱动荡之中。

迁都许城

东汉王朝经历了董卓之乱后，已经名存实亡，各地州郡割据一方，官僚、豪强趁机争城夺地，形成了大大小小的割据势力。

经过几年的苦心经营，曹操的势力渐渐壮大。他打败了攻进兖州（今山东省西南部和河南省东部）的黄巾军，在兖州建立了一个据点。他还将黄巾军的降兵补充到自己的军队中，扩大了武装。后来，他又打败了陶谦和吕布，成为一个强大的割据势力。

公元 195 年，长安的李催和郭汜发生火并，互相攻伐。在这种情况下，外戚董承和一批大臣带着献帝逃出长安，回到洛阳。这时的洛阳宫殿，早已被董卓烧光了，到处是瓦砾碎石、残垣断壁、荆棘野草。汉献帝到了洛阳，没有宫殿，就住在一个官员的破旧住房里。一些文武官员，没有地方住，只好搭个简陋的草棚，遮风避雨。这些还不算，最大的难处是没有足够的粮食充饥。

这时候，曹操正驻兵在许城（今河南许昌），听到这个消息，就和手下的谋士商量，把汉献帝迎过去。随后，他派出曹洪带领一支人马到洛阳去迎接汉献帝。

董承等大臣怀疑曹操另有图谋，发兵阻拦曹洪的人马。后来，曹操亲自到了洛阳，向他们说明：许城有粮食，但是不便运输到洛阳来，只好请皇上和大臣们暂时迁到那里，免得在洛阳受冻挨饿。

汉献帝和大臣一听许城有粮食，都赞同了迁都的建议。

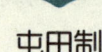

屯田制

屯田亦称屯垦，是历代封建王朝组织劳动者在官地上进行开垦耕作的农业生产组织形式。主要采取军屯和民屯两种形式。军屯即以军事组织形式由士兵及其家属进行垦种，民屯则以民户为主体进行有组织之屯垦，其中也有利用犯人者。此外，明代还有商屯。民屯、军屯均始于汉代。西汉文帝、武帝、宣帝时都组织过屯田，有民屯，也有军屯。东汉末，曹操组织的屯田为民屯，取得了显著效果。其后，历代多沿此制，唐以后又称营田，元、明、清一般仍称屯田。各代均设专门机构管理之，具体名称、制度或有不同。

公元196年，曹操把汉献帝迎到了许城，从那时起，许城成了东汉临时的都城，因此改称为许都。

曹操在许都给汉献帝修建了宫殿，献帝便正式上朝了。曹操自封为大将军，从此以后，曹操以汉献帝的名义向各地州郡豪强发号施令。

但是日子一久，由于要为大批官员和军队供应粮食，许都的粮食也发生困难了。经过十年混乱，到处都在闹饥荒。如果粮食问题不解决，大家也无法在许都待下去了。

有个叫枣祗的官员向曹操提出一个办法，叫作"屯田"。他建议曹操把流亡的农民召集到许都郊外开垦荒地，农具和牲口由官府提供。每年收割的粮食，官府和农民平分。

曹操接受了枣祗的建议，下令实行屯田。不久，许都附近的荒地就开垦出来了。一年下来，原来荒芜的土地获得了丰收。

曹操用皇帝的名义号令天下诸侯，又采用屯田的办法，解决了军粮供应问题，还吸收了荀彧、郭嘉等一批有才能的谋士，也就奠定了成就霸业的基础。

煮酒论英雄

曹操把汉献帝迎到许都的这一年，徐州牧刘备前来投奔他。那时，刘备驻守的徐州被袁术和吕布联军夺去了。

刘备是河北涿郡（今河北涿州）人，是西汉皇室的宗亲。他从小死了父亲，家境败落，跟他母亲一起靠贩鞋织席过日子。他对读书不太感兴趣，却喜欢结交豪杰。有两个贩马的大商人经过涿郡，很赏识刘备的气度，就出钱帮助他招兵买马。

当时，到涿郡应募的有两个壮士，一个名叫关羽，一个名叫张飞。这两人武艺高强，又跟刘备志同道合，日子一久，三个人的感情真比亲兄弟还密切。后来，三人就结拜为把兄弟。

刘备投奔曹操以后，曹操和刘备一起去攻打吕布。吕布兵败被杀。回到许都后，曹操请汉献帝封刘备为左将军，并且非常尊重刘备，走到哪儿，都要刘备陪在他身边。

这时候，汉献帝觉得曹操的权力太大了，又很专横，便要外戚董承设法除掉曹操。他写了一道密诏缝在衣带里，又把这条衣带送给董承。

董承接到密诏，就秘密地找来几个亲信，商量如何除掉曹操。他们觉得自己力量不够，认为刘备是皇室的后代，一定会帮助他们，就秘密与刘备联络。刘备果然同意了。

▲错金铁书刀　东汉

1957年出土于四川省成都市天回山。长18.5厘米，宽1.5厘米。中国在未发明纸以前，用竹木简来写字，因而需要一种修制简牍的小刀，汉代称为"书刀"。起先是用青铜制的，后来改用铁制，汉代即用铁制的。东汉时尤重书刀，书刀已成为随身携带之物。当时书刀中最讲究的一种叫"金马书刀"，是在刀上用金丝嵌出马形，并刻工名。"金马书刀"是四川广汉都工官所特制。这把书刀也是广汉工官所作，但上面的错金图像不是马形，而是鸟形。

此后过了不久，曹操邀请刘备去喝酒。两个人一面喝酒，一面说笑，谈得很投机。他们谈着谈着，很自然地谈到天下大事上来了。

曹操拿起酒杯，说："您看当今天下，有几个人能算得上英雄呢？"

刘备谦虚地说："我说不清楚。"

曹操笑着对刘备说："我看啊，当今的天下英雄，只有将军和我曹操两个人。"

刘备心里想着跟董承同谋的事，正感觉不安，听到曹操这句话，大吃一惊，身子打了一个寒战，手里的筷子掉在了地上。

正巧在这时，天边闪过一道电光，接着就响起一声惊雷。刘备一面俯下身子捡筷子，一面说："这个响雷真厉害，把人吓成这个样子。"

刘备从曹操府中出来，总觉得曹操这样评价自己，将来会丢了性命，便等待机会离开许都。

事也凑巧，袁绍派他儿子到青州去接应袁术，要路过徐州。曹操认为刘备熟悉那一带的情况，就派他去截击袁术。

刘备一接到曹操命令，就赶紧和关羽、张飞带着人马走了。

刘备打败了袁术，夺取了徐州，决定不回许都去了。

到了第二年春天，董承和刘备在许都合谋反对曹操的事败露了。曹操把董承和他的三个心腹都杀了，并且亲自发兵征讨刘备。

刘备听说曹操亲自带领大军进攻徐州，慌忙派人向袁绍求救，袁绍手下的谋士田丰劝袁绍乘许都兵力空虚的时候偷袭曹操，袁绍没有听从。

曹操大军进攻徐州，刘备兵少将寡，很快就抵挡不住，最后只好放弃徐州，投奔冀州的袁绍。

官渡之战

袁绍看到刘备兵败后，才感到曹操是个强大的敌人，决心进攻许都。

公元200年，袁绍调集了十万精兵，派沮授为监军，从邺城（冀州的治所，在今河北临漳西南）出发，进兵黎阳（今河南浚县）。他先派大将颜良渡过黄河，进攻白马（今河南滑县）。

曹操采纳荀攸的意见，把一部分人马带到延津（今河南延津西北）一带假装渡河，吸引袁军主力。然后派出一支轻骑兵突袭白马。袁绍听说曹操要在延津渡河，果然派大军来堵截。哪儿知道曹操已经亲自带领一支轻骑兵袭击白马去了。包围白马的袁军大将颜良被打个措手不及。颜良死在乱军之中，他的部下全都溃散了，白马之围也解除了。

袁绍得知曹操救了白马，气得哇哇大叫。下令全军渡河追击曹军，并且派大将文丑率领五六千骑兵打先锋。

文丑的骑兵赶到南坡，看见曹兵的武器盔甲丢得满地都是，认为曹军已经逃远了，叫兵士收拾那丢在地上的武器。早已埋伏好的六百名曹兵一齐冲杀出来。袁军一下被杀得七零八落。文丑也糊里糊涂地丢了脑袋。

一连打了两场败仗，损失了手下的颜良、文丑两员大将的袁绍哪肯就此罢休，他带领十万大军，猛追曹操。一直追到官渡，才扎下营寨。曹操的人马也在官渡布置好阵势。

双方在官渡相持了一个多月，曹军粮食越来越少，兵士也疲惫不堪，眼看就要坚持不下去了。

东汉募兵制

东汉时光武帝刘秀改革兵制，中央禁军多采取招募，地方郡县不设常备军，废除都试制度。遇到战事，临时招募士卒组成军队，将原来的西汉时期的征兵制改为募兵制。募兵制是当有战事时，以雇佣的形式招募士卒的一种兵役制度，最早形成于战国时代，比如魏国的"武卒"。西汉时也曾招募一些身强力壮、武艺高强的勇士组成精锐部队，但是不带有普遍性。

东汉募兵的来源主要有农民、商人和少数民族。主要方法有使用钱财、免除赋役和强抓壮丁等。由于募兵是临时招募的士兵，缺乏军事训练，战斗力很差，导致"是以每战常负，王旅不振"。募兵制的盛行，加重了国家财政负担，使一批农民长期脱离土地，影响了农业生产。应募者对将领有严重的人身依附关系，逐渐演变为私人部队，造成地方势力膨胀，成为军阀割据的重要原因之一。

袁绍的谋士许攸根据曹操缺粮的情况，向袁绍献计，劝袁绍派出一小支人马，绕过官渡，偷袭许都。袁绍很冷淡地拒绝了他的建议。

许攸在袁绍手下郁郁不得志，想起曹操是他的老朋友，就连夜投奔了曹操。

曹操在大营里刚脱下靴子，正想入睡，听说许攸来投奔他，高兴得顾不上穿靴子，光着脚板跑出来迎接许攸。他一见许攸的面便说："您来了，真是太好了！我的大事有希望了。"

许攸说："我知道您的情况很危急，特地来给您透露个消息。现在袁绍有一万多车粮食、军械，全都在乌巢放着。那里的守将是淳于琼，他的防备很松。您只要带一支轻骑兵去袭击，把他的粮草全部烧光，三天之内，袁兵就会不战自败。"

曹操得到这个重要情报后，立刻布置好官渡大营防守，自己带领五千骑兵，连夜向乌巢进发。他们打着袁军的旗号，对沿路遇到袁军的岗哨说，他们是袁绍派去增援乌巢的。

曹军顺利地到了乌巢，放起一把火，把一万车粮食，烧了个一干二净。乌巢的守将淳于琼匆忙应战，也被曹军杀了。

正在官渡的袁军将士听说乌巢的粮草被烧光，都惊慌失措。袁绍手下的两员大将张郃、高览也带兵投降了曹操。曹军乘势猛攻，袁军顿时一败涂地。袁绍和他的儿子袁谭如丧家之犬，向北逃走，身边只剩下八百多骑兵。

经过这场大战，袁绍的主力损失殆尽。袁绍也在两年后病死了。尔后，曹操又花了七年的时间，消灭了袁绍的残余势力，统一了北方。

孙策入主江东

正当曹操经营北方的统一大业时，南方有一支割据势力渐渐壮大起来，这支队伍的首领就是入主江东（今长江下游的江南地区）的孙策、孙权两兄弟。

孙策，字伯符，吴郡富春（今浙江富阳）人，出生于当地一个名家大族。他的父亲孙坚因镇压农民起义有功，朝廷封他为长沙太守。

孙坚后来又参加了讨伐董卓的联军。他到鲁阳（今河南鲁山县）时遇上袁术，被袁术封为破虏将军。在袁术和刘表争夺荆州的战斗中，孙坚打先锋，击败了刘表的大将黄祖，孙坚乘胜追击。不料，在追击途中被黄祖手下一名躲藏在树丛中的士兵用暗箭射死。

孙坚死后，长子孙策接替他的职务，统领部队，继续在袁术手下供职。孙策打起仗来勇猛异常，总是一马当先，当时人们都称他为"孙郎"。

▲南京古石头城遗址

这里古为长江故道，江涛逼城，形势险峻。东汉末，孙权依山傍江筑石头城，作为军事堡垒。所谓。"石城虎踞"指的就是这里。

孙策想继承父志，干一番大事业，但总感到在袁术手下难以施展自己的抱负。于是千方百计寻找机会脱离袁术，另寻出路。正巧孙策的舅舅、江东太守吴景，这时被扬州刺史刘繇赶出丹阳，孙策便向袁术请求，去平定江东，替舅舅报仇。

孙策带领袁术拨给他的一千人马到江东去，以此来开辟自己的地盘，他一路上招募兵士，从寿春到达历阳（今安徽和县）时，已招募了五六千人。这时，孙策少年时的好朋友周瑜正在丹阳探亲，听说孙策出兵，就带领一队人马前来接应，帮助他补充了粮食和其他物资。这样，孙策进一步充实了自己的力量，而且增加了一个得力助手。

孙策带领军队，渡过长江，先后几次打败刘繇的军队，最后把刘繇从丹阳赶走，还攻下了吴郡和会稽郡，同时控制了江东大部分地区。

孙策到江东后，军纪严明，不许士兵抢掠百姓财物、侵害百姓利益，深得江东百姓的欢迎。

孙策平时爱好打猎。有一天，他追赶一头鹿，一直追到江边，他的马快，跟从他的人都被远远地甩在后面。这时，原吴郡太守许贡的三个门客正好守在江边。孙策在攻下吴郡时，杀了太守许贡，因此，许贡的门客一直在寻找机会替许贡报仇。他们见机会来了，便一齐向孙策突发冷箭。孙策的面颊中了一箭。

孙策的病情很快恶化，他自知好不了了，便把张昭等谋士请来，对他们说："我们现在依靠吴、越地区的人力资源，长江的险固，可以干一番事业，请你们好好辅佐我的弟弟。"

他又把孙权叫到面前，把自己的官印和系印丝带交给他，说："带领江东的人马，在战场上一决胜负，和天下人争英雄，你不如我；推举和任用贤能的人，使他们尽心竭力，保住现在的江东，我不如你。"当晚，这位纵横江东的"孙郎"便死去了。

孙策死后，弟弟孙权接替他的职务，掌管大权。在张昭和周瑜的帮助下，年仅十九岁的孙权，继承父兄业绩，担负起巩固发展江东的重任。

刘备入川

赤壁之战以后，周瑜把曹操的人马从荆州赶了出去。在荆州的归属问题上，孙、刘两家发生了分歧。刘备认为，荆州本来是刘表的地盘，他和刘表是本家，刘表不在了，荆州理应由他接管；孙权则认为，荆州是靠东吴的力量打下来的，应该归东吴。后来，周瑜只把长江南岸的土地交给了刘备。刘备认为分给他的土地太少了，很不满意。不久，周瑜病死，鲁肃从战略的角度考虑，认为把荆州借给刘备，可以让他抵挡北方的曹操，东吴便可以借机整顿兵马，图谋大业。为此，他劝说孙权把荆州借给刘备。

借人家地方总不是长远之计，刘备按照诸葛亮的计划，打算向益州发展。正好在这个时候，益州的刘璋派人请刘备入川。

原来，益州牧刘璋手下有两个谋士，一个叫法正，另一个叫张松。两人私交很深，都是很有才能的人。他们认为刘璋是无能之辈，在他手下做事没有出息，想谋个出路。

法正来到荆州后，刘备殷勤地接待了他，同他一起谈论天下形势，谈得十分融洽。

法正回到益州后，就和张松秘密商议，想把刘备接到益州，让他做益州的主人。

过了不久，曹操打算夺取汉中（今陕西汉中市东）。这样一来，益州就受到了威胁。张松趁机劝刘璋请刘备来守汉中。刘璋便派法正带了4000人马到荆州去迎接刘备。

刘备见到法正后，对于是否入川还有点犹豫。那时候，庞统已经当了刘备的军师，他坚决主张刘备到益州去。

刘备听从了法正、庞统的劝说，让诸葛亮、关羽留守荆州，自己亲率人马到益州去。

▲让成都 版画

后来，张松做内应的事泄露了。刘璋杀了张松，布置人马准备抵抗刘备。

刘备带领人马攻打到雒城（今四川广汉北）时，受到雒城守军的顽强抵抗，足足打了一年才攻下来，庞统也在战斗中中箭而亡。随后，刘备向成都进攻，诸葛亮也带兵从荆州赶来会师。刘璋坚持不住，只好投降了。

公元214年，刘备进入成都，自称益州牧。他认为法正对这次攻进益州立了大功，便把他封为蜀郡太守，致使整个成都都归法正管辖。

诸葛亮帮助刘备治理益州，执法严明，不讲私情，当地有些豪门大族都在背地里吐露怨气。

法正劝告诸葛亮说："从前汉高祖进关，约法三章，废除了秦朝的许多刑罚，百姓都拥护他。您现在刚来到这里，似乎也应该宽容些，这样才合大家心意。"

诸葛亮说："您知道的并不全面。秦朝刑法严酷，百姓怨声载道，高祖废除秦法，约法三章，正是顺了民心。现在的情况与那时完全不同。刘璋平时软弱平庸，法令松弛，蜀地的官吏横行不法。现在我要是不注重法令，地方上是很难安定下来的啊。"

法正听了这番话，对诸葛亮十分佩服。

七步成诗

建安二十五年（公元220年），66岁的曹操病死在洛阳。曹操死后，其子曹丕继袭他的魏王和丞相位，掌握朝廷大权。这时，有人告发他的

▲洛神图　清　萧晨

《洛神赋》描写与洛神的一段悲欢离合的爱情故事，始则极意描画洛神轻盈的风仪，柔美的体态，艳丽的容貌与服饰，娴雅文静而又妩媚缠绵的情致，继而则述彼此倾心爱慕之情，终以人神道殊，终不得交接而离绝，表达对理想的追慕和失望的哀愁。此图描写洛神凌波微步，高标玉洁，仪态万方，为众多洛神图中的佳作。

弟弟、临淄侯曹植经常喝酒骂人，还扣押了他派去的使者。曹丕便立即派人到临淄把曹植押回邺城审问。

曹丕和曹植都是曹操的妻子卞后生的。曹植是曹操的次子，从小聪明过人，十几岁的时候，就读了不少书，写的文章很出色。

曹操在征战之余，很喜欢文学，也赏识文学之士。他见曹植文章出众，开始怀疑是别人代写的，试了曹植几次，果然觉得他才华出众，品格质朴，因此对他特别宠爱，多次想把他封为王太子，但很多大臣坚决反对，才未决定下来。

曹丕怕自己地位不稳，也想方设法讨曹操喜欢。有一次，曹操出兵打仗，曹丕、曹植一同去送行。临别的时候，曹植当场念了一段颂扬曹操功德的文章，得到大家的赞赏。有人悄悄对曹丕说："大王要离开了，你只要表示伤心就是了。"曹丕果然在与曹操告别时抹起了眼泪。曹操很受感动，也掉下泪来。

曹操在世时，曹丕曾利用弟弟好酒贪杯的弱点，几次设计让弟弟出丑，损害父亲对弟弟的信任。曹丕做魏王后，对曹植依旧嫉恨在心。这一回，就抓住了机会，要处曹植死罪。

卞太后得知消息，急得不得了，赶忙在曹丕面前给曹植求情，要他看在同胞兄弟的份儿上，对曹植从宽处理。

曹丕不能不依从母亲的话。再说，为了一点小事杀了兄弟，也不是体面的事，就把曹植的临淄侯爵位撤了，降为一个比较低的爵位。然后，曹丕把曹植召来，要他在走完七步的时间里作出一首诗。如果作得出，就免他的死罪。

曹植略微思索一下后，就迈开步子，边走边念出一首诗：

煮豆持作羹，

漉菽以为汁，

萁在釜下燃，

豆在釜中泣。

本自同根生，

相煎何太急。

曹丕听后，也觉得自己对弟弟逼得太狠，感到有些惭愧，就免去了曹植的死罪，把他遣回封地。最后，曹植在一个远离京城的小郡忧郁而死。

就在曹丕做了魏王的这一年秋天，他的亲信联名上书，劝汉献帝让位给魏王。汉献帝做了30多年的挂名皇帝，接到大臣上书后，就让了位，曹丕封他为山阳公。曹丕的亲信大臣还隆重举行了一个"推位让国"的禅让仪式。

公元220年，曹丕称帝，建立魏朝，就是魏文帝。东汉王朝到此正式结束了。

火烧连营

蜀汉得知曹丕称帝的消息后，大臣们便拥立刘备承继汉家帝位。公元221年，汉中王刘备正式在成都即皇位，这就是汉昭烈帝。

由于孙权重用吕蒙，用计袭取了荆州，杀了关羽，使得蜀汉和东吴的矛盾越来越激化。刘备即位之后，便调集75万大军，以替关羽复仇为名，进攻东吴。刘备出兵前，张飞的部将叛变，杀了张飞投奔东吴。刘备旧恨未报又添新仇，报仇心切的他命令大军急进。蜀军先锋吴班、冯习很快攻占巫县（今重庆巫山）、秭归（今湖北秭归）。

东吴君臣吓得要命，赶紧派使者向刘备求和，但都没有效果。孙权正在着急的时候，大臣阚泽以全家担保举荐陆逊为统帅。于是孙权封镇西将军陆逊为大都督，赐给他宝剑印绶，带领五万人马抵御蜀军。

第二年正月，刘备到了秭归。蜀军水陆并进，直抵夷陵（今湖北宜昌东南）。刘备率领主力，进驻猇亭（今湖北宜都北）。他在长江南岸，沿路扎下营寨，水军也弃舟登陆。从巫峡到夷陵的六七百里山地上，蜀军一连设置了几十处兵营，声势非常浩大。

陆逊看到蜀军士气旺盛，又占据了有利地形，很难攻打，就坚守不出。这时，东吴的安东中郎将孙桓被蜀军包围在夷道（今湖北宜都西北），派人向陆逊求救。陆逊手下的将领，也纷纷要求派兵救援。陆逊对大家说："孙桓很得军心，夷道城池牢固，粮草也很充足，不必忧虑，等我的计谋实现以后，孙桓就自然解围了。"

东吴众将见陆逊既不肯攻击蜀军，又不肯救援孙桓，认为他胆小怕打仗，都在背地里愤愤不平。

刘备在夷陵受阻，从这年（公元 222 年）一月到六月，一直找不到决战的机会。他为了引诱吴军出战，命令吴班带领几千人马，到平地上扎营，摆出挑战的架势。事先在附近山谷里埋伏了八千精兵，等候吴军。东吴众将以为机会来了，都想出击。陆逊阻止说："蜀兵在平地里扎营的兵士虽然少，可是周围山谷里一定有伏兵。我们不能上这个当，看看再说。"刘备见陆逊不上当，便把埋伏在山谷中的伏兵撤出。这一来，东吴诸将都佩服陆逊了。

陆逊通过观察，心中已经有数了，于是决定进行反击。陆逊先派一支军队试攻蜀军一处兵营。这一仗，吴军虽然打败了，但陆逊却找到了进攻蜀军的办法。

接着，陆逊命士兵每人拿着一把茅草冲入蜀营，顺风点火，发动火攻。那天晚上，风刮得很大，蜀军的营寨都是连在一起的，一个营起火，便延烧到另一个营。顿时，蜀军的营寨陷入了一片火海之中。陆逊率领大军，乘机反攻，一连攻破蜀军四十余座营寨，杀死蜀将张南、冯习等人。蜀军纷纷逃命，包围夷道的蜀军也都溃逃了。

刘备逃到夷陵西北的马鞍山。陆逊督促大军四面围攻，又杀死蜀军一万多人。刘备乘夜冲出重围，逃归白帝城（今重庆奉节东）。

这一场大战，蜀军几乎全军覆没，军用物资也全被吴军缴获。历史上把这场战争"夷陵之战"，又称为"猇亭之战"。

七擒孟获

刘备兵败后，在永安（今重庆奉节）一病不起，病势越来越重。他把诸葛亮从成都召到永安，托付了后事。过了几天，刘备就死了。

刘备死后，诸葛亮回到成都，扶助刘禅继承了帝位。

后主刘禅继位之后不久，南蛮王孟获便带领十万蛮兵，不断侵掠蜀国边境。公元225年，诸葛亮亲自带领55万人马前去征讨。以赵云、魏延为大将，长驱直入攻向南中。

▲诸葛亮像

南蛮王孟获，听说蜀兵南下就带兵迎战，远远看见蜀兵队伍交错、旗帜杂乱，心里就想："人们都说诸葛丞相用兵如神，看来言过其实了。"孟获冲出阵去，蜀将王平迎战。没有几个回合，王平回头就跑，孟获放胆追杀，一口气就追赶了20多里。忽然四下里杀声震天，蜀军冲杀了出来，左有张嶷，右有张翼，截断了退路。南兵大败，孟获死命冲出重围。然而前边路狭山陡，后边追兵渐近，孟获只得丢下马匹爬山；紧跟着又是一阵鼓声，埋伏在这里的魏延带领500人冲杀了出来，结果活捉了孟获。

孟获被押到大帐里，诸葛亮问："现在你被活捉了，有何话说？"孟获说："我是因为山路狭陡才被捉住的。"诸葛亮道："你要是不服气，我放你回去如何？"孟获答得倒也干脆："你要是放了我，我重整兵马，和你决一雌雄，那时再当了俘虏，我就服了。"诸葛亮立即让人给孟获解开绑绳，放他回去。

孟获回寨以后，派他手下的两个曾被俘虏后又放回的洞主出战，但他们又打了败仗。孟获说他俩是故意用败阵来报答诸葛亮，把他们痛打了100军棍。这两人一怒之下，带了100多个放回的南兵，冲进孟获的营帐，

三教九流

"三教"的说法起自三国时代，指的是儒、释、道三种教派。儒，属孔子所创，并非宗教，而汉儒为了抬高孔子的地位，把儒家学说渲染得像宗教一样，就被人们看作宗教了。释，指东汉时传入中国的佛教，因其为印度释迦牟尼所创而简称为释。道，是东汉时创立的一种宗教，讲究炼丹修道，寻求长生不老之法。

"九流"的说法，最早见于《汉书·艺文志》，指的是春秋战国时代的儒、墨、道、法、杂、农、阴阳、纵横等学术流派。"九流"又分为"上九流""中九流""下九流"。"上九流"是：帝王、圣贤、隐士、童仙、文人、武士、农、工、商。"中九流"是：举子、医生、相命、丹青（卖画人）、书生、琴棋、僧、道、尼。"下九流"是：师爷、衙差、升秤（秤手）、媒婆、走卒、时妖（行拐骗之人及巫婆）、盗、窃、娼。

随着时间的推移，有时人们又把它作为贬义词，泛指那些在江湖上从事各种行当的人。

把喝醉了的孟获绑了起来，献给了诸葛亮。诸葛亮笑着对孟获说："你曾经说过，再当俘虏就服了，现在还有什么话说？"孟获振振有词地说："这不是你的能耐，是我手下人自相残杀，这怎么能让我心服呢？"诸葛亮见他不服，就又放了他。就这样捉了放，放了捉，前后捉了孟获七次。

到了第七次擒住孟获时，诸葛亮也不和孟获说话，只是给他解了绑，送到邻帐饮酒压惊，然后派人对孟获说："丞相不好意思见你了，让我放你回去，准备再战。"孟获听了这话，流下了眼泪，他对左右说："丞相七擒七纵，从古至今没有发生过这样的事情。可以说，丞相待我仁至义尽了，我要是再不感谢丞相的恩德，可就太没有羞耻了。"说完来到诸葛亮面前，跪倒在地上说："丞相天威，南人永远不再造反了。"诸葛亮当场封孟获永远为南人洞主，蜀兵占领之地，全部退还。孟获及家人感恩不尽，欢天喜地地回去了，诸葛亮便率领大军回到成都。从那以后，诸葛亮解除了后顾之忧，一心一意为北伐中原做准备。

秋风五丈原

吴王孙权在曹丕、刘备先后称帝后，于公元229年四月，正式称帝。蜀汉的一些大臣认为孙权称帝是僭位，要求马上同东吴断绝往来。诸葛亮力排众议，认为蜀汉目前的主要敌人是魏国，应继续保持和东吴的联盟，攻伐魏国。

公元231年，诸葛亮第四次北伐魏国，出兵祁山。魏国派大将司马懿和张郃等一起率领人马开赴祁山。诸葛亮把一部分将士留在祁山，自己率领主力进攻司马懿。

司马懿知道诸葛亮孤军深入，带的军粮也不多，就在险要的地方筑好营垒，坚守不出。后来，魏军将领一再请求出战，并用话来讥刺司马懿。司马懿只好与诸葛亮打了一仗，结果被蜀军打得溃不成军。

诸葛亮几次出兵，往往因为粮食供应不上而退兵，这次又是如此。他接受了这个教训，设计了两种运输工具，叫作"木牛""流马"（两种经过改革的小车），用它们把粮食运到斜谷口（在今陕西眉县西南）囤积起来。

公元234年，诸葛亮做好充分准备后，带领十万大军北伐魏国。他派使者到东吴，约孙权同时对魏国发起进攻，两面夹击魏国。

诸葛亮大军出了斜谷口，在渭水南岸的五丈原构筑营垒，准备长期作战；另派一部分兵士在五丈原屯田，跟当地老百姓一起耕种。魏明帝派司马懿率领魏军渡过渭水，也筑起营垒防守，和蜀军对峙起来。

孙权接到诸葛亮的信，马上派出三路大军进攻魏国。魏

▲成都武侯祠

明帝一面亲自率领大军开赴南面抵挡东吴的进攻；一面命令司马懿只许在五丈原坚守，不准出战。

诸葛亮焦急地等待东吴进兵的战况，但是结果令他很失望：孙权的进攻以失败而告终。他想跟魏军决战，但是司马懿始终固守营垒，任凭诸葛亮怎样骂阵，就是坚守不出。双方在那里相持了100多天。

诸葛亮在猜测司马懿的心理，司马懿也在探听诸葛亮的情况。有一回，诸葛亮派使者去魏营挑战，司马懿为了了解情况，假意殷勤地接待使者，跟使者聊天，问道："你们丞相公事一定很忙吧，近来身体还好吧！"使者觉得司马懿问的都是些无关大局的话，也就老实回答说："丞相的确很忙，军营里大小事情都亲自过问。他每天早早起来，很晚才睡。只是近来胃口不好，吃得很少。"

玄学兴起

玄学就是玄虚之学，强调"以无为本"，主张"无为"和"自然"。玄学家们将《老子》《庄子》和《周易》称为"三玄"，所以说玄学糅合了儒道两家的思想。魏晋之际，朝廷权力斗争激烈，士族知识分子为了明哲保身，整日坐而论道，因此玄学具有"清谈"的特色。

使者走了以后，司马懿就跟左右将士说："你们看，诸葛孔明吃得少，又要处理繁重的事务，能支撑得长久吗？"

不出司马懿所料，诸葛亮由于过度操劳，终于病倒在军营里。

后主刘禅得知诸葛亮生了病，赶快派大臣李福到五丈原来慰问。诸葛亮对李福说："我明白您的意思，您想知道谁来接替我，我看就是蒋琬吧。"

过了几天，年仅54岁的诸葛丞相病死在军营里。

按照诸葛亮生前的嘱咐，蜀军将领封锁了他去世的消息。他们把尸体裹着放在车里，布置各路人马有秩序地撤退。

司马懿探听到诸葛亮病死的消息，立刻带领魏军去追蜀军。刚过五丈原，忽然蜀军的旗帜转了方向，一阵战鼓响起，兵士们转身掩杀过来。司马懿大吃一惊，赶快掉转马头，下命令撤退。等魏军离得远了，蜀军将领才不慌不忙地把全部人马撤出五丈原。

诸葛亮虽然没有实现统一中原的愿望，但是他的智慧和品格，一直被后代的人所称颂。

司马懿夺权

诸葛亮死后的一段时期内，蜀国再也没有足够的力量进攻魏国。魏国虽然外部的压力减弱了，但内部却乱了起来。

公元239年，司马懿奉命去关中镇守，在前往关中的路上，魏明帝曹叡给司马懿连续下了五道诏书，催他火速赶到洛阳。司马懿赶回洛阳宫中的时候，曹叡已经病势沉重，他握着司马懿的手，看着八岁的太子曹芳，说："我等你来，是要把后事托付给你。你要和曹爽辅佐好太子曹芳。"

司马懿说："陛下放心吧，先帝（曹丕）不也是把陛下托付给我的吗？"

曹叡死后，太子曹芳即位，这就是魏少帝。司马懿和大将军曹爽奉曹叡遗诏，共同执掌朝政。司马懿本人才智出众，文武双全。他在曹操执政时期，曾经帮助曹操推行屯田制。曹操儿子曹丕废掉汉献帝，自立为帝，司马懿也帮助出过许多主意，立了大功。因此，他得到曹丕的信任，掌握了军政大权。曹爽这个人没有什么才能，却依仗自己是皇帝宗室，总想排挤司马懿，独揽大权。

曹爽因司马懿年高望重，起初还不敢独断专行，有事总听听司马懿的意见。不久，他任用心腹何晏、邓等人掌

▲正始石经

又名《三体石经》，用古文、篆书和隶书字体书刻，建于洛阳太学门前（今洛阳市偃师县）。石经共27块，后佚失，自宋以来屡有残石出土。

管枢要，并奏请魏少帝提升司马懿为太傅。司马懿表面上升了官，实际上却被削了权。曹爽又安排自己的弟弟曹羲担任中领军，率领禁兵；曹训任武卫将军，掌管了一些军权。司马懿对曹爽专擅朝政，很是不满。他索性称风痹病复发，不参与政事，但是暗中却自有打算。

曹爽担心司马懿不是真的有病，正巧自己的心腹李胜调任荆州刺史，于是就命李胜到司马懿那里进行探察。李胜到了太傅府，求见司马懿。司马懿装出重病的样子。李胜回去后，把这次相见的情况告诉了曹爽，并说："司马懿已经形神离散，只剩下一口气，活不了多久了。"曹爽满心高兴，从此就不再防备司马懿了。

一转眼就是新年。少帝曹芳按规矩要到高平陵去祭祀。曹爽和他的兄弟曹羲等人也一道前往。

曹爽他们出了南门，浩浩荡荡地直奔高平陵。等他们走远了，司马懿立刻带着他的两个儿子司马师和司马昭，率领自己的兵马，借着皇太后的命令，关上城门，占据武库，接收了曹爽、曹羲的军营。同时假传皇太后的诏令，把曹爽兄弟的职务给撤了。

曹爽接到了司马懿的奏章，不敢交给曹芳，又想不出主意。司马懿又派侍中许允、尚书陈泰来传达命令，让曹爽早些回去，承认自己的过错，交出兵权，那样就不会为难他们。

曹爽乖乖地交出兵权，回到洛阳侯府家中。司马懿把少帝曹芳接到宫里去，当天晚上就派兵包围了曹爽府第，在四角搭上高楼，叫人在楼上察看曹爽兄弟的举动。没过几天，又让人诬告曹爽谋反，派人把曹爽一伙人全部处死了。

曹爽死后，司马懿担任丞相，掌握了魏国的军政大权。

司马昭之心

司马懿杀了曹爽，又过了两年。他也死去了。他的儿子司马师接替了他的职位。魏国大权落在司马师和司马昭兄弟两人手里。大臣中有谁敢反对他们，司马师就把他除掉。魏少帝曹芳早就对司马师兄弟的霸道行径极为不满，一直想撤掉司马氏兄弟的兵权。但还没等曹芳动手，司马师已经逼着皇太后，把曹芳废了，另立魏文帝曹丕的一个孙子曹髦继承了皇位。

魏国有些地方将领本来就看不惯司马氏的专权行为，司马师废去曹芳后，扬州刺史文钦和镇东将军毌丘俭起兵讨伐司马师。司马师亲自出兵，打败了文钦和毌丘俭。但是在回到许都之后，司马师也得病死了。

▲青瓷宅院　三国

此院落平面方形，围墙环绕，双坡檐顶，大门上有一门楼，四角设角楼，正中有房舍，四角设圆形仓座，为当时民居建筑的重要资料。

司马师一死，司马昭便做了大将军。司马昭比司马师更为专横霸道。

魏帝曹髦实在忍无可忍了。有一天，他把尚书王经等三个大臣召进宫里，气愤地说："司马昭之心，路人皆知，我不能坐着等死。今天，我要同你们一起去诛杀他。"

年轻的曹髦，根本不懂得怎样对付司马昭。他带领了宫内的禁卫军和侍从太监，乱哄哄地从宫里杀了出来。曹髦自己拿了一口宝剑，站在车上指挥。

司马昭的心腹贾充，领了一队兵士赶来，与禁卫军打了起来。曹髦上前大喝一声，挥剑杀过去。贾充的手下兵士见到皇帝亲自动手，都有点害怕，有的准备逃跑了。

贾充的手下有个叫成济的，问贾充该怎么办？

贾充厉声说："司马公平时养着你们是干什么的！还用问吗？"

经贾充这么一说，成济胆壮起来了，拿起长矛就往曹髦身上刺去。曹髦来不及躲闪，被成济刺穿了胸膛，当时就死了。

司马昭听说他手下人把皇帝杀了，也有点害怕了，连忙赶到朝堂上，召集大臣们商量。

老臣陈泰说："只有杀了成济，才勉强可以向天下人交代。"

司马昭见没法拖下去，就把杀害皇帝的罪责全都推在成济身上，给成济定了一个大逆不道的罪，把他的一家老少全杀了。

之后，司马昭从曹操的后代中找了一个15岁的曹奂继承了皇位，这就是魏元帝。

乐不思蜀

蜀汉灭亡以后，后主刘禅还留住在成都。到了钟会、姜维发动兵变，司马昭觉得让刘禅留在成都，说不定还会引起麻烦，就派人把刘禅接到洛阳来。

刘禅是一个昏庸无能的人。当年全靠诸葛亮为他掌管着军政大事时，他还挺谨慎，遇事不敢自作主张。诸葛亮死后，虽然还有蒋琬、费祎、姜维一些文武大臣辅佐他，但是他已经有点不像话了。后来，宦官黄皓得了势，蜀汉的政治就越来越糟了。

到了蜀汉灭亡，姜维被乱军所杀，大臣们死的死，走的走。随他一起到洛阳去的只有地位比较低的官员郤正和刘通两个人。刘禅不懂事理，不知道怎样跟人打交道，一举一动全靠郤正指点。

刘禅到了洛阳，司马昭用魏元帝的名义，把他封为安乐公，还把他的子孙和原来蜀汉的大臣共有 50 多人封了侯。司马昭之所以这么做，无非是为了笼络人心，稳住对蜀汉地区的统治罢了。但在刘禅看来，却是恩重如山了。

▲司马昭宴请图

有一回，司马昭请刘禅和原来蜀汉的大臣参加宴会。宴会中，叫一班歌女为他们演出蜀地的歌舞。

一些蜀汉的大臣看了这些歌舞，想起了亡国的痛苦，伤心得几乎落下眼泪。只有刘禅咧开嘴，美滋滋地看着，就像在他自己的宫里观赏歌舞一样。

司马昭暗暗观察着刘禅的神情，宴会后，他对心腹贾充说："刘禅这个人没有心肝到了这个地步，即使诸葛亮活到现在，恐怕也没法使蜀汉维持下去了！"

过了几天，司马昭在接见刘禅的时候，问刘禅："您现在还想念蜀地吗？"

刘禅乐呵呵地回答说："这里挺快活，我不想念蜀地了。""乐不思蜀"的成语就是这样来的。

站在一旁的郤正听了，觉得太不像话。等刘禅回到府里后，郤正说："您不该这样回答晋王（指司马昭）。"

刘禅说："你看我该怎么说呢？"

郤正说："如果晋王以后再问起您，您应该流着眼泪说：'我祖上坟墓都在蜀地，我没有一天不想那边。'这样说，也许我们还有回去的希望。"

刘禅点点头，说："你说得很对，我记住了。"

后来，司马昭果然又问起刘禅，说："我们招待您挺周到，您还想念蜀地吗？"

刘禅想起郤正的话，便把郤正教他的话原原本本地背了一遍。他竭力装出悲伤的样子，可就是挤不出眼泪，只好把眼睛闭上。

司马昭看了他这副模样，心里猜出是怎么回事，笑着说："这话好像是郤正说的啊！"

刘禅吃惊地睁开眼睛，傻里傻气地望着司马昭说："没错，没错，正是郤正教我的。"

司马昭忍不住笑了，左右侍从也笑出声来。

司马昭这才看清楚刘禅的确是个糊涂透顶的人，不会对自己造成威胁，就没有想杀害他。

刘禅的昏庸无能是出了名的。因刘禅小名"阿斗"，所以后来人们常把那种懦弱无能、没法使他振作的人，称为"扶不起的阿斗"。

"竹林七贤"

曹魏后期，曹氏皇帝昏庸无能，司马家族重权在握，篡位自立，建立了西晋，这一段历史，文学史上称为"正始时期"。这一时期，文人们不再把目光聚集在丑恶的当世生活，而是避开现实，以深具洞察力的眼光去观照哲学的世界。在他们的作品里，表现出的是深刻的理性思考和尖锐的人生悲哀，代表文人就是所谓的"竹林七贤"。

"竹林七贤"即谯国嵇康、陈留阮籍、河内山涛、河南向秀、沛国刘伶、陈留阮咸、琅琊王戎，此七人生性旷达，经常聚集在竹林下纵酒酣歌，嗜酒几乎是他们共同的特点。刘伶醉酒，千古闻名。他常乘着鹿车，拿着一壶酒，到处乱跑，让仆人跟着他，并且吩咐说："我死了，你就随便挖个坑把我埋了吧！"司马昭想让阮籍的女儿嫁给自己的儿子，派人去提亲，阮籍大醉60天，使得媒人无从开口，只得作罢。

除了嗜酒，他们也放任自己的行为举止，而不顾世人评说。阮籍为素不相识的夭亡少女扶棺痛哭，表达对一个美丽生命逝去的痛悼；他对谁都翻白眼，唯独对嵇康青眼有加。刘伶则经常在家中裸奔，有人责备他，他却说：我以天地为房屋，以屋宇为衣服，你怎么钻到我衣服里面来呢！

从实质上看，七贤的这种放达任性的林下之风，表现的是内心深处的无法解脱的痛楚。他们认识到自己面对现实的无奈，所以只有选择消极抗争的行为。他们的痛苦，为千秋后代留下了一个评说不尽的话题。

七人在文学创作上成就不一，以阮籍、嵇康为高。阮籍的五言诗、嵇康的散文，在文学史上都占有重要地位。向秀的《思旧赋》，篇幅虽短，但感情真挚。刘伶有散文《酒德颂》。阮咸精通音律，善弹琵琶，但文学作品很少。山涛（字巨源）、王戎所遗留下来的著作文学性也不高。

嵇康天性旷达，文采斐然。散文方面，他的《与山巨源绝交书》，是传颂一时的名篇。山巨源就是"竹林七贤"之一的山涛，本与嵇康为至交，

▲高逸图　唐　孙位

这是残存的《竹林七贤图》。图中只剩下了四贤：从左到右，分别是惯作青白眼的阮籍、嗜酒的刘伶、善发谈端的王戎、介然不群的山涛。人物重视眼神刻画，线条细劲流畅，似行云流水。

后来却投靠司马氏。他向朝廷推荐嵇康做官，于是嵇康写了这封信表明自己断然拒绝的态度，并宣布与山涛绝交。"人此犹禽鹿，少见驯育，则服从教制；长而见羁，则狂顾顿缨，赴汤蹈火；虽饰以金镳，飨以佳肴，愈思长林而志在丰草也。"这种个人意识和追求个性自由的精神，是正始文学最为显著的特色。

正始文学

正始是魏废帝曹芳的年号（公元240～249年），习惯上所说的"正始文学"，还包括正始以后直到西晋立国这一段时期的文学创作。此时，社会异常黑暗，道家思想盛行，玄学大兴，深刻的理性思考和尖锐的人生悲哀，构成了正始文学最基本的特点。正始时期著名的文人有"正始名士"和"竹林七贤"。前者的代表人物是何晏、王弼、夏侯玄，他们的主要成就在哲学方面。后者指阮籍、嵇康、山涛、王戎、向秀、刘伶、阮咸七人，主要成就在文学方面，其中阮籍、嵇康的成就最高。

嵇康的诗写得也不错，现存50余首，有四言、五言、七言和杂言诗，而以四言的成就为高。他在诗中表现出追求自然、高蹈独立、厌弃功名富贵的人生观，如在《幽愤诗》一诗中，他就自述身世和志趣，表达出对自由生活的无限向往。

然而在与强权的对抗中，嵇康最终还是免不了悲惨的一死。他被陷害下狱，3000名太学生上书请求免罪，但是这反而坚定了司马氏杀害嵇康的决心。东市临刑的时候，嵇康气定神闲，弹奏了一曲《广陵散》，然后不无遗憾地说："《广陵散》于今绝矣！"

而阮籍既不愿意与司马氏对抗一死，也不愿意像山涛那样阿附权贵。生活在夹缝中的阮籍，只好同司马氏虚与委蛇，佯装痴狂。所以其诗里大多透露着内心的无奈与惶恐，充满了苦闷、孤独的情绪。其诗以82首《咏怀诗》为代表。诗里他或者感叹人生无常；或者写树木花草由繁花密叶而花飘叶落，借以比喻世事的反复；或者写鸟兽虫鱼对自身命运之无奈；或者伤感于生命中不能承受之痛。

现实中没有出路，只有向精神世界寻求。阮籍在咏怀诗中讽刺历史上那些因贪图富贵而招致杀身之祸的名利之徒，羡慕仙人的生活，赞美古时的隐士。这是他为自己寻找到的精神出路。他是那个特定时代的悲剧人物，代表着那一批个性觉醒的知识分子，他们以极大的热情去追求人格和生命的完美，追求真诚自由的生活。

白痴皇帝

晋武帝和他的祖父辈都是善于玩弄权术的人，可是他的儿子——太子司马衷却是一个什么都不懂的白痴。朝廷里的大臣都很担心，晋武帝死后，要是让这个低能儿即位，不知道会把朝政搞成什么样子。

▲大袖衫、间色裙穿戴展示图　西晋

本图所绘的服饰，在当时带有普遍性，河南洛阳等地出土的陶塑妇女，也穿这类服装。其特点是：对襟、束腰、衣袖宽大，袖口缀有一块不同颜色的贴袖，下着条纹间色裙。当时妇女的下裳，除穿间色裙外，还有其他裙式。女裙的制作已很精良，质料颜色也各不相同。

有些大臣想劝武帝另立太子，但又不敢开口明讲。

晋武帝也有些犹豫。他想试试他的儿子到底糊涂到什么程度。有一次，他派人给太子送去一卷文书，里面提到几件公事，要太子处理一下。

太子的妻子贾妃，是个脑瓜灵活的女人，见到这卷文书，赶忙请来宫里的老师，替太子代做答卷。那个老师很有学问，写出的卷子，引经据典，讲得头头是道。

贾妃看了非常满意，旁边有个太监却提醒她："这份卷子好是好，只是皇上知道太子平常不太懂事，看了这样一份卷子，难免生疑。万一追究起来，事情就不好办了。"

贾妃经他一提醒，明白过味来，便让略懂文墨的太监另外起草了一份粗浅的答卷，让太子抄写一遍，给晋武帝送去。

晋武帝一看，卷子虽然写得不高明，但是总算有问必答，可以看出太子的脑子还是清楚的，也就不再想废掉太子的事了。

公元290年，晋武帝病重。这时，太子司马衷已经30多岁了。按理说，30多岁的人可以处理政事了。但是晋武帝还是不放心，临死前立了遗诏，要皇后的父亲杨骏和他叔父汝南王司马亮共同辅政。杨骏想独揽大权，便和杨皇后串通起来，伪造了一份遗诏，指定由杨骏一人辅政。

晋武帝死后，太子司马衷继承皇位，就是晋惠帝。

晋惠帝即位以后，根本管不了国家政事，还闹出一些笑话来。

有一年，各地庄稼歉收。地方官员把灾情上报朝廷，说灾区饿死很多人。晋惠帝知道这件事，就问大臣说："好端端的人怎么会饿死呢？"

大臣回奏说："当地灾情严重，没有粮食吃。"

惠帝沉思了一下，说："为什么不叫他们多吃点肉粥呢？"

大臣们听了，目瞪口呆。

有这样一个白痴当皇帝，西晋王朝迟早要闹出乱子来了。

三张二陆两潘一左

"三张"，西晋文学家张载、张协和张亢的并称；"二陆"，西晋文学家陆机和陆云的并称；"两潘"，西晋文学家潘岳和潘尼的并称；"一左"，即西晋诗人左思。语见钟嵘《诗品》："迄於有晋太康中，三张二陆两潘一左，勃尔复兴，踵武前王，风流未沫，亦文章之中心也。"七人均为晋武帝太康年间文学家，代表了太康文学的最高成就，但个人之间风格各不相同，其中最为著名的是陆机和左思。陆机的《文赋》是一篇重要的文学批评著作，左思则继承了建安风骨，写了很多优秀的诗歌，有"左思风力"之誉。

八王之乱

晋武帝统一全国以后，为了保住司马氏的天下，吸取了曹魏皇权太弱的教训，大封自己的子侄兄弟做王，让他们像众星拱月一样来护卫皇室。然而，晋武帝没有想到，握有兵权的诸王野心越来越大，最终酿成了大祸。

司马衷即位后，军政大权落到杨太后的父亲杨骏手中。杨骏用阴谋权术，排除异己，引起皇后贾南风与晋宗室的强烈不满。

贾皇后不甘心让杨骏掌权，就暗中联系宗室诸王，让他们进京除掉杨骏。诸王早已心怀鬼胎，楚王司马玮一接到诏书，马上进了京城。贾后即以惠帝名义下诏，宣布杨骏谋反，在皇宫卫队的配合下，司马玮杀死了杨骏，并灭了他的三族，其他凡是依附杨家的官员也都掉了脑袋。

贾皇后除掉杨家势力后，为稳定大局，召汝南王司马亮入朝辅政。司马亮也是喜欢抓权的人，暗中谋划着夺取楚王司马玮的兵权。贾皇后感到诸王难以控制，便生出了除掉诸王的想法。她先让惠帝下诏，派司马玮杀了司马亮全家。接着，贾皇后以司马玮擅杀朝廷重臣的罪名，将司马玮处死。这样，贾后夺得了西晋的全部大权。

可是，贾后没有生儿子，她怕大权将来会落到别人手里，就假装怀孕，暗地里把妹夫韩寿的儿子抱来，说是自己生的。有了这个儿子，贾后就决定废掉太子，并且派人把他毒死，立抱来的孩子做太子。这个消息传出去以后，宗室群情激愤，以贾后篡夺司马氏天下为名义，起兵讨伐贾后。赵王司马伦当即领兵入宫，派齐王司马冏掉贾皇后，接着又将她毒死，之后司马伦废掉晋惠帝，自己称了帝。

在许昌镇守的齐王司马冏，听说赵王司马伦当了皇帝，非常不满，他向各处发出讨伐司马伦的檄文，号召大家共同起兵。成

▲持盾武士俑　西晋

都王司马颖、河间王司马颙也有夺取政权的野心，他们和齐王司马冏联合起来，攻杀了司马伦。齐王司马颙进入洛阳后，独揽大权，沉湎酒色。长沙王司马乂乘机起兵发难，司马颖、司马颙互相声援。司马冏与司马乂打了几年，兵败被杀。司马乂乘机入朝辅政，控制了朝政大权。司马颙见司马乂又独揽了朝政大权，恼羞成怒，随即发大兵讨伐司马乂，与司马颖联合，大举进攻洛阳。正当他们打得昏天暗地的时候，在洛阳城里的东海王司马越乘机偷袭了司马乂，并把他用火烧死了。司马颖也就乘机进入洛阳，做了丞相，控制了政权。

东海王司马越认为自己杀司马乂有功，却没捞到半点好处，很不甘心，就假借惠帝的名义，起兵讨伐司马颖。司马颖挟持着惠帝，到了长安。长安是在河间王司马颙的掌握之中，他看到司马颖兵败势穷，就乘机排挤司马颖，把惠帝控制在自己手里，独揽了朝政大权。

被司马颖打败逃走的东海王司马越，见王浚的势力大，就和王浚联合起来，攻打关中。他打败了司马颙，进入长安。后来，司马越又把惠帝和司马颖、司马颙全都带回到洛阳，把他们全都杀死，然后，立司马炽做皇帝，这就是晋怀帝。晋怀帝把即位的这一年改年号为永嘉元年（公元307年）。至此，八个王围绕皇权的血腥争夺告一段落。

"八王之乱"时间长达16年，8个王中死了7个，西晋的力量大大削弱了。此后，北方和西部的少数民族乘乱进攻中原，西晋王朝处在了风雨飘摇之中。

刘渊反晋

李雄在成都称王的那一年（公元304年），北方的匈奴贵族刘渊也自称汉王，反晋自立。

从西汉末年起，有一些匈奴人分散居住在北方边远郡县，他们和汉族人在一起生活久了，接受了汉族的文化。匈奴贵族以前多次跟汉朝和亲，可以说是汉朝皇室的亲戚，后来就改用汉皇帝的刘姓。曹操统一北方后，为了便于管理，把匈奴许多部落集中起来，分为五个部，每个部都设一个部帅，匈奴贵族刘豹就是其中一个部的部帅。

▲青瓷骑兽烛台　西晋

人端坐于兽背上，圆脸、高鼻、大眼、短须，头戴高筒帽，身着圆圈纹衫裤，双手揪兽角，目视前方，一派驾驭异兽的威严气度。卧兽怒目，张口，长尾垂地，兽身印圆形斑纹，篦划鬃毛，以青中闪黄覆罩。造型奇特，制作精细，极为珍贵。从中空的高筒帽设计构思推测，此器为插烛照明的烛台。

刘豹死后，他的儿子刘渊继承了他的职位。刘渊自幼读了许多汉族人的书，文才很好，同时武艺也很高强。后来，刘渊在西晋的成都王司马颖（八王之一）部下当将军，留在邺城，专管五部匈奴军队。

公元304年，刘渊回到左国城，匈奴人想借八王混战之机，复国兴邦，便拥戴他做大单于。他集中了5万人马，亲自率军南下，帮助晋军攻打鲜卑兵。有人不解地问他："为什么不趁这个机会灭掉晋朝，反倒去打鲜卑呢？"

刘渊说："晋朝现在已经腐朽透顶了，灭掉它非常容易，但是晋朝的百姓未必会归顺我们。我看汉朝立国的年代最长，在百姓中还很有影响，我们的上代又与汉朝皇室有血缘关系，不如借用汉朝的名义，也许可以得到汉族百姓的支持"。

刘渊称汉王后，不久便攻下了上党、太原、河东、平原等几个郡，声势越来越大。一些势力比较小的各族反晋力量也都前来归附刘渊。

公元308年，刘渊称汉帝。第二年迁都平阳（今山西临汾西南），集中兵力向洛阳进攻。洛阳的老百姓虽然恨透了腐朽的西晋王朝，但是更不愿受外族人统治。所以刘渊两次进攻，都遭到洛阳军民的顽强抵抗，没有占到一点便宜。

刘渊死后，他儿子刘聪接替了皇位，又派大将刘曜、石勒进攻洛阳。洛阳城终于在公元311年被攻陷，晋怀帝做了俘虏。

刘聪进洛阳后，大批屠杀晋朝的官员和百姓。有一次，刘聪在宴会上，让晋怀帝穿着奴仆穿的青衣为大家倒酒。一些晋朝的旧臣看了，禁不住失声痛哭。刘聪看晋朝遗臣还对怀帝这样有感情，便狠下心来，把怀帝杀了。

晋怀帝死后，在长安的晋国官员拥立怀帝的侄儿司马邺做了皇帝，这就是愍帝。

公元316年，刘聪攻入长安。晋愍帝也遭到了与怀帝同样的命运，在受尽侮辱后被杀，西晋王朝终于灭亡了。

西晋灭亡之后，北方的各族人民（主要是匈奴、鲜卑、羯、氐、羌五个少数民族）纷纷起义，许多人像李雄、刘渊一样建立政权，前前后后一共出现十六个割据政权，历史上称为"十六国"（旧称五胡十六国，胡是古时候对少数民族的泛称）。

"王马共天下"

刘聪攻下长安后，晋朝还有江南的半壁江山。晋愍帝在被俘前留下诏书，让镇守在建康（原名建业，今江苏南京市）的琅琊王司马睿继承皇位。

司马睿在西晋皇族中，地位和名望都不太高。晋怀帝的时候，派他去镇守江南。他还带了一批北方的士族官员，其中最有名望的是王导。司马睿把王导看作知心朋友，对他言听计从。

司马睿刚到建康的时候，江南的一些大士族地主嫌他地位低，看不起他，都不来拜见。司马睿为此常常不安，便让王导想想办法。

王导把在扬州做刺史的王敦找来，两人商定了一个主意。

这年三月初三，按照当地的风俗是禊节，百姓和官员都要去江边"求福消灾"。这一天，王导让司马睿坐上华丽的轿子到江边去，前面有仪仗队鸣锣开道，王导、王敦和从北方来的大官、名士，一个个骑着高头大马跟在后面，这个大排场一下轰动了建康城。

江南有名的士族地主顾荣等听到消息，都跑来观看。他们一见王导、王敦这些有声望的人都这样尊敬司马睿，不禁大吃一惊，怕自己怠慢了司马睿，一个接一个地出来排在路旁，拜见司马睿。

从那以后，江南大族纷纷拥护司马睿，司马睿在建康便稳固了地位。

后来，北方战乱不止，一些士族地主便纷纷逃到江南避难。王导劝说司马睿把他们中间有名望的人都吸收到王府来。司马睿听从王导的意见，前后吸收了100多人在王府里做官。

▲王导像

司马睿在王导的辅助下，拉拢了江南的士族，又吸收了北方的人才，他的地位就日渐巩固了。

公元317年，司马睿在建康即位，这就是晋元帝。在这之后，晋朝的国都一直在建康。为了和司马炎建立的晋朝（西晋）区别开来，历史上把这个朝代称为东晋。

晋元帝总认为他能够得到这个皇位，都是凭借王导、王敦兄弟的帮助，所以，对他们特别尊重。他封王导担任尚书，掌管朝内的大权，又让王敦总管军事，又把王家的子弟封了重要官职。

当时，民间流传着这样一句话："王与马，共天下。"意思是东晋的大权，由王氏同皇族司马氏共同掌握。

王敦掌握军权后，便不把晋元帝放在眼里。晋元帝也看出了王敦的骄横，于是渐渐疏远了王氏兄弟，另外重用了大臣刘隗和刁协。这样，刚刚建立的东晋王朝内部，又出现了裂痕。

石勒读汉书

晋元帝即位不久，汉国国主刘聪就病死了。汉国内部也闹起了分裂，刘聪的侄儿刘曜作了国主。他觉得再用汉朝的名义已失去了意义，便在公元319年，改国号为赵。汉国大将石勒在与晋朝的征战中，扩大了势力，不愿再受刘曜的管束，也自称赵王。

石勒是羯族人，祖辈都是羯族部落的小头目。石勒年轻的时候居住在并州，后来并州闹饥荒，他和部落失散了。为了生存，他先后给人家做奴隶、佣人。

石勒受尽苦难的折磨，没有出路，就招集一群流亡的农民，组成了一支强悍的队伍。刘渊起兵以后，石勒前去投奔他，并在刘渊部下当了一员大将。

石勒从小没有受过汉族文化教育，不识字。他担任大将以后，渐渐懂得要成大事业，光靠武力不行，必须要用脑子，用谋略。后来，他把汉族士人张宾请来为他出谋划策。他还收留了一批北方汉族中家境贫寒的读书人，组织了一个"君子营"。

由于石勒骁勇善战，加上有了张宾等一批谋士的帮助，石勒的势力越来越强大。到了公元328年，终于把刘曜消灭了。过了两年，石勒在襄国自称皇帝，国号仍是赵。历史上把刘氏建立的赵国称为"前赵"，把石勒建立的赵国称为"后赵"。

石勒自己没有文化，但是对读书人却十分重视。他做了后赵皇帝后，命令部下，如果捉到读书人，不许杀害，一定要送到襄国来，让他自己处理。

▲ 两赵大战

在张宾的建议下，他又设立了学校，让他部下将领的子弟进学校读书。他还建立了保举和考试的制度，凡是各地保举上来的人经过考核评定，都可以做官。

石勒喜欢书，但自己不识字，就找一些文化人给他读书，他一边听，一边还随时发表自己的见解。

有一次，石勒让人给他读《汉书》，听到有人劝汉高祖封旧六国贵族的后代的那段历史时，他说："唉！刘邦采取这种做法是错误的，这样做还能够得天下吗？"讲书的人马上给他解释说，后来由于张良的劝阻，汉高祖才没有这样做。石勒点头说："这就对啦。"

由于石勒重视文化教育，起用人才，施行开明的政治，后赵初期出现了兴盛的景象。

"书圣" 王羲之

在东晋时期，王氏是门第高贵的士族，当时有"王马共天下"的说法。在王氏家族中，出了一个大书法家，他就是王羲之。

王羲之从小酷爱书法。他七岁时就开始练习写字。传说他在走路、休息的时候，也用手指比画着练字，仔细揣摩字体的结构和笔法，心里想着，手指在自己身上一横一竖、一笔一画地比画着。日子长了，衣服都被他划破了。他每天写完了字，总是要到自己门前的池塘里去洗刷毛笔和砚台，久而久之，池塘里的水都变成黑色的了。

王羲之每天在书房里全神贯注地练字，到了吃饭的时候，他都不肯放下笔来。有一天，王夫人给他送来他喜欢吃的蒜泥和馍馍。他连头也不抬，仍然继续挥笔疾书。过了一会儿，王夫人到书房来，看见王羲之满嘴乌黑，手里还拿着一块沾了墨汁的馍馍，王夫人禁不住放声大笑起来。

王羲之出生在东晋大族士家，本来可以平步青云，做很大的官，可他喜欢逍遥自在，不愿做官。后来，扬州刺史殷浩与他关系很好，写信劝他出来，他才任职会稽内史。到那里做官，主要还是因为会稽的风景秀丽，可以娱人性情。王羲之曾经与谢安、孙绰等著名文人40多人到会稽山阴（今浙江绍兴）的兰亭举行宴会。这些文人在兰亭会上乘兴作诗，共得诗四十首，编成《兰亭集》。王羲之也在酒酣耳热之时，当场挥笔，为诗集作序，写成《兰亭集序》。这篇作品，共有28行，324字，笔飞墨舞，气象万千，历来被认为是我国书法艺术的极品。

由于王羲之长期勤学苦练，他的书法达到了炉火纯青的境界。谁能得到他的字，就像获得珍宝一样。据说，山阴地方有个道士很喜欢王羲之的书法，想请王羲之给写一本《道德经》。可是，他知道王羲之不肯轻易替人抄写经书。后来，他听说王羲之最喜欢白鹅，常常模仿鹅掌划水的动作来锻炼手腕，以便运起笔来更加强劲而灵活。于是他就买了几只小白鹅，精心喂养。几个月以后，鹅长大了，全身羽毛丰满，非常可爱。道士故意把鹅放在王羲之时常经

▲羲之爱鹅图　清　仟颐

过的地方。一天，王羲之经过那里，看见这些羽毛洁白、姿态美丽的白鹅后，心里有说不出的喜欢，就向道士提出要买下这一群鹅。道士说："鹅是不卖的，不过，如果你能给我写一本《道德经》，我就把这群鹅赠送给你。"王羲之毫不犹豫地答应了，当场写好了《道德经》，交给了道士，带走了这群鹅。

谢安东山再起

公元 383 年八月，符坚亲自统率 97 万大军从长安出发。一时间，大路上烟尘滚滚，步兵、骑兵，再加上车辆、马匹、辎重，队伍浩浩荡荡，绵延千里。

一个月后，符坚主力到达项城（在今河南沈丘南）。与此同时，益州的水军也沿江顺流东下，黄河北边来的人马也到了彭城（今江苏徐州市），前秦的军队从东到西拉开一万多里长的战线，水陆并进，直扑江南。

消息传到建康，晋孝武帝和京城的文武百官都乱了手脚。晋朝军民都不愿让江南陷落在前秦手里，大家都盼望宰相谢安拿出对敌策略。

谢安是陈郡阳夏（今河南太康）人，士族出身。年轻的时候，与王羲之十分要好，经常在会稽东山游山玩水，吟诗作赋。他在当时的士大夫阶层中很有名望，大家都认为他是个非常有才干的人。但是他宁愿在东山隐居，不愿出来做官。

谢安到了 40 多岁的时候，才重新出来做官。因为谢安长期在东山隐居，所以后来把他重新出仕称为"东山再起"。

前秦强大起来以后，经常骚扰东晋北面的边境。为此，谢安把自己的侄儿谢玄推荐给孝武帝。孝武帝封谢玄为将军，镇守广陵（今江苏扬州市），掌管江北的各路人马，防守边境。

谢玄是个文武全才的人。他到了广陵以后，就招兵买马，整顿军队。当时有一批从北方逃难到东晋来的人，纷纷投到谢玄的麾下。他们中间有个彭城人叫刘牢之，武艺高强，打仗也特别勇猛。谢玄派他担任参军，叫他带领一支精锐的部队。后来这支经过谢玄和刘牢之严格训练的人马，成为百战百胜的军队。由于这支军队经常驻扎在京口（今江苏镇江市），京

▲东山携妓图　明　郭诩

东晋谢安曾隐居于会稽东山，故后人多以"东山"称之。此图即描绘谢安东山携妓游玩之事。

口又叫"北府"，所以人们把它称为"北府兵"。

这次，面对苻坚的百万大军，谢安决定自己在建康坐镇，派弟弟谢石担任征讨总指挥，谢玄担任前锋都督，带领8万军队前往江北抗击秦兵，又派将军胡彬带领5000水军到寿阳（今安徽）去配合作战。

谢玄手下虽然有勇猛的北府兵，但是前秦的兵力比东晋多十倍，敌我兵力对比悬殊，谢玄心里到底有点紧张。出发之前，谢玄特地到谢安家去告别，想让谢安给他出出主意。哪知道谢安像没事一样连句嘱咐的话都没有。等了老半天，谢安还是不开腔。

谢玄回到家里，心里总有些忐忑不安。隔了一天，又请他的朋友张玄到谢安家去，托他向谢安探问一下。

谢安一见张玄，也不跟他谈什么军事，马上邀请他到自己建在山里的一座别墅去下棋。整整玩了一天，张玄什么也没探听道。

到了晚上，谢安把谢石、谢玄等将领召集到家里来，把每个人的任务一件件、一桩桩都清清楚楚地交代一遍。大家看到谢安这样镇定自若，也增强了信心，都神情振奋地回军营去了。

那时候，在荆州镇守的桓冲，听到形势危急，专门派3000名精兵到建康来保卫京城。谢安对派来的将士说："这里已经安排好了。你们都回去加强西面的防守吧！"

回到荆州的将士向桓冲复命，桓冲忧心忡忡地对将士说："谢公的气度确实令人钦佩，但是不懂得打仗。眼下大敌当前，他还那样悠闲自在；兵力那么少，又派一些没经验的年轻人去指挥。我看我们要大难临头了。"

淝水之战

　　东晋这边布置好了对敌之策，前秦那边也马不停蹄地向南进兵。

　　这年十月，苻坚求胜心切，他等不及各路人马聚齐，便命令苻融进攻寿阳。

　　寿阳是军事重镇，它的得失对于整个战局的胜负，具有举足轻重的作用。奉命增援寿阳的晋将胡彬，在半路上就接到寿阳失守的消息，只好退守硖石（今安徽寿县西北）。苻融马上命令部将梁成率众5万进攻洛涧（今安徽淮南东），切断了胡彬与谢石大军的联系。

　　苻坚到了寿阳，派尚书朱序到晋军大营去劝降。朱序本来是东晋的将领，四年前在襄阳和前秦军队作战时兵败被俘，留在前秦。现在他见晋秦交战，知道自己为东晋出力赎罪的机会到了。他到晋营后，不但没有劝降，反而向谢石提出打败秦军的建议。他说："这次苻坚发动了百万人马攻打晋国，如果全部人马都到了，恐怕晋军无法抵挡。所以，应乘秦军还没集结的时候，赶快进攻秦军前锋。打败了它的前锋，便可挫伤秦军的士气，这样就可以战胜他们了。"

　　谢玄听从了朱序的建议，派战斗力较强的北府兵将领刘牢之带领一支兵马，在夜晚神不知鬼不觉地来到洛涧，向秦军阵地发起突然袭击。正在睡梦中的秦将梁成，听到喊杀声，吓出了一身冷汗，慌慌张张地从床上爬起来，上马迎战，结果被刘牢之一刀砍翻，送了性命。

　　秦军失去主将，四散奔逃，晋军乘胜追击。谢石带领晋军主力渡过洛涧，在离寿阳城只有四里地的八公山下，扎下营寨，与秦军主力隔淝水对峙。苻坚在寿阳城里，接到洛涧秦军失利的消息，有些沉不住气了。

▲黄杨木雕东山报捷图笔筒　清　吴之璠

此笔筒分为两部分，取材于历史上著名的秦晋淝水之战。在高立的山崖下，古松成荫，树下谢安正与一位老者专心对弈，三位侍女持玉如意窃窃私语，一位侍童在峭壁边端盘而立。清溪高山古树之间，军使奔驰，举旗报捷，胜利之情洋溢在眉宇间。

过了几天，谢石派人到寿阳城里，送给苻融一份战书，要求定期决战，条件是秦军把阵地向后撤出一些，腾出一块空地作为战场，让晋军渡过淝水决战。秦诸将都反对晋军的建议，苻坚和苻融却同意晋军的条件，说："让我们的士兵稍稍向后退一点，等他们渡过的时候，让我们的骑兵冲上去，一定能把他们消灭。"

《搜神记》

《搜神记》原本已散，今本系后人缀辑增益而成，20卷，共有大小故事454个。所记多为神灵怪异之事，也有一部分属于民间传说。其中《干将镆铘》《李寄》《韩凭夫妇》《吴王小女》《董永》等，暴露统治阶级的残酷，歌颂反抗者的斗争，常为后人称引。

故事大多篇幅短小，情节简单，设想奇幻，极富于浪漫主义色彩。后有托名陶潜的《搜神后记》10卷和宋代章炳文的《搜神秘览》上下卷，都是《搜神记》的仿制品。《搜神记》对后世影响深远，如唐代传奇故事、蒲松龄的《聊斋志异》、神话戏《天仙配》，以及后世的许多小说、戏曲，都和它有着密切的联系。

谢石、谢玄得到前秦答应后撤的回音后，迅速整顿兵马，指挥渡河。

晋军渡过淝水，勇猛地冲向秦军阵地。朱序见状，就在秦军阵后大声高喊："秦军败了，秦军败了！"正在后退的秦军，听到喊声，一时也分辨不清是真是假，逃的逃、躲的躲，整个队伍溃不成军。

苻融赶快跑到队伍后面，去拦阻队伍，不料连人带马被挤倒在地。还没来得及从地上爬起来，就被赶上来的晋军一刀砍死。苻坚见形势不妙，吓得丢下士兵，只顾自己逃命。到洛阳（今河南洛阳）时，苻坚收拾残兵，只剩下十几万人了。

晋军乘胜追击，一口气追赶了30多里才收兵。谢石、谢玄连夜派人去建康报捷。当报捷的军士赶回建康的时候，谢安正在与客人下棋，他看过告捷的书信，悄悄地把它搁在床上，不露声色，照常下棋。等到客人问时，才漫不经心说："孩子们已经打败贼军了。"

陶潜归隐

陶渊明又叫陶潜，浔阳柴桑（今江西九江）人，他祖上世代为官，曾祖父是陶侃，在东晋前期立过大功，曾掌管过八个州的军事，也就是那个每天搬运一百块砖以锻炼意志的人。不过到了陶渊明的时候，家道已经衰落了。陶渊明小的时候喜欢读书，有"济世救民"的志向，又很仰慕曾祖父陶侃，也想干一番事业。

陶渊明到了29岁后，才在别人的推荐下，陆陆续续做了几任"参军"之类的小官。他看不惯官场逢迎拍马那一套，所以在仕途中辗转了13年之后，一腔热情便冷了，决心弃官隐居。这里还有一个不为五斗米折腰的故事。

那是陶渊明最后做彭泽县（今江西湖口）令的时候。他上任之后，叫人把衙门的公田全都种上做酒用的糯稻。他说："我只要常常有酒喝就满足了。"他的妻子觉得这样做可不行，吃饭的米总得要有啊，就坚决主张种粳米稻。争执来，争执去，陶渊明让了步：200亩公田，用150亩种糯稻，50亩种粳米稻。陶渊明原想等收成一次再作打算，不料刚过八十多天，郡里派督邮了解情况来了。县衙内有一个小吏，凭着多年的经验，深知这事马虎不得，就劝陶渊明准备一下，穿戴整齐，恭恭敬敬去迎接。陶渊明听后叹了口气，说："我不愿为了五斗米的薪俸，就这样低声下气向那号人献殷勤。"他当即脱下官服，交出官印，走出衙门，回老家去了。

陶渊明回家以后，下田干起了农活儿，起先只是趁着高兴劲儿干一点。到后来，经济上的贫困逼得他非把这作为基本谋生手段不可，干得就比较辛苦了。他经常从清早下地，直到天黑才扛着锄头踏着夜露回来。

此后，陶渊明创作了许多劳动诗篇，获得了"田园诗人"的称号。他曾写过这样的诗句："相见无杂言，但道桑麻长。"可见，

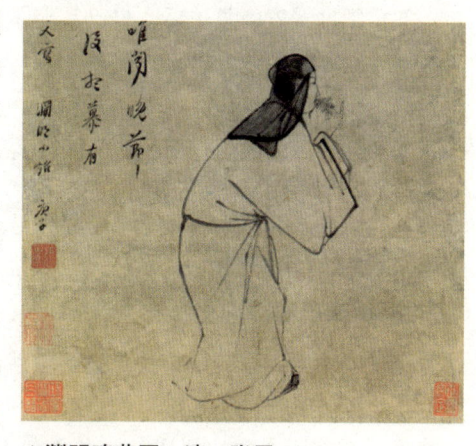

▲渊明嗅菊图　清　张风

他与农民很有共同语言。同时，他还写出了封建时代农民的某些要求和愿望，晚年写作的《桃花源记》就是最突出的一个例子。

《桃花源记》是个虚构的故事，反映了当时饱经战乱的人们希望过安定的、没有剥削压迫的生活，为人们描绘了他们心目中的理想社会。

陶渊明同农民的关系很好，对那些达官贵人却是另一副样子。在他55岁那年，他住的那个郡的刺史王弘想结识他，派人来请他到官府里叙谈。陶渊明理都不理他，让他碰了一鼻子灰。后来，王弘想了一个办法，叫陶渊明的一个老熟人在他常走的路上准备好酒菜，等陶渊明经过时把他拦下来喝酒。陶渊明一见酒，果然停了下来。当他们两人喝得兴致正浓的时候，王弘摇摇摆摆地过来了，假装是偶然碰到的，也来加入一起喝酒。这样总算认识了，也没惹陶渊明生气。

几年后，东晋的一代名将檀道济到江州做刺史。他上任不久，就亲自登门拜访陶渊明，劝说陶渊明出去做官，并要送给他酒食，都被陶渊明回绝了。当时在那一带隐居的还有刘遗民、周续之两人。他们同陶渊明合称"浔阳三隐"。事实上，这两个人和陶渊明一点也不一样，他们很有钱，同当官的交往密切。这些人只不过想借"隐居"来找个终南捷径罢了。

刘裕成帝业

刘裕帮助晋安帝复位后，自己掌握了东晋大权。

刘裕是丹徒县京口里（今江苏镇江）人，小名寄奴儿，出身贫苦，生逢乱世。

刘裕的远祖是汉高祖刘邦的弟弟刘交。汉王朝覆灭后，刘氏家族也渐渐没落了。他的祖父刘靖，曾做过东安太守，父亲刘翘却只是个小小的郡功曹。

刘裕一出生，母亲便死了，他也差一点被扔掉。后来，他父亲给他取名裕，即多余的意思。婶母给他取了小名叫寄奴儿，即从小寄养他家的意思。

刘裕15岁时，刘翘病死了，他的继母带着他和他的两个异母弟弟艰难度日。刘裕便做草鞋换粮食。生活虽然清贫，但他对继母却是十分孝敬，宁可自己饿肚子，也不让继母没有饭吃。

生活在贫困之中的刘裕，一直怀有建功立业的志向，于是他加入了东晋北府兵的行列，成了一名士兵。

后来，东晋北府兵将领孙元终让刘裕在他身边作了一名亲兵，不久又提拔他作司马。

刘裕作了参军后，更加勤勉卖力。他三次带兵打败了孙恩，迫使孙恩逃到海上，从而被刘牢之当作心腹爱将，逐渐掌握了北府兵权。

后来，桓玄自立为帝，刘裕起兵讨伐。他联络各方豪杰，于公元404年秋正式开始了他的讨桓行动。刘裕的军队只有两千人，但个个英勇无比，在覆舟山一战，把桓玄的军队打得大败。

公元405年，晋安帝司马德宗回到建康，大封平叛有功之臣，刘裕被任命为都督扬、荆、徐等十六州军事，成了一个封疆大吏。

公元409年初，南燕慕容超几次派兵侵犯淮北，杀东晋朝廷命官，抢劫财物，掳掠百姓。刘裕正想找机会立功，便上表请求北伐南燕。几个月后，刘裕灭了南燕，朝廷命他兼任青、冀二州刺史，并允许他相机行事。也就是说，他可以自作主张，不必请示朝廷了。

不久，卢循在广州起义反晋，刘裕又率兵南征广州。东晋官兵在刘裕的严令督促下，积极奋战，刘裕带着年仅4岁的儿子刘义隆亲自到前线布防，鼓舞士气。士气高昂的东晋士兵，一举打败了卢循的军队。东晋朝廷又加封刘裕为太尉中书监，加黄铖，从此刘裕正式执掌了朝政大权。

刘裕掌握了大权后，便起了取代晋安帝的念头。

晋安帝虽然是个白痴，但生命力却很旺盛。刘裕一心想做皇帝，但苦于安帝不死，便命王韶之入宫，将安帝活活勒死。刘裕见时机还没成熟，就立晋安帝的弟弟司马德文继位，这就是晋恭帝。司马德文在刘裕的控制下得过且过，成了一个傀儡皇帝。

这样勉强过了一年，已经

▲青瓷五盅盘　南北朝

五盅盘是南北朝的流行器具之一。因在浅腹平底的盘内环置五个小盅而得名。此盘为南朝制品，属五盅盘早期制作阶段的产品。盘胎骨厚重，通体釉色青中闪黄。聚釉处呈玻璃状，釉面开细小纹片。浅腹平底，器内五小盅腹较浅，略高于盘沿，并利用釉的粘连与盘联成一体。此盘做工精细大方，为南北朝时期的青瓷佳品。

57岁的刘裕，觉得自己时日不多了，更加急于当皇帝了。公元420年，刘裕派人劝说晋恭帝让了位。之后他率群臣祭告天地，登上太极殿，正式称帝，改国号宋。

至此，东晋王朝在南方统治了100多年后，终于灭亡了。

祖冲之创新历

宋孝武帝期间，有一个杰出的科学家——祖冲之。祖冲之的祖上于西晋末年，为了逃避战乱而迁到江南。他家是科学世家，世代掌管国家的历法。祖冲之在这样的家庭里，从小就读了不少书。他特别喜爱天文学、数学和机械制造，并且常常显示出不凡的才华。到了青年时期，他已经享有博学的名声，受到宋孝武帝的重视，被朝廷聘到学术机关从事研究工作。

在数学上，祖冲之把圆周率数值准确推进到小数点后七位，成为世界上最早把圆周率数值推算到七位数字的科学家。直到十五六世纪，外国数学家才打破这个记录。

中国当时是以农业立国，有着重视和研究天文历法的传统。祖冲之关心国计民生，极为注重天文历法的研究。当时朝廷采用的是《元嘉历》，它是天文学家何承天编订的。祖冲之对这本《元嘉历》做了深入研究和推算后，发现《元嘉历》仍然不够精密。经过长期的实际观测和仔细的验算，并吸取了历代各家历本的成就，他终于重新制定了一部新的历法——《大明历》。

祖冲之经过长期观察，证实存在岁差，并计算出冬至点每四十五年要回向移动一度，测算出一个太阳年是365.24281481日，与近代科学测得的日数，只相差50秒，误差只有60万分之一。公元462年，年方33岁的祖冲之把《大明历》送给朝廷，要求颁布实行。宋孝武帝命令懂历法的官员对它进行讨论。随即，爆发了一场革新派和保守派的尖锐斗争。

在这场论战中，祖冲之那精辟透彻、理实交融的分析，折服了许多大臣。

▲祖冲之像

于是宋孝武帝决定在更元时改用新历。可是，还没多久，武帝就死了。直到祖冲之死去 10 年之后，他创制的大明历才得以推行。

武帝死后，不久，掌管宋朝禁卫军的萧道成灭了宋朝。公元 479 年，萧道成称帝，建立南齐，这就是齐高帝。

孝文帝改革

自从太武帝被宦官杀死后，北魏政治腐败不堪，不断引起北方人民的反抗。公元 471 年，北魏孝文帝元宏即位后，顺应历史潮流，实行了一系列汉化改革。

公元 493 年，元宏召集满朝文武商议政事，他提出要动员北魏所有军力，南征南方的齐国。这一提议，无疑是一石击起千重浪，马上就招来了众多大臣的反对。

任城王元澄是孝文帝的叔父，在朝廷里有很高的威望。他从朝廷利益出发，坚决反对此次南征。孝文帝见没有人支持他的建议，非常生气，宣布退朝。

散朝之后，孝文帝在后殿对任城王元澄交了底，他说："你以为我真要南征吗？老实告诉你，我不过是拿它做幌子罢了。我真正的意图是想迁都到洛阳去。我们这里不是用武的地方，不适应改革政治。现在我要移风易俗，非得迁都不可。所以我就想出这个主意，让它生米煮成熟饭再说。"元澄这才恍然大悟，他佩服孝文帝的英明果断，当即赞成孝文帝的决策。

有了任城王的支持，孝文帝的主张就可以施行了。公元 493 年，北魏正式迁都洛阳，孝文帝在改革的道路上迈进了一大步。

穆泰等元老重臣眼见孝文帝心醉改革，担心对自己不利。他们知道太子元恂留恋故都平城，就撺掇太子说服孝文帝，打消改革计划。孝文帝得知太子有回平城的打算，怕自己死后，改革会半途而废，就决定废掉元恂的太子身份。后来，又有人报告孝文帝，说元恂与一些元老旧臣，联络密切。孝文帝便一不做二不休，干脆派人把元恂毒死了。

在孝文帝为改革旧制杀掉太子这一年，穆泰等人联合东陵王元思誉、代郡太守元珍、阳平侯贺赖头等人从平城起兵反叛。孝文帝以快制慢，迅

▲平民丧葬图　南北朝

一辆由牛所拉动的灵车，上有人字坡形白帐，帐下悬挂着随葬明器。灵车无人挽送，一人头顶祭盘走在前头。

速派任城王元澄率师平叛，自己则率御林军大批捕杀朝中的反对派势力。一时间，反对改革的势力全都被清除了。

　　孝文帝平定了穆泰等人的政变后，出台了一系列改革措施：改用汉人的姓，他带头将拓跋姓改为元姓；改说汉话，三十岁以下的人和上朝奏事的官员都必须说汉话；改穿汉装、和汉人通婚；采用汉族封建制度；等等。

　　北魏孝文帝大胆推行汉化改革，使北魏的政治、经济焕然一新，促进了鲜卑族和汉族的大融合。

梁武帝出家

　　梁朝趁北魏内乱之机，曾几次出兵北伐。但梁武帝出师不利，不但没能占到便宜，还死伤了不少军民。此后，双方都无力征伐，彼此相安无事。

　　萧衍没有当上皇帝之前，对百姓和士兵都挺关心，到了登上皇位后，就换了一副面孔。他对皇亲国戚格外宽容，对百姓却尽情搜刮掠夺。他的臣下更是贪得无厌。有人告发他的弟弟萧宏谋反，库里藏有兵器。梁武帝一听，这还了得！他亲自带人去萧宏家搜查，结果看到萧宏家的库房里堆满了布、绢、丝、棉，还有数以亿计的钱财。萧衍看到没有谋反的迹象，就对萧宏说："阿六呀，你的家当还真不少啊！"

其他的王公侯爷看到萧衍对此一点也不在意，就更加肆无忌惮地搜刮民脂民膏了。

萧衍到了晚年，开始崇信佛教，借佛教名义愚弄百姓，搜刮钱财。他修建了一座规模宏大、富丽堂皇的同泰寺为自己诵经拜佛之用，自己装成一副苦行僧的样子，早晚到寺中朝拜。有一次，他到同泰寺"舍身"，表示要出家做和尚。他这一出家做和尚，国中无主，大臣们急得像热锅上的蚂蚁，最后只得去寺中劝他回来。他做了四天和尚，大臣们出钱把他从同泰寺中赎了出来。这样的滑稽剧总共演了四次，大臣们一共花了四万万钱的赎身钱。这笔钱，都转嫁到老百姓身上去了。而且在他最后赎身回宫的那个晚上，竟派人把同泰寺的塔烧了，却说是魔鬼干的。为了压住魔鬼，又下诏要造一座几丈高的高塔来压住，继续叫百官捐钱。

梁朝就这样一天天地衰弱了，就像一个苹果，里头全烂了，外面看不出来，只要有人踏它一脚，就什么都完了。

陈后主亡国

陈武帝建立南陈的同时，北方的东魏、西魏也分别被北齐、北周取代。公元550年，东魏高欢的儿子高洋建立了北齐；公元557年，西魏宇文泰的儿子宇文觉建立了北周。北齐和北周经常相互攻打，后来，北周武帝灭掉了北齐，统一了北方。

北周武帝死后，荒淫残暴的周宣帝继承了王位。周宣帝一死，他的岳父杨坚就夺取了政权。公元581年，杨坚即位，建立隋朝，这就是隋文帝。

在北方动乱不安的时候，南陈王朝获得了一个比较安定的时期，经济渐渐发展起来。但是传到第五个皇帝，却是一个荒唐得出奇的陈后主。

陈后主名叫陈叔宝，是个不过问国事，只知道喝酒玩乐的人。他大兴土木，为他的宠妃们造起了三座豪华的楼阁，自己常在里面淫乐。他手下的宰相江总、尚书孔范等人，也都是一伙腐朽不堪的文人。陈后主和宠妃经常在宫里举行酒宴，宴会的时候，就把这些文人大臣召来，通宵达旦地喝酒赋诗。还把他们的诗配上曲子，又挑选了1000多个宫女，专门为他们演唱。

陈后主过着荒唐生活的同时，北方的隋朝却渐渐强大起来，并在为灭掉陈朝做着准备。

公元588年，隋文帝造了大批战船，派他的儿子晋王杨广、丞相杨素担任讨阵元帅，贺若弼、韩擒虎为大将，带领51万大军，分八路进兵，向陈朝攻来。

杨素率领的水军从永安出发，其他几路隋军也进展顺利，都将队伍开到江边。北路的贺若弼的人马到了京口，韩擒虎的人马到了姑孰。江边的陈军守将慌忙向建康告急。告急的警报传到建康时，陈后主正跟宠妃、文人们醉得一塌糊涂。他收到警报，连拆都没有拆，就往床下一扔了事。

公元589年正月，贺若弼的人马从广陵渡江，攻克京口；韩擒虎的人马从横江渡江到采石，两路隋军一齐向建康扑来。

▲历代帝王图卷·陈后像 唐 阎立本

陈后主承父祖之业，割据江南，内惑于张孔二贵妃，外惑于群小，以至国破家灭，身为臣房，入隋后贪求爵禄，是以隋文帝叹曰："陈叔宝全无心肝！"

到了这个时候，陈后主才如梦方醒。这时城里还有十几万人马，但是陈后主手下的宠臣江总、孔范一伙哪里懂得指挥。隋军很快就攻进了建康城。

隋军打进皇宫，搜了半天也没有找到陈后主。后来，捉住了几个太监，才知道陈后主躲到后殿的井里去了。隋军兵士来到后殿，果然有一口井。往下一望，是个枯井，隐约看到井里有人，就高声呼喊，让井里的人出来。井里没人答应。兵士们威吓着大声说："再不出来，我们就要扔石头了。"说着，拿起一块大石头放在井口比画，做出要扔的样子。井里的陈后主吓得尖叫了起来。兵士把绳索丢到井里，把陈后主和他的两个宠妃拉了上来。

南朝的最后一个朝代——陈朝灭亡了。中国自从公元316年西晋灭亡起，经过270多年的分裂局面，又重新获得了统一。

风云变幻

开皇之治

公元581年，北周外戚杨坚代北周自立，建立隋朝，杨坚就是隋文帝，年号开皇。公元589年，隋文帝派兵攻灭了江南的陈朝，统一了全国，结束了中国自西晋末年以来长期的分裂割据局面。

虽然北方在军事上强于南方，但南方的宋、齐、梁、陈四朝始终以华夏"正朔"自居。为了证明自己才是正统的传人，在文化方面，隋文帝采取了一系列的汉化措施，比如将多年前宇文泰所赐的鲜卑姓氏全部改为汉姓。

经过长期的战乱，春秋、汉代的文化典籍毁于战火和散佚的不计其数。公元583年，隋文帝下诏求书，规定献书一卷者，赏绢一匹。"民间异书，往往间出"，"一二年间，篇籍稍备"。隋朝藏书最多时达37万卷，7万多类。

▲隋文帝像

佛教在南北朝时期非常兴盛，拥有大量的信徒。隋文帝本人生在一个崇信佛教的家庭，在他开始掌权的公元580年，大力扶植佛、道两教。统一天下后，隋文帝与南方佛教大师保持着书信往来。隋文帝声称受佛祖的嘱咐，要重振佛教，他下令在各地广建寺院，并将舍利子放入寺内，让广大信徒供奉。大江南北的佛教徒对隋文帝表示衷心拥戴，称他为统治世间的"法轮王"。

此外，隋文帝还重用在社会上享有极高声誉的儒家知识分子，搜罗全国各地的知识分子为隋王朝服务。

在政治方面，隋文帝废除了北周的六官制度，恢复汉魏时期的传统官制，初步确立了三省六部制度。三省就是内史省、门下省和尚书省，这三省是最高政务机构。内史省负责决策，门下省负责审议，尚书省负责执行。这一制度后来被唐朝继承。尚书省下设吏、民、礼、兵、刑、工六部。六部的长官为尚书，总管本部政务。

吏部掌管全国官吏的任免、考核和升迁；民部掌管全国的土地、户籍和赋税；礼部掌管祭祀、礼仪和对外交往；兵部掌管全国武官的选拔，以及兵籍、军械等；刑部掌管全国的刑律、断狱；工部掌管国家的各种工程、水利和交通等。三省六部制组织严密，分工明确，加强了中央集权。隋文帝建立的这套规模庞大、结构完备的封建官僚机构制度，表明了我国封建制度发展到成熟阶段。六部的设置对唐朝和唐朝以后的历代王朝影响巨大，成为以后各朝的固定制度，一直沿袭到清朝。

《开皇律》

隋文帝即位以后，命人修订刑律，编成《开皇律》。《开皇律》分为名例、卫禁、职制、户婚、贼盗、斗讼、捕亡、断狱等12篇，一共500条。《开皇律》废除了前代实行的许多酷刑，如枭首、宫刑、孥戮、车裂等，减掉了81条死罪和154条流罪。从历史的角度来看，《开皇律》意在维护封建统治秩序，同时它也体现了一种文明和进步的精神。

在地方上，杨坚把原来的州、郡、县三级精简为州、县两级，合并500多个郡县，裁汰了大量的冗官，大大节省了政府的开支，减轻了人民的负担，提高了行政效率。隋文帝还下令，凡是九品以上的官员一律由中央任免，吏部掌握官吏的任免权。每年吏部都要对各级官吏进行考核，以决定官吏的奖惩、升降。这样一来，中央政府就可以更好地行使权力，控制地方。隋文帝还废除了腐朽的九品中正制，削弱了士族的势力。初创了科举制，开科取士，并设秀才科。他命令各州每年推选三个有才能的人，由中央授官，并规定京官五品以上、地方官如刺史，要由德才兼备的举人担当。这种选拔官员的制度，使出身底层、有才华的人能有机会做官，扩大了隋朝的统治基础，得到了中小地主阶级的支持，也促进了教育、文学的发展。隋文帝开创建立的科举制度，被后世所采用，长达1300多年，对中国历史影响深远，直到清朝末年才废除。

隋文帝还制定了《开皇律》，废除了宫刑、车裂、枭首、灭族等残酷的刑法，完成了自汉文帝以来的刑罚制度改革历程。《开皇律》对后世律法影响深远，隋文帝修订的法律基本上都被唐朝继承。

在军事方面，隋文帝初即位便派兵攻打不时侵扰的突厥，后来采用离间分化策略，使突厥分为东西两部，他们内部自相残杀，而隋朝消除了北方的边患。公元602年，隋军大破突厥，夺回了河套地区，把隋朝的北部边界扩展到了阴山以北。

隋朝全盛时，人口近5000万，良田1944万顷，国土东西9300里，南北14815里，国库殷实，国力强大，并重开丝绸之路，派遣使节四处活动，使隋朝成为一个世界性的大帝国。隋文帝在位期间，被称为"开皇之治"。

隋炀帝三下江都

隋炀帝当上了皇帝，就开始追求享乐起来。他生性好玩，享乐游玩的兴趣要经常更换，因此频繁出巡。

公元605年，就是隋炀帝即位的头一年，他就下诏命令黄门侍郎王弘等人到江南造龙舟和各种船只上万艘。几十万人因此被征调去造船，许多民工劳累过度，死在工地上，运载尸体的车子，东至成皋，北至河阳，络绎不绝。同年八月，隋炀帝从洛阳出发游江都，随行的有嫔妃、文武百官、公主王侯和僧道尼姑等几十万人。炀帝乘坐的龙舟高达45尺，宽50尺，长200尺。沿途一些州县的官僚，为了巴结皇帝，不顾百姓死活，狠命敲诈，让百姓为隋炀帝一行准备吃的喝的，叫作"献食"。一些州县甚至强迫农民预交几年的租税，弄得许多百姓倾家荡产。

公元611年，隋炀帝第二次巡游江都。这次游幸，又是大肆挥霍。不仅如此，隋炀帝一行到了江都，还大摆酒席，宴请江淮以南的名士，炫耀豪华，向百姓摆威风。

公元617年，隋炀帝第三次出游江都时，农民起义的烽火已燃遍大河上下、长江南北，隋王朝的统治已是岌岌可危了。可是隋炀帝只顾个人享乐，根本不顾百姓死活。在游江都之前，停泊在江都的几千艘龙舟全被起义军烧毁了。隋炀帝马上下令重新建造，规格比原来的还要豪华富丽，耗费了大量的钱财，百姓也已穷困到了极点。

▲隋炀帝龙舟出行图

隋炀帝的船队从宁陵向睢阳开进时，常常搁浅，拉纤的民夫用尽力气，一天也走不了几里路。炀帝十分恼火，下令追查这一段河道是哪个官员负责开凿的。

经查问，原来这个河段的负责人是麻叔谋。这时，督造副使令狐达乘机上书告发麻叔谋蒸食婴儿、收受贿金等事。于是，炀帝下令查办麻叔谋，并将当时挖这一段河道的五万名民工统统活埋在河岸两旁。

隋炀帝到达江都后，更加荒淫无度，每天都与嫔妃美女一起饮酒作乐。此时，他见天下大乱，心中也常常烦躁不安。他还准备了毒药带在身边，准备在危急时吃。隋炀帝一人出游，几乎是全天下的人民都在为他准备行装、供奉食物。他的游幸，给人民带来了深重的灾难，以致百姓没有饭吃，只能剥树皮、挖草根，或者煮土而食，有的地方还出现了人吃人的现象。至此，隋朝江山已处于风雨飘摇之中了。

瓦岗起义

瓦岗军的首领翟让，原来在东郡衙门里当差，因为得罪了上司，被关进了监牢，还被判了死罪。有个狱吏很同情他，在一天夜里，狱吏偷偷地给翟让解下镣铐，把翟让放了。

翟让出了监牢，逃到东郡附近的瓦岗寨，召集了一些贫苦农民，组织了一支队伍。当地一些青年人听到消息后，都来投奔他。这些人中有一个17岁的青年叫徐世勣，不但武艺高强，而且很有谋略。

翟让听从徐世勣的意见，带领农民军到荥阳一带，打击官府和富商，夺了大批钱粮。附近农民来投奔翟让的越来越多，队伍很快壮大到一万多人。

这时，有一个叫李密的青年前来投奔翟让，并且帮助他整顿人马。

李密对翟让说："从前刘邦、项羽，也不过是普通老百姓，后来推翻了秦朝。现在皇上昏庸残暴，民怨沸腾，官军大部分又远在辽东。您手下兵精粮足，要拿下东都和长安，打倒暴君，是很容易办到的事！"

接着，两人商量了一番，决定先攻打荥阳。荥阳太守见势不妙，慌忙向隋炀帝告急。隋炀帝派大将张须陀带大军前来镇压起义军。

李密请翟让在正面迎击官兵，他自己带了一千人马埋伏在荥阳大海寺北面的密林里。

张须陀根本没把翟让放在眼里，莽莽撞撞地指挥人马杀奔过来。翟让抵挡了一阵，假装败退。张须陀紧紧在后面追赶，追了十多里，路越来越窄，树林越来越密，进入了李密布置的埋伏圈。李密见敌军到了，一声令下，埋伏着的瓦岗军将士奋勇杀出，把张须陀的人马团团围住。张须陀左冲右突，没法突围，最后全军覆没。张须陀也被起义军杀死了。

经过这次战斗，李密在瓦岗军里声望提高了。李密不但号令严明，而且生活俭朴，对起义将士也十分关心。日子一久，将士们就渐渐倾向他了。

后来，翟让觉得自己的才能不如李密，就把首领的位子让给了李密。大家推李密为魏公，兼任起义军元帅。

瓦岗军在洛口建立了自己的政权。不久，又乘胜攻下许多郡县，隋朝官吏士兵都纷纷前来投降。瓦岗军一面继续围攻东都，一面发出讨伐隋炀帝的檄文，历数炀帝的罪恶，号召百姓起来推翻隋王朝的统治。这样一来，震动了整个中原。

正当瓦岗军不断发展壮大的时候，它的内部却发生了严重分裂。翟让让位给李密后，翟让手下有些将领很不满意。有人劝翟让把权夺回来，翟让却总是一笑了之。这些话传到李密耳朵里，李密就心生疑虑了。李密的部下也撺掇他把翟让除掉。李密为了保住自己的地位，终于起了杀心。

有一天，李密请翟让喝酒。在宴会中，李密把翟让的兵士支开后，假意拿出一把好弓给翟让，请他试射。翟让刚拉开弓，李密便暗示埋伏好的刀斧手动手，把翟让杀了。

从此，瓦岗军开始走向衰弱了。这时，北方由李渊带领的一支反隋军却日益强大起来。

李渊起兵

李渊出身贵族，继承祖上的爵位，当了唐国公。公元617年，隋炀帝派他到太原去当留守（官名），镇压农民起义。

李渊有四个儿子，其中第二个儿子李世民是个很有胆识的青年，他很喜欢结交朋友。

晋阳（今山西太原）县令刘文静就是李世民非常赏识的一个朋友，他跟李密有亲戚关系，李密参加起义军以后，刘文静受到株连，被革了职，关在晋阳的监牢里。

▲唐高祖李渊像

李世民得知刘文静坐了牢，急忙赶到监牢里去探望。

李世民拉着刘文静的手，一面叙友情，一面请刘文静谈谈对时局的看法。

刘文静早就知道李世民的心思，他说："现在杨广远在江都，李密正进攻东都，到处都有人造反，这正是打天下的好时机。我可以帮您招集10万人马，您父亲手下还有几万人。如果用这支力量起兵，不出半年就可以打进长安、取得天下。"

李世民回到家里，反复想着刘文静的话，觉得很有道理。但是要说服他父亲，却不是一件容易的事。正好在这个时候，太原北面的突厥（我国古代北方民族之一）可汗向马邑进攻。李渊派兵抵抗，连连打败仗。李渊怕这件事传到隋炀帝那里，要追究他的责任，急得不知怎么办才好。

李世民抓住这个机会，就找李渊劝他起兵反隋。

李世民对李渊说："皇上委派父亲到这里来讨伐反叛的人。可是眼下造反的人越来越多，您能讨伐得了吗？再说，皇上猜忌心很重，就算您立了功，您的处境也将更加危险。唯一的出路，只有起来造反。"

李渊犹豫了许久，才长叹一声，说："我思考你说的话，也有些道理，我只是有些拿不定主意。好吧！从现在起，是家破人亡，还是夺取天下，就凭你啦！"

李渊把刘文静从晋阳监牢里放了出来。刘文静帮助李世民，分头招兵买马。李渊又派人召回正在河东打仗的另两个儿子李建成和李元吉。

李渊自称大将军，让李建成做左领军大都督，李世民做右领军大都督，刘文静做司马，带领3万人马离开晋阳，向长安进军。一路上他们继续扩充人马，还学着农民起义军的做法，打开官仓，给贫民发粮。这样一来，加入队伍的人就越来越多了。

不久，李渊率军攻下霍邑城，然后继续向西进军，在关中农民军的配合下，渡过了黄河。

李渊率领了20多万大军攻打长安。守在长安的隋军，已经无力回天，很快就被李渊的军队攻破了城池。为了争取民心，李渊一进长安就宣布约法十二条，把隋王朝的苛刻法令全部废除，随后立隋炀帝的孙子杨侑做了挂名的皇帝。

第二年（公元618年）夏天，隋炀帝在江都被人杀了。消息一传来，李渊就把杨侑废了，自己登基称帝，改国号为唐，这就是唐高祖。

玄武门之变

唐朝刚刚建立不久，李世民和皇太子李建成之间，就为争夺皇位展开了激烈的斗争。

李世民手下有大批人才：勇将有声名显赫的尉迟敬德、秦叔宝、程咬金，文人中有著名的十八学士，其中房玄龄、杜如晦多谋善断，都是一时

▲十八学士图 唐 佚名

李世民建文学馆，广揽人才，杜如晦等十八人称学士。

俊秀。太子李建成在太原起兵之后，也统领过一支军队，打过一些胜仗，在他的周围聚集着一大批皇亲国戚。另外，他长期留守关中，在京城长安一带有牢固的基础，宫廷的守军（玄武门的卫队）也在他的控制之下。他还和齐王李元吉结成联盟对付李世民。因而，总的来说，李世民和李建成是势均力敌，旗鼓相当。

为了削弱李世民的势力，李建成和李元吉绞尽脑汁。凡是有调动兵马的机会，他们总是想方设法把李世民的部将调离。这样，他们之间由明争暗斗发展到了兵戎相见的地步。

这时正好突厥入侵，李建成便和李元吉策划，先夺了李世民的兵权，等出征的时候再把他杀掉。消息很快便传到李世民那里，他急忙找来长孙无忌、尉迟敬德商量对策，大家都主张立即动手，先发制人。

当天夜里，李世民进宫去控告李建成和李元吉，揭发他们在后宫胡作非为。高祖大吃一惊，说："有这样的事吗？"李世民说："不但如此，他们还想谋害我。如果他们得逞，儿就永远见不到父皇了！"说完便哭了起来。高祖说："你讲的事情，关系重大，明天你们一同进宫，我要亲自审问！"第二天一早，李世民让长孙无忌等人带了一支精兵，埋伏在玄武门内。守卫玄武门的将领叫常何，原来是李建成的心腹，事先已被李世民收买过来了。他见李建成和李元吉走进玄武门，便迅速将大门关闭。

翰林院

翰林院是中国唐代开始设立的各种艺能之士供职的机构。开元二十六年（公元738年），建翰林学士院，专供草拟诏制者居住，供职者称翰林学士（简称学士）。安史之乱以后，翰林学士的地位愈加重要，唐宪宗以后，翰林学士往往晋升为宰相。宋沿唐制设学士院，也称翰林学士院，有时亦称翰林。翰林学士实际上充当皇帝顾问，很多宰相都从翰林学士中选拔。元丰改制后，翰林学士成为正式官员，正三品，并且不任其他官职，专司草拟内制之职。明翰林院掌制诰史册文翰之事。入翰林院者均为科举进士名列前茅者，官品虽低，却被视为清贵之选。清因明制，亦设翰林院。掌院学士无文学撰述之责，是侍读学士以下诸官的名义长官，与唐宋之翰林学士有所不同。

李建成和李元吉下了马，走上临湖殿。李建成眼光向周围一扫，发觉周围的气氛有点反常。他扯一下齐王的衣袖，转身飞快走下石级，翻身上马，奔向玄武门。这时，只听有人喊道："太子、齐王，为什么不去上朝？"李建成回头一看，不是别人，正是对头李世民。李世民对准李建成一箭射去，先把李建成射死了。李元吉急忙向西逃去，也被尉迟敬德一箭射下马来。

正当他们兄弟三人火并的时候，唐高祖正带着大臣、妃子在海池中乘船游玩。忽然看见岸上有一个全副甲胄的将军匆匆赶来，便问："你是什么人？"那位将军跪在地上说："臣就是尉迟敬德。"高祖又问："你来这里干什么？"尉迟敬德说："太子、齐王叛乱，秦王恐怕惊动陛下，特地派臣来护驾。"高祖大吃一惊，忙问："太子、齐王在哪儿？"尉迟敬德说："已经被秦王杀死了。"

高祖十分难过，吩咐游船靠岸。左右大臣听到李建成、李元吉已死，也就乐得顺水推舟做个人情。宰相萧瑀说："建成、元吉本来就没有大功，现在秦王已经杀了他们，也不是坏事。不如陛下把国事交给秦王，就没有事了。"

事已至此，唐高祖只好听从萧瑀的话，命令各路军队都接受李世民的指挥。三天后，唐高祖李渊立李世民为皇太子，国家军政大事一律由太子处理。又过了两个月，唐高祖被迫让位，自称太上皇。李世民当上皇帝，就是唐太宗。

文成公主入藏

吐蕃人是藏族的先祖，唐初在青藏高原上生活，并日益壮大起来。大约在公元620年，吐蕃赞普（吐蕃人的首领）松赞干布的父亲统一了西藏各个部落。后来，松赞干布做了赞普，把都城迁到逻些（今拉萨），制定了官制和法律，建立了强大的奴隶制政权。

公元640年，松赞干布派得力的大相（宰相）禄东赞带着5000两黄金，数百件珍宝，去长安求婚。唐太宗向禄东赞仔细询问了吐蕃的情况，答应把美丽多才的文成公主嫁给松赞干布。

传说当时到长安求婚的一共有5个国家的使臣，唐太宗决定出几道难题，考一考这些使臣，谁回答得正确，就把公主许配给哪一个国王。

唐太宗叫侍从拿出一颗珍珠和一束丝线，对使臣们说："谁能把丝线穿过珍珠的小孔，就把公主嫁给谁的国王？"这是一颗中间有一个弯弯曲曲小孔的珍珠，叫九曲珍珠。一根软软的丝线怎能从弯弯曲曲的小孔中穿过

▲步辇图 唐 阎立本
此图描绘了唐太宗会见吐蕃赞普派来迎娶文成公主的使者禄东赞的情景。

呢？几位使臣拿着丝线不知怎么办。禄东赞灵机一动，他捉来一只蚂蚁，把丝线拴在蚂蚁的身上，再把蚂蚁放进小孔的一端，然后向小孔内吹气。一会儿，蚂蚁爬出了小孔的另一端，丝线也就在蚂蚁的带动下，穿了过去。

接着，唐太宗又出了第二道难题。他命令马夫赶来100匹母马和100匹马驹，要求辨认100对马的母子关系。其他使臣束手无策，只有禄东赞想出了办法。禄东赞把母马和马驹分别圈起来，只喂马驹草料，不喂水。过了一天，再把马驹放出来，小马驹渴得厉害，纷纷找自己的妈妈吃奶，就这样，禄东赞辨认出它们的母子关系。

于是，到了公元641年，唐太宗就派礼部尚书、江夏王李道宗护送文成公主，动身进入吐蕃。松赞干布亲自率领大队人马从逻些赶到柏海（今青海扎陵湖）迎接。松赞干布原来住在帐篷里，为了和文成公主成婚，在逻些专门建筑了一座华丽的王宫，就是现在的布达拉宫。在这座王宫里，松赞干布和文成公主举行了隆重的婚礼。

文成公主进藏，在吐蕃历史上是一件重大事件。文成公主到达吐蕃，不仅带去各种谷物、蔬菜种子，而且带去了工艺品、药材、茶叶及各种书籍。吐蕃过去没有文字，无论什么事都用绳打结，或在木头上刻符号表示。文成公主劝松赞干布设法造字。于是，松赞干布指令吞弥·桑布扎去研究，后来创制出了30个字母及拼音造句的文法。从此吐蕃有了自己的文字。所有这些，都极大地促进了经济文化的发展。

公元650年，松赞干布不幸英年早逝，只活了33岁。松赞干布死后，文成公主又活了30年。文成公主受到吐蕃人世世代代的热爱，留下了许多美丽的传说。

回纥兴起

回纥是隋代至唐初游牧在色楞格河一带的少数民族，先是隶属于突厥，突厥衰落后，回纥兴盛起来。"安史之乱"期间，回纥两次出兵帮助唐平叛。回纥与唐通好，双方进行了大规模的互市贸易，双方的经济文化交流很频繁。唐末，回纥衰落，大都向西迁徙。

女皇武则天

唐高宗是个懦弱平庸的人，他即位以后，把朝政大事交给他的舅父、宰相长孙无忌处理。后来，他又立武则天为皇后，武则天权力欲很强，逐渐掌握了朝政大权，成了中国历史上唯一的女皇帝。

武则天，名曌，并州文水（今山西文水）人。她的父亲武士彟原来是一个很有钱的木材商人。隋末时弃商从戎，成了一名府兵制下的鹰扬府队正。李渊起兵反隋，武士彟转而参加了李渊的军队，后来在唐朝廷为官，官至工部尚书，封应国公。武则天9岁时，父亲死去。14岁时，已经近40岁的唐太宗听说她长得很美，便选她入宫，赐号武媚，人称媚娘，后来又封为才人。唐太宗死了以后，她和一些宫女依旧制被送到感业寺去做尼姑。李治当太子时曾与她有暧昧关系，于是让她蓄发入宫侍寝，封为昭仪。但武则天心里还不满足，想进一步夺取皇后的位子，于是武则天千方百计想陷害王皇后。

武则天生了一个女儿，有一天，王皇后来探望，爱抚地摸了摸，逗了逗。王皇后走后，武则天竟狠心地把女儿掐死，用被子盖好。当高宗来看时，她便诬陷是王皇后杀了她的女儿，使王皇后有口难辩。唐高宗因此大怒，从此动了废王立武的念头。

到了公元655年九月，唐高宗不顾褚遂良、长孙无忌等人的反对，正式提出废王皇后，立武则天为后。

有一天，唐高宗问李勣："我打算立武昭仪做皇后，褚遂良他们坚决反对，你看这事该怎么办呢？"李勣看见高宗废立决心已下，便为武则天说好话，他说："废立皇后，这是陛下的家事，何必一定要得到外人同意呢？"许敬宗也说："乡下人多割十斛麦子，尚且想换个新媳妇，何况天子富有四海，立新皇后没有什么不可以的！"于是高宗决定，废王皇后为庶人，册封武氏为皇后。

武则天当皇后以后，很快形成了自己的势力集团，参与朝政。她利用高宗与元老重臣之间的矛盾，在短短几年内，就杀了长孙无忌，罢免了20多个反对她的重臣。武则天对拥护她的人全都重用，李义府、许敬宗因而

▲武后步辇图　唐　张萱

青云直上，当了宰相。到了后来，武则天甚至同高宗一起垂帘听政，当时朝臣并称他们为"二圣"，即称高宗为天皇，武后为天后。武则天作威作福，高宗一举一动都受她约束。唐高宗很不满，就秘密把大臣上官仪找来，让他起草废武后的诏书。消息传到武则天那里，武则天怒气冲冲地去见唐高宗。她厉声问高宗说："这是怎么回事？"唐高宗十分害怕，没了主意，就结结巴巴地说："我本来没有这个意思，都是上官仪教我这么干的。"武则天立刻命人杀掉上官仪等人。从此大小政事，都由武则天一人定夺。

唐高宗感到武氏一派的威胁越来越大，担心李家的天下难保，就想趁自己还在世，传位给太子李弘（武则天的长子）。但是，武则天竟用毒酒害死了李弘，立次子李贤做太子。不久，又把李贤废为平民，改立三儿子李显为太子，弄得唐高宗束手无策。

到公元683年十二月，唐高宗病死，太子李显即位，就是唐中宗。武则天以皇太后的身份临朝执政。后来，她容忍不了唐中宗重用韦氏家族的人，又废了唐中宗，立她的四儿子李旦为帝，就是唐睿宗。同时，她不许睿宗干预朝政，一切事务由她自己做主。

唐宗室功臣看到武氏家族弄权，人人自危，于是激烈的斗争便公开化了。最先起来反抗的是李唐旧臣徐敬业、唐之奇、骆宾王等人。他们以拥戴中宗为号召，在扬州起兵反对武则天，在朝廷内部获得了宰相裴炎的支持，内外呼应，一时间聚集了十余万人马。骆宾王乘讨武军浩大的气势，慷慨激昂地写了一篇著名的《讨武曌檄》。武则天派出30万大军讨平了徐敬业，杀了倾向徐敬业的宰相裴炎等人。

公元690年九月，67岁的武则天自称圣神皇帝，改国号为周，以洛阳为神都，降唐睿宗为皇嗣。

唐三彩

唐三彩是一种盛行于唐代的陶器，以黄、白、绿为基本釉色，后来人们习惯地把这类陶器称为"唐三彩"。唐代是中国封建社会的鼎盛时期，经济上繁荣兴盛，文化艺术上群芳争艳。唐三彩就是这一时期产生的一种彩陶工艺品，它以造型生动逼真、色泽艳丽和富有生活气息而著称。

李林甫口蜜腹剑

唐玄宗执政二十多年，见天下太平，便渐渐滋长了骄傲怠惰的情绪。他觉得，天下太平无事，宰相管政事，将帅守边防，自己何必那么为国事操心。于是，他就追求起奢侈享乐来了。

宰相张九龄看在眼里、急在心上，常常给唐玄宗提意见。唐玄宗本来对张九龄很尊重，但是到了后来，再也听不进张九龄的意见了。

有一个大臣叫李林甫，是一个不学无术的人。他什么事都不会，专门学了一套奉承拍马的本领。

唐玄宗想提升李林甫为宰相，跟张九龄商量。张九龄看出李林甫是个心术不正的人，就直截了当地说："宰相的地位，关系到国家的安危。陛下如果拜李林甫为相，只怕将来国家就要遭难了。"

李林甫听到这些话，把张九龄恨得咬牙切齿。

朔方（治所在今宁夏灵武）将领牛仙客，没读过书，但是很会理财。唐玄宗想提拔牛仙客，张九龄不赞同。李林甫在唐玄宗面前说："像牛仙客这样的人，是宰相的合适

▲登科平乐舞图　唐

人选；张九龄是个书呆子，没有大局观念。"

有一次，唐玄宗又找张九龄商量任用牛仙客的事。张九龄还是不同意。唐玄宗生气地说："难道什么事都得由你作主吗！"

经过几件事，唐玄宗越来越讨厌张九龄，加上李林甫的挑拨，终于找了个借口撤了张九龄的职，让李林甫当了宰相。

李林甫当上宰相后，第一件事就是要把唐玄宗和百官隔绝，不许大家在玄宗面前提意见。

开元通宝

从西汉武帝铸造五铢钱开始，五铢钱一直使用到唐初。唐武德四年（公元621年），朝廷宣布废除五铢，新铸开元通宝，从而结束了五铢钱700余年的流通史。开元通宝采用两钱制，即一两等于十钱，等于一百分，等于一千厘。1枚开元通宝重一钱，又叫一文，10枚为一两。中国的一两十钱制，即起源于此。唐钱以开元通宝为主，共铸行200多年。开元通宝为后世通宝、元宝之起源，其钱文、重量、行制均成为后世铸钱之楷模。唐武宗会昌五年（公元845年），扬州节度使李绅在钱背铸"昌"以记年号，各地纷纷加以仿效，在钱的背面铸上州郡的名称，这种钱币称作会昌开元通宝。开元通宝除铜钱外，还有金币和银币，但这两种币不用于流通，而是用于宫廷赏赐。

有一个谏官不肯依附李林甫，上奏本向唐玄宗提建议。第二天他就接到命令，被降职去外地做县令了。大家知道这是李林甫的意思，以后谁也不再向玄宗提意见了。

李林甫自知在朝廷中的名声不好。凡是大臣中能力比他强的，他就千方百计地把他们排挤出朝廷。他要排挤一个人，表面上不动声色，笑脸逢迎，却在背地里暗箭伤人。

有一个官员叫严挺之，被李林甫排挤去外地做刺史。后来，唐玄宗想起他，跟李林甫说："严挺之在什么地方？这个人很有才能，可以任用。"

李林甫说："陛下既然想念他，我去打听一下。"

退朝后，李林甫忙把严挺之的弟弟找来，说："你哥哥不是一直很想回京城见皇上吗，我有一个办法能让他如愿。"

严挺之的弟弟见李林甫对他哥哥很关心，当然很感激，连忙请教怎么办才好。李林甫说："只要叫你哥哥上一道奏章，就说自己得了病，请求回京城来治病就行了。"

严挺之接到他弟弟的信，果然上了一道奏章，请求回京城看病。这时，李林甫就拿着奏章去见唐玄宗，说："实在太可惜了，严挺之现在已经得了重病，干不了大事了。"

唐玄宗叹了口气，也就作罢了。

像严挺之这样上当受骗的还有很多。但是，不管李林甫装扮得多么巧妙，他的阴谋诡计还是被人们识破了。人们就说李林甫这个人是"嘴上像蜜甜，肚里藏着剑"，成语"口蜜腹剑"就是这样来的。

李林甫在宰相的职位上，一干就是十九年，一个个有才能的正直的大臣全都遭到排挤，一批批阿谀奉承的小人都受到重用提拔。就在这个时期，唐朝的政治从兴旺走向衰败，"开元之治"的繁荣景象也消失了，接着就发生了"安史之乱"。

李白傲权贵

唐玄宗暮年时，宠爱年轻美貌的杨贵妃，并把她的近亲都封了官。

唐玄宗和杨贵妃每天都在宫里饮酒作乐，时间一久，宫里的一些老歌词听腻了，他便派人到宫外去找人来给他填写新词。就这样，贺知章推荐李白进了宫。

李白，字太白，自号青莲居士，又号谪仙人，祖籍陇西成纪，是凉武昭王李暠的后代。李白出生在西域碎叶城（位于今巴尔喀什湖南），5岁的时候，他父亲才千里迢迢拖儿带女回到内地，在绵州昌隆县（今四川省江油市）清廉乡（一作青莲乡）定居下来。

李白的父亲从小就对李白进行严格的教育和培养，所以李白5岁时就能诵六甲，10岁时就读遍了诸子百家的书，连佛经、道书他也拿来读。

20岁前后，李白游历了蜀中的名胜古迹，并作了《登锦城敬花楼》《白头吟》《登峨眉山》等名诗。雄伟壮丽的山川，开阔了李白的视野，养育了李白广阔的襟怀、豪迈的性格和对祖国无比热爱的思想感情。李白决心像历史上一些杰出人物那样，干一番轰轰烈烈的大事业。但他不愿像当时的读书人那样，走科举入仕的道路，而是希望依靠自己的学问、品德，获得声誉，一举成名。

抱着这种目的，李白在家乡时就开始了"遍访诸侯"的活动。出蜀之后十余年中，李白游历了大半个中国。他的求仕活动未获得成效，他的诗歌却越来越成熟了，而社会的阅历和生活的磨难，更使他洞悉到世态的炎凉。在这期间，李白写下了许多不朽的诗篇，他自己也因而名满天下。后来，贺知章利用唐玄宗找人填写歌词的机会把李白如何有才学、如何想为国出力的情况奏明了唐玄宗。唐玄宗很爱

▲太白醉酒图　清　改琦

唐代大诗人杜甫于唐玄宗天宝五载（公元746年）初至长安，分咏当时八位著名酒徒的个人性情和艺术成就。其中有这样的诗句"李白斗酒诗百篇，长安市上酒家眠。天子呼来不上船，自称臣是酒中仙"，淋漓尽致地描绘了李白作为"诗仙"的狂傲和放逸不拘。此图是清代著名画家改琦为这一诗句所作的人物画，再现了李白的洒脱和轻狂。

才，对李白的诗也十分欣赏，当即决定召见李白。

公元742年，李白应召进宫。十余年来的愿望终在这一天实现，李白简直有点飘飘然了，于是他口中吟出"仰天大笑出门去，我辈岂是蓬蒿人"的诗句，高高兴兴地面见唐玄宗去了。

唐玄宗一见李白，顿时感到此人气概非凡，情不自禁地站了起来，叫内侍给他看座。深入交谈后，唐玄宗感到李白名不虚传。唐玄宗说："先生的大作我早已读过一些，今日见面，果然是诗如其人。"当下，唐玄宗任命李白在翰林院供职。李白见唐玄宗对自己很欣赏，心里自然高兴，便愉快地接受了任命。

李白非常喜欢饮酒，一有空闲就约集几个好朋友到野外饮酒作诗，当时人们把李白、崔宗等八个人称作"酒中八仙"。李白也常常独自跑到街上的酒楼里痛饮，经常喝个酩酊大醉。

李白行为放浪，又蔑视权贵，终为权贵所不容。李林甫、杨国忠、高力

▲李白《把酒问月》诗意图　明　杜堇

此图依据李白诗意绘制而成，左为图，右为原诗。人物用白描法，笔法细劲秀逸。形象生动传神。杜堇，本姓陆，字惧男，号古狂、青霞亭长，江苏丹徒人，明成化、弘治年间的著名画家。山水取法南宋四家，用笔遒劲；人物师李公麟，流畅疾利，追踪晋唐。

士、杨贵妃等常在唐玄宗面前讲李白如何狂傲、如何不守礼节的坏话。唐玄宗几次想重用李白，都遭到这些人的极力反对，于是就把这件事搁置起来了。

时间一久，李白看出唐玄宗没有重用自己的意思，原来那满腔的热情便渐渐冷却了，于是就请求辞官回家。唐玄宗也顺水推舟，批准他回家的请求，临行前赐给李白一块金牌，凭着它，李白无论走到哪里都能得到当地官员的接待。李白离开长安以后，重新开始了他自由的生活。他遍游了祖国大好山河，写下了许多脍炙人口的诗篇。

李白62岁时，病逝在他的族叔李阳冰那里。就在李白遍游祖国大好山河的同时，由于唐王朝的腐败，中原地区遭受了一场战火的洗劫。

安禄山叛乱

唐玄宗在位期间，为加强边境的防御，在重要的边境地区设立了十个军镇（也就是藩镇），这些军镇的长官叫节度使。节度使的权力很大，不仅带领军队，还兼管行政和财政。

李林甫掌握朝政大权后，不但排挤打击朝廷的文官，还猜忌边境的节度使。担任朔方等四个镇节度使的王忠嗣，立了很多战功，他手下就有著名的将领哥舒翰、李光弼等人。李林甫见王忠嗣的功劳大，威望高，怕他被唐玄宗调回京城当宰相，就派人向唐玄宗诬告王忠嗣想拥戴太子谋反，王忠嗣为此险些丢掉了性命。

当时，边境将领中有一些少数民族人。李林甫认为他们文化低，不会威胁到自己的地位，就在唐玄宗面前竭力主张重用少数民族。

在这些少数民族的节度使中，唐玄宗、李林甫特别欣赏平卢（治所在今辽宁朝阳）节度使安禄山。

安禄山经常搜罗奇禽异兽、珍珠宝贝，送到宫廷讨好唐玄宗。他知道唐玄宗喜欢边境将领报战功，就采取许多卑劣的手段，诱骗平卢附近的少数民族首领和将士到军营来赴宴。在酒席上，用药酒灌醉他们，把兵士杀了，又割下他们首领的头，献给朝廷报功。

唐玄宗常常召安禄山到长安朝见。安禄山抓住这个机会，使出他的手段，逢迎拍马讨唐玄宗的喜欢。安禄山长得特别肥胖，又装出一副傻乎乎的样子。唐玄宗一见到他就高兴得不得了。

安禄山得到了唐玄宗和李林甫的信任，做了范阳、平卢两镇及河东（治所在今山西太原）节度使，控制了北方边境的大部分地区。他秘密扩充兵马，提拔了史思明、蔡希德等一批猛将，又任用汉族士人高尚、严庄帮他出谋划策，囤积粮草，磨砺武器。只等唐玄宗一死，他就准备造反。

没过多久，李林甫病死了，杨贵妃的同族哥哥杨国忠借着他的外戚地位，继任了宰相。杨国忠本来是个流氓，安禄山瞧不起他，他也看不惯安禄山，两个人越闹越僵。杨国忠几次三番在唐玄宗面前说安禄山一定要谋反，但是唐玄宗正在宠信安禄山，自然不相信他的话。

▲安禄山像

公元755年十月，安禄山做了周密准备以后，决定发动叛乱。这时，正巧有个官员从长安到范阳来。安禄山便假造了一份唐玄宗从长安发来的诏书，向将士们宣布说："接到皇上密令，要我立即带兵进京讨伐杨国忠。"

将士们都觉得事出突然，但是谁也不敢对圣旨表示怀疑。

第二天一早，安禄山就带领叛军出兵南下。15万步兵、骑兵在河北平原上进发，一时间，道路上烟尘滚滚，鼓声震天。中原一带已经有100年左右没有发生过战争，老百姓好几代没有看到过打仗。沿路的官员逃的逃，降的降。安禄山叛军一路南下，几乎没有遭到什么抵抗。

范阳叛乱的消息传到长安，唐玄宗开始还不相信，认为是有人造谣，到后来警报一个个传来，他才慌了起来，召集大臣商议对策。满朝官员没有经历过这样的大变乱，个个吓得目瞪口呆，不知所措。只有杨国忠反而得意扬扬地说："我早说安禄山要反，我没说错吧。不过，陛下尽管放心，他的将士不会跟他一起叛乱。十天之内，一定会有人把安禄山的头献上。"

唐玄宗听了这番话，心情才安稳下来。可是，大唐君臣上下谁也没有想到，叛军在短短的时间内便长驱直入，一直渡过黄河，占领了洛阳。

马嵬驿兵变

潼关形势险要，道路狭窄，是京城长安的门户。唐玄宗派大将哥舒翰带领重兵把守在那里。叛将崔乾在潼关外屯兵半年，没法攻打进去。

叛军攻不进潼关，但是关里的唐王朝内部却生起事端。哥舒翰主张在潼关坚守，等待时机；郭子仪、李光弼也从河北前线给唐玄宗上奏章，请求引兵攻打安禄山的老巢范阳，让潼关守军千万不要出关。但是，宰相杨国忠却反对这样做。他在唐玄宗面前说潼关外的叛军已经不堪一击，哥舒翰守在潼关按兵不动，歼灭叛军的时机会丧失掉。昏庸的唐玄宗听信杨国忠的话，接二连三派使者到潼关，逼哥舒翰带兵出潼关。

哥舒翰明知出关凶多吉少，但是又不敢违抗皇帝的圣旨，只好痛哭一场，带兵出关了。

关外的叛将崔乾早已做好准备，只等唐军出关。崔乾派精兵埋伏在灵宝（在今河南省西部）西面的山谷里。哥舒翰的 20 万大军一出关，就中了埋伏，20 万大军几乎被叛军打得全军覆没。哥舒翰也被俘虏了。

潼关失守后，关内已无险可守。从潼关到长安之间的一些地方官员和守兵，都纷纷弃城而逃。到了此时，唐玄宗才感到形势危急，他让杨国忠赶紧想办法。杨国忠召集文武百官商量，大

▲杨贵妃像

家都失魂落魄，谁也想不出一个好主意来。杨国忠知道留在长安已经没有了生路，就劝玄宗逃到蜀地去。当天晚上，唐玄宗、杨国忠带着杨贵妃和一群皇子皇孙，在将军陈玄礼和禁卫军的护卫下，悄悄地打开宫门，逃出了长安。他们事先派了宦官到沿路各地，让官员准备接待。

谁知，派出的宦官早已经自顾逃命了。唐玄宗一伙人走了半天也没有人给他们送饭。

他们走走停停，第三天到了马嵬驿（在今陕西兴平市西）。随行的将士疲惫不堪，饥渴难忍。他们心里越想越气，好好的长安待不住，弄得到处流亡，受尽辛苦。他们认为，这全都是受了奸相杨国忠的拖累，这笔账应该向杨国忠算。

这个时候，有二十几个忍饥受饿的吐蕃使者拦住杨国忠的马，向杨国忠要粮。杨国忠正忙着应付，周围的兵士便嚷起来："杨国忠要造反了！"一面嚷，一面向他射起箭来。

清平调三章

天宝年间，一天晚上，唐玄宗带着他的宠妃杨玉环，乘月色观赏移植到沉香亭的四株名贵牡丹。叫李龟年拿着金花笺赐给李白，让李白赶紧写词（也就是配合歌唱的七言律诗）。哪想到这时李白正和几个朋友躺在酒楼里呢。李龟年赶快用冷水激醒他，叫人把李白架进兴庆宫，半醉半醒的李白，写下了三首《清平调》：

云想衣裳花想容，春风拂槛露华浓。若非群玉山头见。曾向瑶台月下逢。

一枝红艳露凝香，云雨巫山枉断肠。借问汉宫谁得似，可怜飞燕倚新妆。

名花倾国两相欢，长得君王带笑看。解释春风无限恨，沉香亭北倚阑干。

据说后来高力士听到贵妃吟唱此诗，便以诗中用了飞燕和襄王的典故进谗，说是有讥讽贵妃与唐玄宗之意，使他们顿生疑忌，最终把李白流放出京城。

兵士们杀了杨国忠，情绪更加激昂起来，把唐玄宗住的驿馆也包围了。唐玄宗听到外面的吵闹声，问是怎么回事，左右太监告诉他，兵士们已把杨国忠杀了。唐玄宗大惊失色，不得不扶着拐杖，走出驿门，慰劳兵士，要将士们回营休息。

兵士们哪里肯听唐玄宗的话，照样吵吵嚷嚷。玄宗派高力士找到将军陈玄礼，问兵士们不肯散的原因。陈玄礼回答说："杨国忠谋反，贵妃也不能留下来了。"

唐玄宗为了保住自己的命，只好下了狠心，叫高力士把杨贵妃带出去，用带子勒死了。将士们听到杨贵妃已经被处死，总算出了一口恶气，撤回了军营。

唐玄宗经过这场兵变，像惊弓之鸟一样，急急忙忙逃到成都。太子李亨被当地官吏、百姓挽留下来主持朝政。李亨从马嵬驿一路收拾残余的兵士北上，在灵武（今宁夏灵武西南）即位，这就是唐肃宗。

安宁天下郭子仪

郭子仪从小喜武，研读兵书，年轻时以武举进入仕途，官至天德军使兼九原太守。郭子仪凭借杰出的军事才能立下了赫赫战功，为恢复唐朝中央政权，安定社会，稳定边境，交好少数民族，作出了重要的贡献。

公元755年，安史之乱爆发，叛军很快攻陷洛阳，直逼长安。唐玄宗避祸四川，太子李亨在灵武即位，是为唐肃宗。国事危难，肃宗任命郭子仪为朔方节度使，担负收复洛阳、长安两京，抗击安史叛军的重任。郭子仪先在恒阳城下大败史思明以及安禄山的援军，夺取了潼关；然后他又率领唐朝15万人马以及从回纥借来的5000名精锐骑兵，分三路直取长安。这时，安禄山被他的儿子安庆绪杀死，郭子仪趁叛军内乱，一举收复了被叛军占领一年零四个月的京师长安。随后又在新店击败安庆绪，收复洛阳。

收复洛阳之后，肃宗对郭子仪赞誉有加，称其为大唐的再造者，并封郭子仪为司徒、代国公。

公元758年十月，郭子仪等9个节度使又率兵进攻退守相州的安庆绪，安庆绪走投无路，向史思明求援。由于监军太监鱼朝恩不懂军事，贻误战

▲迎玄宗图　唐　佚名

至德二年（公元 757 年）十月十九日，唐肃宗从凤翔起驾进长安，并派太子太师韦见素入蜀，奉迎玄宗。

机，唐军大败。肃宗听信鱼朝恩的谗言，把相州失败的责任推到郭子仪一个人的身上，免去他的官职，召他回京，命李光弼接替他的职务。

史思明听说郭子仪被解职，立即带领大军进犯洛阳，洛阳再次失守。河东一带的节度使驻军听说洛阳失守，都骚动起来。肃宗只得重新起用郭子仪，任命他为河北诸州的节度使行营及兴平等军副元帅，并封他为汾阳郡王，出镇绛州，肃宗临死时把河东的一切军政大权都交给了郭子仪。郭子仪一到任，就杀了 40 多个为首作乱的人，稳定了河东的局势。

史思明死后，他的儿子史朝义继续盘踞在洛阳。即位的代宗任命郭子仪为副帅，出兵讨伐史朝义。郭子仪认为单凭唐军的力量，难以消灭叛军，于是向回纥借来 10 万精兵，一举攻占了洛阳。史朝义逃往莫州。公元 763 年，众叛亲离的史朝义自杀，为祸 8 年的安史之乱终于被郭子仪平定了。

安史之乱平定后，郭子仪又平定节度使仆固怀恩等人的叛乱，并多次击退吐蕃军队的进犯，保证了关中和长安的安全。

郭子仪戎马一生，为唐朝立下了汗马功劳，累官至兵部尚书、太尉兼中书令，声望极高。德宗即位，尊为尚父，罢兵权。公元 781 年，郭子仪病逝，德宗下令将郭子仪陪葬肃宗建陵，并破例将他的坟墓加高一丈，以示表彰。

黄巢起义

唐朝末年，经过藩镇混战、宦官专权和朝廷官员中的朋党之争，朝政混乱不堪。尽管唐宣宗是一个比较精明的皇帝，但也不能改变这种局面。

唐宣宗死后，先后接替皇位的唐懿宗李漼、僖宗李儇，只知寻欢作乐，追求奢侈糜烂的生活，腐朽到了极点。皇室、官僚和地主加紧剥削农民，税收越来越重；加上接连不断的天灾，农民断了生路，到处逃亡。有的忍受不了苦难，只有走上造反的路了。

公元874年，也就是唐僖宗即位第一年，濮州（治所在今河南范县）地方有个盐贩首领王仙芝，带领几千农民，在长垣（在今河南）起义。王仙芝称自己为天补平均大将军，发出文告，揭露朝廷造成贫富不等的罪恶。这个号召很快得到贫苦农民的响应。不久，冤句（今山东曹县北）地方的盐贩黄巢也起兵响应。

后来，黄巢和王仙芝两支起义队伍汇合了，继而转战山东、河南一带。

后来，黄巢决定跟王仙芝分两路进军。王仙芝向西，黄巢向东。不久，王仙芝率领的起义军在黄梅（在今湖北）打了败仗，他本人也被唐军杀死了。

王仙芝失败后，剩余的起义军重新与黄巢的队伍会合，大家推黄巢为王，又称冲天大将军。

当时在中原地区的官军力量还比较强，起义军进攻河南的时候，唐王朝在洛阳附近集中大批兵力准备围攻。黄巢看出唐军的企图，决定攻打官军兵力薄弱的地区，于是带兵南下。后来，一直打到广州。

起义军在广州休整后不久，岭南地区发生了瘟疫。黄巢于是决定挥师北上。

公元880年，黄巢统率60万大军开进潼关，声势浩大。

起义军攻下了潼关，唐王朝惊恐万状，唐僖宗和宦官头子田令孜带着妃子，向成都出逃，来不及逃走的唐朝官员全部出城投降。

过了几天，黄巢在长安大明宫称帝，国号叫大齐。经过7年的斗争，起义军终于取得了胜利。

但是，黄巢领导的起义军长期流动作战，攻占过的地方，都没留兵防守。几十万起义军占领长安以后，四周还是官军势力。没过多久，唐王朝便调集各路兵马，把长安围住。长安城里的粮食供应出现了严重困难。

黄巢派出大将朱温在同州（今陕西大荔）驻守。在起义军最困难的时候，朱温竟做了可耻的叛徒，投降了唐朝。

唐王朝又调来了沙陀（古代西北少数民族）贵族、雁门节度使李克用，率领四万骑兵向长安进攻。起义军迎战，大败而回，最后只好撤出长安。

黄巢带领起义军撤退到河南时，又遭到朱温、李克用的围攻。公元884年，黄巢攻打陈州（今河南淮阳）失利，官军紧紧追赶。最后，黄巢在泰山狼虎谷英勇牺牲。

朱温篡唐

朱温（公元852—912年），唐朝宋州砀山（今安徽砀山）人，因排行第三，乳名朱三。朱温的父亲是乡村的私塾教师，父亲死后，因母亲改嫁，朱温来到了萧县刘崇家。朱温长大后狡猾奸诈，蛮勇凶悍，经常在乡里惹是生非，乡亲们都很讨厌他。25岁时，朱温参加了黄巢起义军。朱温作战勇敢，屡立战功，被升为队长。

公元880年，黄巢起义军攻陷了唐朝都城长安（今陕西西安）。黄巢在大明宫称帝，国号大齐。朱温被任命为东南行营先锋使，驻守在东渭桥（今西安东北），后来转战河南，攻占邓州（今河南邓州），切断了唐军从襄樊地区北攻起义军的道路，稳定了大齐政权的东南面局势。朱温得胜回长安时，黄巢亲自到灞上迎接，并犒赏三军。随后朱温奉命到长安以西，抵抗反攻的唐军，再次获胜，朱温成了大齐政权的功臣。

唐僖宗逃到蜀地后，号召各地将领勤王，唐朝河中节度使王重荣有精兵数万，进攻起义军。朱温率军迎战，但由于兵少，屡战屡败，只好向黄巢求救。但求援信总是被负责军务的孟楷扣压，朱温一筹莫展。

▲朱温像

谋士谢瞳趁机向朱温献策说："黄巢也不过是平头百姓一个，只是趁唐朝衰落才占领长安，不值得您和他长期共事。现在唐朝皇帝在蜀，各路勤王兵马又逼近长安，这说明唐朝气数未尽。将军您在外苦战，但在朝中却被小人制约，这就是为什么章邯背叛秦归楚的原因。"朱温听了觉得有理，为了自己的前途，便杀掉监军使严实，率部投降了王重荣。

　　唐僖宗在得知朱温投降的消息后，高兴得手舞足蹈，说："这真是天助我也！"他立即下诏封朱温为左金吾大将军、河中行营招讨副使，并赐名朱全忠。然而，就是这个朱全忠，像原来没有忠于黄巢、忠于大齐一样，也没有忠于唐朝，反而成了唐朝最终灭亡的掘墓人。

　　朱温投降唐朝廷后，和各路唐军一起围攻长安。黄巢抵挡不住，只好退出长安，向河南突围，最后被唐将李克用杀死在山东泰山虎狼谷，其部将秦宗权率领余部继续进行斗争。朱温追击黄巢军，一直打到汴州（今河南开封）。此后，朱温便以汴州为根据地，不断扩大自己的势力。

　　后来起义军进攻汴州，朱温向李克用求援，李克用击退了起义军。朱温设宴招待，李克用年轻气盛，傲气十足，又对朱温出言不逊。朱温怀恨在心，当夜派兵把驿馆团团围住，四处放火，乱箭齐发。李克用靠亲兵拼命死战，才突围逃走，但他的几百名亲兵全部被杀。从此，李克用跟朱温结下不共戴天之仇。但朱温的势力越来越大，李克用屡战屡败，只好退到河东地区（今山西一带）。

　　唐僖宗病死后，他的弟弟唐昭宗李晔想依靠朝臣来反对宦官，但遭失败。宦官把唐昭宗软禁了起来，另立新皇帝。

　　朱温见有机可乘，便派亲信偷偷溜进长安，跟宰相崔胤密谋。崔胤和朱温联合发兵杀死宦官头目刘季述，使唐昭宗复位。

　　唐昭宗和崔胤还想杀光宦官，但宦官投靠凤翔节度使李茂贞，把唐昭宗劫持到凤翔。

　　崔胤向朱温求救，朱温率军进攻凤翔，要李茂贞交出唐昭宗。朱军把凤翔城团团围住。最后城里的粮食吃光了，又碰到大雪天，兵士和百姓饿死、冻死的很多。李茂贞被围在孤城里，走投无路，只好投降。

　　朱温攻下凤翔后，把唐昭宗带回长安，被唐昭宗封为梁王。从此唐朝大权就从宦官手里，转到朱温手里。朱温掌握大权后，把宦官全部杀光，并挟持唐昭宗迁都洛阳。唐昭宗到了洛阳，想秘召各地藩镇来救他，结果被朱温发现，把他杀死。朱温

▲持戈骑兵画像砖　唐

另立了一个13岁的小孩子做傀儡皇帝，就是唐哀宗。

这时的唐朝只剩下一批大臣。朱温的谋士李振，因为当初没考上进士，所以痛恨朝臣。他对朱温说："这批人平时自命清高，自称'清流'，应该把他们全都扔到浊流（指黄河）里去。"朱温听了他的话，把这些大臣全部杀死，扔到了黄河里。

公元907年，朱温废唐哀宗，改名朱晃，取如日之光的意思，自立为帝，改国号为梁，史称后梁，定都开封，他就是梁太祖，唐朝灭亡。

李存勖灭后梁

李存勖（公元885～926年），唐朝应州（今山西应县）人，突厥族沙陀部。小名亚子，为李克用长子。他自幼喜欢骑马射箭，武艺高强，为李克用所宠爱。11岁时，李存勖随父作战，获胜后随父亲到长安向朝廷报功，晋见唐昭宗。唐昭宗见了他，非常惊讶，说："这个孩子真是长相出奇！"然后轻抚着他的背说："这孩子日后必能成为国家的栋梁，不要忘了为我大唐尽忠尽孝啊！"接着，昭宗又赏赐他翡翠盘等物。唐昭宗对李存勖说："此子可亚其父。"意思是说他可以超过他的父亲，使父亲成为亚军，因而得名"亚子"。

唐朝后期，藩镇割据，军阀混战。占据河东（今山西一带）的李克用因兵少地小常常被控制河南的朱温（即朱全忠）打败，非常悲观。李存勖劝父亲说："朱全忠自恃武力强大，吞灭四邻，还想篡夺帝位，这是自取灭亡。我们千万不要灰心丧气，要积蓄力量，等待时机。"李克用听后非常高兴，重新振作起来，与朱温对抗。

幽州的刘仁恭父子在李克用扶持下才占据了幽州地区，后来却忘恩负义，李克用向他征兵时竟不发一兵一卒。一次，刘仁恭遭到朱温军队围攻，厚着脸皮向李克用求援。李克用恨他毫无信用，不肯发兵。李存勖劝父亲说："现在看天下归顺朱温的人有十分之八九，黄河以北地区能和朱温对抗的只有我们和刘仁恭了。如果刘仁恭被朱温打败，我们就势单力薄。现在他有难，我们去解救，他一定会因感恩而归顺我们，这是我们重振雄风的大好机会，千万不能错过。"李克用听从了儿子的话，出兵救援刘仁恭，阻止了朱温势力的发展。

开平二年（公元908年）正月，李克用病死。临死前，李克用给了李存勖三支箭，对他说："后梁是我们的仇人。燕王（刘仁恭）是靠我的支持才占领幽州的，契丹耶律阿保机曾是我的结拜兄弟，但他们都背叛我投奔了朱温。这是我一生的三大恨事！现在给你三支箭，替我报仇。"李存勖含泪接过，供奉在太庙里。每次外出打

▲唐代铠甲

仗，都背上这三支箭，凯旋之后再放回太庙。李克用死后，李存勖袭晋王位。刚办完丧事，他就杀死了企图夺位的叔父李克宁，巩固了自己的地位。

温庭筠

温庭筠（约公元812～870年），唐代诗人、词人，本名岐，字飞卿，太原祁（今山西祁县）人，唐宰相温彦博后代。他长期混迹于歌楼妓馆，为当时士人所不齿。早年才思敏捷，每入试，押官韵作赋，凡八叉手而成，时号温八叉。他以词赋知名，韵格清拔，然屡试不第，终身困顿，晚年才任方城尉和国子监助教，世称"温方城""温助教"。他诗词兼善，诗歌与李商隐齐名，称"温李"，但其诗作藻饰过甚，实际是齐梁宫体诗风的延续，成就实不及李商隐。而他精通音律，熟悉词调，对词这种新的文学样式的发展起了很强的推动作用，只是题材狭窄，多写花前月下，闺思情怨，风格绮艳香软，被尊为"花间词派鼻祖"。代表作是《菩萨蛮》《望江南》《更漏子》。

朱温派兵 10 万进攻河东要地潞州，潞州守将李嗣昭紧闭城门，固守不出。梁军久攻不下，便在潞州城下筑长城，内防突围，外拒援兵，双方相持一年有余。李克用死后，梁军认为李克用新丧、李存勖新立，所以放松了戒备。但李存勖亲率大军从太原出发，经过 6 天的急行军抵达潞州城外的三垂冈，而梁军毫无察觉。

第二天早晨，天降大雾，李存勖指挥大军奇袭梁军大营。梁军还在睡梦中，仓促中来不及应战，结果被晋军杀得大败，丢盔弃甲，狼狈逃窜，马匹器械损失无数。这次奇袭重挫了梁军的锐气。朱温听到这个消息后，惊讶得张大了嘴，半天才说出一句话来："生儿子就应当生李亚子这样的！李克用虽死犹生，我的儿子们与他相比，简直就是些猪狗之类无用的东西！"

割据河北的两个后梁将领王镕和王处直由于不满朱温的猜疑与滥杀，投靠了李存勖。朱温为了巩固河北，发兵征讨，王镕和王处直急忙向李存勖求救。李存勖率军来援，于梁军对峙于柏乡（今河北柏乡西南）。李存勖数次挑战，但梁军坚守不出。后李存勖采用周德威建议，向后撤军，退到高邑（今河北高邑）。梁将王景仁中计，率军追击。李存勖率骑兵两面夹击，梁军大败，精锐全部被歼。这一仗，后梁军在河北的地盘几乎全部丧失，李存勖与后梁朱温对峙黄河两岸。

接着，李存勖攻破幽州，将刘仁恭父子活捉回太原。9 年后，他又击败契丹，将耶律阿保机赶回北方。

公元 912 年，朱温被他的儿子朱友珪所杀，另一个儿子朱友贞又杀朱友珪。李存勖趁后梁内乱，不断进攻后梁，终于在公元 923 年攻灭后梁，同年在魏州（河北大名县西）称帝，不久迁都洛阳，国号唐，年号"同光"，史称后唐，李存勖就是后唐庄宗。

契丹建辽

契丹是我国北方一个古老的民族，北魏时始见于史书记载。关于契丹族的起源，有一个古老的传说：有一个男子骑着白马从湟河（今西拉木伦河）而来，一个女子坐着青牛驾的车沿潢河而下，相遇在两河交汇的木叶山，二人结为夫妻，生了八个儿子。他们的子孙繁衍，形成了八个部落，后来逐渐发展成契丹族。"契丹"是镔铁的意思，表示坚固。

契丹人原是鲜卑族宇文部的一支。公元344年，鲜卑慕容部建立的前燕攻破宇文部，契丹就从鲜卑族中分裂出来，游牧于潢河与土河一带。契丹在南北朝时，分为八部，各部由经过选举产生的"大人"（酋长）统领。唐朝初年，契丹八部开始联合组成了统一的大贺氏部落联盟，由八部"大人"推举一人做联盟首领，称为可汗。当时北方草原的突厥势力强大，契丹就辗转臣服于唐朝和突厥之间。唐太宗击败突厥后，契丹酋长窟哥率族人归顺唐朝。唐朝在契丹地区设置了松漠都督府，授窟哥松漠都督之职，并赐姓李。唐玄宗时期，大贺氏部落联盟瓦解，契丹又建立了遥辇氏部落联盟，依附后突厥汗国。公元745年，后突厥汗国为回纥所灭，契丹又被回纥汗国所统治，后趁回纥内乱之机重新归附唐朝。

唐朝末年，由于中原混战，北方许多汉人纷纷逃到契丹地区躲避战乱。汉族的先进生产技术大大加快了契丹的经济发展。契丹八部中的迭剌部离中原最近，所以发展最快，势力远远超过了其他七部。迭剌部的酋长一直由耶律氏家族世袭担任，到了阿保机的祖父耶律匀德实担任酋长时，迭剌部的牧业和农业都非常发达，社会的发展也很快，开始由部落向国家过渡。

耶律阿保机出生时，契丹的贵族阶层正在为争夺联盟首领之位而互相残杀，阿保机的祖父耶律匀德实被杀，父亲和叔叔伯伯们也逃走，阿保机在奶奶的保护下长大成人。

阿保机长大后，身材魁梧，胸怀大志，武艺高强，率领侍卫亲军屡立战功。公元907年，八部大人罢免了软弱的遥辇氏的可汗，改选阿保机为可汗。阿保机为了巩固自己的地位，除了重用本族人之外，还重用妻子述律氏家族的人，获得了更多的支持。阿保机知道契丹族落后，所以非常重视汉族的人才，一次，幽州节度使刘守光派韩延徽为使，祝贺阿保机当上可汗。韩延徽进见时不肯跪拜，阿保机大怒，将他投入监狱。阿保机的妻子述律氏说："我听说韩延徽是个不可多得的人才，你应该重用他。"阿保机随即把韩延徽召来，任命为谋士。后来阿保机率兵四处掠夺，满足了贵族们掠夺财富的欲望，再次当选可汗。

契丹可汗实行的是家族世选制，在可汗位转入耶律家族后，可汗就都

▲ 出行图　契丹

图中人物为典型契丹男子形象，留髡发、戴耳环、身着各色长袍，腰系革带，有拿笔砚的，有握短刀的，也有双手捧黑色皮帽的，表现等待出发的情形。

要由家族的成年人担任，阿保机不让位，引起了他的兄弟们的强烈不满。他们先后发动了三次反对阿保机的叛乱。第一次是在公元911年五月，阿保机的兄弟们策划叛乱，阿保机得知后不忍心杀掉这些兄弟，就和他们登山杀牲对天盟誓，然后赦免了他们。兄弟们并没有领情，第二年再次叛乱。阿保机抢先按照传统习惯赶在他们的前面举行了烧柴告天的仪式，再次任可汗。公元913年三月，他们又一次叛乱。阿保机亲率侍卫亲军镇压，终于平息叛乱，巩固了自己的可汗地位。本部落内部叛乱平息后，其他七部大人联合起来，要求阿保机退让可汗之位，重新选举。阿保机拿不定主意，就问自己的汉族谋士韩延徽怎么办。韩延徽说："汉人的君王可不轮流选举！"阿保机于是下定决心，铲除反对势力。他对七位大人说："让我退位也可以，但你们吃的盐都是我的盐池里出产的。你们只知道吃盐方便，却不知盐池也有主人，你们应该来犒劳我和我的部下。"众人觉得有理，便带着酒肉赶来。阿保机布下伏兵，等他们喝醉时，将他们全部杀死。从此后，再也没有人和阿保机争夺可汗之位了。

公元916年，在除掉内外的反对势力后，阿保机称皇帝，国号契丹，年号神册，定都临潢府（今内蒙古自治区巴林左旗），阿保机就是辽太祖。契丹强盛时的地域东至大海，西逾金山（今阿尔泰山），北到胪朐河（今克鲁伦河），南达白沟（今河北中部的拒马河）。

儿皇帝石敬瑭

唐明宗死后，他的儿子李从珂做了后唐皇帝，这就是唐末帝。唐明帝在位时，唐末帝便与他的姐夫、河东节度使石敬瑭不和，等到唐末帝登基后，两人终于闹到公开决裂的地步。

李从珂派了几万人马进攻石敬瑭所在的晋阳。石敬瑭眼看要抵挡不住了，这时，有个叫桑维翰的谋士给他出个主意，让他向契丹人求救兵。

那时候，耶律阿保机已经死了，他的儿子耶律德光做了契丹国主。桑维翰帮石敬瑭起草了一封求救信，对耶律德光表示愿意拜契丹国主做父亲，并且答应在打退唐军之后，将雁门关以北的幽云十六州，指幽州、云州等16个州，即在今河北、山西两省北部的土地献给契丹。

耶律德光正打算向南扩张土地，听到石敬瑭给他优厚的条件，真是喜出望外，立刻出5万精锐骑兵援救晋阳。这样，内外出兵夹击，把唐军打得大败。

后来，耶律德光来到晋阳，石敬瑭亲自出城迎接，卑躬屈膝地把比他小十岁的耶律德光称作父亲。

经过一番观察，耶律德光觉得石敬瑭的确是死心塌地投靠他，便正式宣布石敬瑭为皇帝。石敬瑭称帝后，立刻按照原来答应的条件，把幽云十六州送给了契丹。

石敬瑭在契丹的支持下，带兵南下攻打洛阳，接连打了几个胜仗。唐末帝被契丹的声势吓破了胆，在宫里烧起一把火，带着一家老少投火自杀了。

石敬瑭攻下洛阳，灭了后唐，在汴京正式做了中原的皇帝，国号叫晋，这就是后晋高祖。石敬瑭对契丹

▲石敬瑭像

国主耶律德光感恩戴德，向契丹上奏章，把契丹国主称作"父皇帝"，自己称"儿皇帝"。朝廷上下都觉得丢脸，只有石敬瑭毫不在乎。

石敬瑭做了七年的儿皇帝，病死了。他的侄儿石重贵即位，这就是晋出帝。晋出帝向契丹国主上奏章的时候，自称孙儿，不称臣。耶律德光借机说晋出帝对他不敬，带兵进犯。

契丹两次进犯中原，都被晋朝军民打败了。但是后来，由于叛徒的出卖，契丹兵攻进了汴京，俘虏了晋出帝，把他押送到契丹。后晋便灭亡了。

公元947年，耶律德光进了汴京，自称大辽皇帝（这一年契丹改国号为辽）。

后来，中原的百姓受不了辽兵的残酷压迫，纷纷起义，反抗辽兵。东方的起义军声势浩大，攻占了3个州。

取律德光害怕了，被迫退出中原。但是，被石敬瑭出卖的幽云十六州仍在契丹贵族的控制之中，这些地方后来成为他们进攻中原的基地。

王朝更迭

黄袍加身

周恭帝刚即位时，由宰相范质、王溥辅政。这时京城里传出谣言，说赵匡胤有夺取皇位的野心。

赵匡胤原来是周世宗手下的得力大将，跟随周世宗南征北战，战功卓著。周世宗在世时，很信任赵匡胤，让他做殿前都点检，统帅禁军。禁军是后周一支最精锐的部队。

▲陈桥兵变遗址
今河南省封丘陈桥镇，为宋太祖黄袍加身处。

公元960年，后周接到边境送来的紧急战报：北汉国主和辽朝联合出兵，攻打后周边境。

赵匡胤得令后，立刻调兵遣将，带了大军从汴京出发。他的弟弟赵匡义和亲信谋士赵普也一同出征。

当天晚上，大军开出京城20里后，到了陈桥驿，赵匡胤命令将士就地扎营休息。在陈桥驿宿营时，一些将领聚集在一起，有人说："现在皇上年纪那么小，我们拼死拼活去打仗，他也不会知道我们的功劳，倒不如拥护赵点检做皇帝吧！"大伙听了，都赞成这个意见。

没多久，这消息就传遍了军营。将士们拥到赵匡胤住的驿馆，一直等到天亮。

赵匡胤起床后，还没来得及说话，几个人把早已准备好的一件黄袍，披在他的身上，大伙跪倒在地上高呼"万岁"。

到了汴京，有石守信、王审琦等人做内应，没费多大劲儿就控制了京城。

将领们把范质、王溥叫到赵匡胤的住处。赵匡胤一见他们的面，就装出为难的模样说："世宗对我恩重如山，现在我被将士逼成这个样子，你们看怎么办？"

范质等吞吞吐吐不知该怎么回答好。这时有个将领声色俱厉地喊道："我们没有主人，今天大家一定要请点检当天子！"

范质、王溥吓得赶快给赵匡胤下拜。

随后，周恭帝让了位，赵匡胤做了皇帝，国号叫宋，定都东京（今河南开封），历史上称为北宋。赵匡胤就是宋太祖。这样一来，经过50多年混战的五代时期就结束了。

杯酒释兵权

宋太祖即位后不久，就有两个节度使起兵反叛。宋太祖亲自出征平定了叛乱。

经过这件事之后，宋太祖心里总感到不安稳。有一次，他单独找来赵普，对他说："自从唐朝末年以来，接连更换了五个朝代，战争从来没有停止过，不知道有多少老百姓死于非命，这到底是怎么回事呢？"

赵普说："道理很简单，国家混乱，病症就出在藩镇权力太大。假如把兵权集中到朝廷，天下就会太平无事了。"

宋太祖连连点头，表示赞同。

几天后，宋太祖在宫里设宴，请石守信、王审琦等几位老将聊天喝酒。

宋太祖趁酒酣耳热之际，命令身边的太监退出。他拿起一杯酒，请大家喝干之后说："我要不是有你们帮助，也不会有今天这个样子，但是你们哪儿知道，做皇帝也有很多难心事，还不如做个节度使自

▲宋太祖赵匡胤像

在。不瞒你们说，这一年来，我就没有睡过一夜安稳觉。"

石守信等人听了很吃惊，连忙问这是什么原因。

宋太祖说："这不是明摆着吗？皇帝这个位子，谁不眼红呀？"

石守信等人听宋太祖这么一说，都惊慌失措，跪在地上说："陛下为什么这样说呢？现在天下已经太平无事了，谁还敢对陛下不忠呢？"

宋太祖摆摆手说："你们几位我是信得过的，只怕你们的部下当中，有人贪图富贵，往你们身上披黄袍，你们想不干，恐怕也不行吧？"

石守信等听宋太祖这么说，顿时感到大祸临头，连连磕头，流着泪说："我们都是粗心人，想得不周到，请陛下给我们指引一条出路。"

宋太祖说："我替你们着想，你们不如把兵权交给朝廷，去地方做个闲官，置些田产房屋，给子孙留点家业，平平安安地度个晚年。我和你们结为亲家，彼此毫无猜疑，这样不是很好吗？"

石守信等一齐说："陛下为我们想得太周到啦！"

第二天，石守信等大臣一上朝，每人都递上一份奏章，说自己年老多病，请求辞职。宋太祖马上准许，收回他们的兵权，赏给每人一大笔财物，打发他们到各地去做节度使。历史上把这件事称为"杯酒释兵权"（"释"就是"解除"的意思）。

后来，宋太祖又收回了地方将领的兵权，建立了新的军事制度，从地方军队挑选出精兵，组编成禁军，由皇帝直接指挥；各地行政长官也由朝廷委派。这些措施出台实行后，新建立的北宋王朝稳定了下来。

李后主亡国

宋太祖稳定了内政，将朝廷的权力集于一身后，便开始做统一中国的打算。当时，五代时期的"十国"，留下来在北方割据的有北汉，在南方割据的还有南唐、南平、南汉、吴越、后蜀等。要统一全国，该先从哪里下手呢？宋太祖越想思绪越乱。

一个风雪交加的夜里，赵普正在家里烤火取暖，宋太祖找上门来。赵普连忙请宋太祖进屋，拨红了炭火，在炭火上炖上肉，叫仆人拿出酒来招待。宋太祖此行，正是为了与赵普商量如何一统全国。

这一夜，宋太祖和赵普决定了先攻灭南方，后平定北方的计划。在随后的十年里，宋王朝先后出兵灭了南平、后蜀、南汉。这样，南方只剩下南唐和吴越两个割据的政权了。

南唐最后的一个国主李煜，即南唐后主，是个著名的词人，他对诗词、音乐、书画都十分精通，可就是不懂得如何处理国事。

公元974年九月，宋太祖派大将曹彬、潘美带领十万大军分水、陆两路攻打南唐。

▲南唐文会图　北宋　佚名

这幅图描绘了南唐后主李煜和三位文士在庭院聚会的情形。

宋军到了长江边，马上用竹筏和大船赶造浮桥。这个消息传到南唐的国都金陵（今江苏南京市），南唐君臣正在歌舞饮宴。李后主问周围大臣该怎么办，大臣说："从古至今，没听说搭浮桥过江的，不必理会！"

后主边笑边说："我早说过这不过是小孩子的把戏罢了。"

三天后，宋军搭好浮桥，潘美的步兵在浮桥上如履平地，跨过长江。南唐的守将抵挡不住，败的败，降的降。10万宋军转瞬间就打到金陵城边。

那时候，李后主正在官里跟一批和尚道士诵经讲道，宋军到了城外，他还一无所知呢。等他到城头上巡视，才发现城外到处飘扬着宋军旗帜。

李后主连忙调动驻守上江的15万大军来救。救兵刚到了皖口，便遭到宋军的两路夹攻，南唐军全军覆没。李后主叫人在宫里堆了柴草，准备放火自焚，但是最终胆怯了，后来带着大臣出宫门，向曹彬投降。

李后主被押到东京，过着囚徒的生活。李后主从一个奢靡享乐的国君变成了一个亡国的俘虏，心里十分辛酸，每天流着眼泪过日子。亡国之君的凄楚，正如他的词里所描述的那样：

问君能有几多愁，
恰似一江春水向东流。

寇准抗辽

宋太宗死后，他的儿子赵恒即位，这就是宋真宗。这时候，宋朝的边境上出了事。1004年，东北方的辽，出动了20万军队来打宋朝。

告急的消息不断地传到已经当了宰相的寇准那里，一个晚上竟来了五次。寇准不慌不忙，只说声"知道了"，照样喝酒下棋。宋真宗慌忙把寇准叫来，问："大兵压境，怎么办？"

寇准说："这好办，只要五天时间就够了。"没等真宗再发问，寇准接着说："现在只有陛下亲自出征，才能长我军士气，灭敌人威风，我们就一定能打败强敌！"站在旁边的一些大臣听后都慌了，怕寇准也让自己上前线，都想赶快走开。

宋真宗也是个胆小鬼，听了寇准的话，脸都吓白了，就想回皇宫躲起来。寇准郑重地说："您这一走，国家的事没人决断，不是坏了大事了吗？请您三思！"在寇准的坚持下，宋真宗才平静下来，商量起亲征的事。

过了几天，辽军的前锋已经打到了澶州（今河南省），离东京只有几百里地了，情况万分紧急。同平章事王钦若趁机劝真宗迁都避敌，寇准据理力争，真宗才答应亲征。

宋真宗和寇准带领人马离开东京往北，来到韦城（今河南省内）时，听说辽国兵马十分凶猛，宋真宗又害怕了。有的大臣趁机再向他提出到南方去的事。

宋真宗派人把寇准找来，问他："有人劝我到南方去避风险，你看怎么样？"寇准心中生气，可还是耐心地说："您千万别听那些懦弱无知的人的话。前方的将士日夜盼您呢！他们知道您亲征，就会勇气百倍，您要是先走了，军心就会动摇，就要打败仗。敌人在后面紧紧追赶，就是想逃到南方也是不可能的了！"宋真宗听了，还是下不了决心，皱着眉头，一声不吭，停了一会儿，他让寇准出去。

寇准刚出来，遇到将军高琼，连忙对他说："将军这次打算如何为朝廷出力呢？"

高琼说："我是一个武人，愿意为朝廷战死！""好，你跟我来！"

寇准带着高琼又来到宋真宗面前，说："我对您说的，您要是不信，就再问高琼好了！"接着，他又把反对迁都和主张亲征的事说了一遍。

高琼听了，连声对宋真宗说："寇准说得非常对，您应该听他的。只要您到澶州去，将士们就会拼死杀敌，一定会打败辽军！"

寇准激动地接过话，"陛下，机不可失，眼下正是打败辽军的好机会，您应该立即出征！"宋真宗让寇准说得也露出笑容，抬头看了看站在旁边的卫官王应昌。王应昌紧紧握住挂在腰上的宝剑，说："陛下亲征，一定成功，假如停止前进，敌人更加猖狂！"寇准和两员武将抗敌的坚定态度感染了宋真宗，他这才下了决心去澶州亲征。

宋真宗亲征的消息传到前线，宋军将士士气大振。当辽军攻打澶州城的时候，宋军拼死抵抗，威虎军头张瓌眼疾手快，一箭射死了辽军统帅萧达览。辽军见不能取胜，只好答应和宋朝讲和。宋真宗也不愿再打仗，就派使者跟辽军谈判。曹利用去谈判了，经过一番讨价还价，最后商量好：宋朝每年送给辽银十万两，绢二十万匹。辽军退走了。就这样，宋朝虽胜犹败，按约每年还要给辽送东西。因为澶州也叫澶渊，历史上把这次和约叫作"澶渊之盟"。

元昊建西夏

宋真宗一味地妥协求和，这种做法虽然安下了辽朝那一头，但西北边境的党项族（古代少数民族之一）贵族却趁机侵犯宋朝边境，提出无理要求。宋真宗疲于应付，只好妥协退让，封党项族首领李继迁为夏州刺史、定难军节度使。1004年，李继迁死后，又封他的儿李德明为西平王，每年送去大批银绢，以示安抚。

李德明的儿子元昊是个雄心勃勃的人。他精通汉文和佛学，多次打败吐蕃、回鹘等部落，势力范围不断扩大。他劝说李德明不要再向宋朝称臣。

李德明不肯接受他的意见。直到李德明死后，元昊继承了西平王的爵位，才按照自己的主张，设置官职，整顿军队，准备脱离宋朝的控制，自立门户。

▲西夏之敕牌

西夏驿站传递文书时使用的敕牌。

1038 年，元吴正式宣布即位称帝，国号大夏，建都兴庆（今宁夏回族自治区银川市）。因为它在宋朝的西北，历史上叫作西夏。

元昊称帝以后，派使者要求宋朝承认。那时候，宋真宗已经死去，在位的是他的儿子赵祯，即宋仁宗。宋朝君臣讨论的结果，认为这是元昊反宋的表示，就下令削去元昊西平王爵位，断绝贸易往来，还在边境关卡上张榜悬赏捉拿元昊。元昊被激怒了，就决定大举进攻。

那时，在西北驻防的宋军兵士有三四十万，但是这些兵士分散在 24 个州的几百个堡垒里，而且各州人马都直接由朝廷指挥，彼此之间没有作战配合。西夏的骑兵却是统一指挥，机动灵活，所以常常打败宋军。

一年后，西夏军向延州进攻，宋军又打了一个大败仗。宋仁宗十分生气，把延州知州范雍革了职，另派大臣韩琦和范仲淹到陕西指挥抗击西夏。

范仲淹到了延州，改革边境上的军事制度。他把延州 1.6 万人马分为六路，由六名将领率领，日夜操练，宋军的战斗力显著提高。西夏将士看到宋军防守严密，不敢进犯延州。

1041 年二月，西夏军由元昊亲自率领，向渭州进犯，韩琦集中所有人马布防，还选了 1.8 万名勇士，由任福率领出击。

任福带了几千骑兵迎击西夏兵，两军相遇，双方打了一阵，西夏兵丢下战马、骆驼就逃。任福派人侦察，听说前面只有少量的敌兵，就在后面紧紧追赶。

任福带着宋军向西进兵，到了六盘山下，连西夏兵的影子都没看见。只见路边有几只银泥盒子，封得很严实，兵士们走上前去，端起银泥盒子听了一下，有一种跳动的声音从里面发出。兵士报告任福，任福吩咐兵士打开盒子。只见里面接连飞出了一百多只带哨的鸽子，在宋军的头上飞翔盘旋。

原来，西夏兵采取了诱敌战术。在六盘山下，元昊带了 10 万精兵，早已布置好埋伏，只等那鸽子飞起，四面的西夏兵就一齐杀出，将宋军紧紧围在中央。宋军奋力突围。从早晨一直打到中午，大批的西夏兵不断从两边杀出。宋兵边打边退，伤亡不断增加。

任福身上中了十多支箭，兵士劝任福逃脱。任福说："我身为大将，兵败至此，只有以死报国。"他又冲了上去，死在西夏兵刀下。

这一仗，宋军死伤惨重，元昊获得大胜。韩琦听到这消息，非常难过，上书朝廷处分。宋仁宗撤了韩琦的职。范仲淹虽然没直接指挥这场战争，但是被人诬告，也降了职。

从这以后，宋夏多次交兵，宋军连连损兵折将，宋仁宗不得不重新起用韩琦、范仲淹指挥边境的防守。两人同心协力，爱抚士卒，军纪严明，西夏才不敢再进犯。

王安石变法

宋仁宗在位 40 年，虽然朝中有像范仲淹、包拯等一些正直的大臣，但是并没有真正使他们发挥作用，因而国家越来越衰弱下去。宋仁宗没有儿子，死后由一个皇族子弟做他的继承人，这就是宋英宗。英宗只在位四年，就得病死了。太子赵顼即位，这就是宋神宗。

宋神宗即位的时候年仅 20 岁，想有一番作为。他看到国家衰弱的景象，有心改革一番，可是他周围的人，都是仁宗时期的老臣，就连富弼这样支持过新政的人，也变得暮气沉沉了。宋神宗想，要改革这种现状，一定得找个得力的助手。

宋神宗即位之前，身边有个叫韩维的官员，常常在神宗面前谈一些好的见解。神宗称赞他，他说："这些意见都是我朋友

▲王安石像

王安石说的。"从那时起，宋神宗就对王安石有了一个好印象。现在他想找助手，便想到了王安石。于是下了一道命令，把正在江宁做官的王安石调到京城来。

王安石是宋朝著名的文学家和政治家，抚州临川（今江西抚州西）人。他年轻时，文章就写得很出色了，得到了欧阳修的赞赏。

王安石在地方做了 20 年的官，名声越来越大。后来，宋仁宗调他到京城做管理财政的官。他一到京城，就向仁宗上了一份近一万字的奏章，提出他对改革财政的主张。宋仁宗刚刚废除范仲淹的新政，一听到要改革就头疼，便把王安石的奏章束之高阁。王安石知道朝廷没有改革的决心，自己又跟一些官员合不来，就趁母亲去世的时机，辞职回家了。

这一次，他接到宋神宗召见的命令，又听说神宗正在物色人才，就高高兴兴地进京来了。

王安石一到京城，宋神宗就单独召见他。神宗一见面就问他说："你看要治理国家，该从哪儿入手？"

王安石从容地回答说："先从改革旧的法度，建立新的法度开始。"

1069 年，宋神宗把王安石提为副宰相。经过宋神宗批准，又起用了一批年轻的官员，并且设立了一个专门制定新法的机构。至此，王安石抓住了变法的权力。这样一来。他就放开手脚进行改革了。

西昆体

北宋初社会安定繁荣，宋太宗、宋真宗都奖掖文士，君臣时常唱和，蔚成风气。宋真宗景德二年到大中祥符元年（1005 ~ 1008 年），杨亿、刘筠、钱惟演等馆阁之臣相互唱和，共得诗 250 首。杨亿取传统中昆仑山之丘，群玉之山、西山母之所居为策府之意，编集成《西昆酬唱集》，后人遂称之为西昆体。西昆体诗歌内容多为吟咏前代帝王和宫廷故事。西昆体作者群标榜学习李商隐，但主要拾取了李诗典雅精丽、委婉深密的艺术技巧，而缺乏充实的生活感受。西昆体诗歌在宋初诗坛影响很大，欧阳修《六一诗话》说"杨、刘风采，耸动天下"，"时人争效之，诗体一变"。

王安石的变法巩固了宋王朝的统治，增加了国家收入，但也触犯了大地主的利益，遭到了来自朝廷内外各种势力的反对。

宋神宗听到反对的人不少，就动摇起来。

王安石眼看新法实行不下去，便上书辞职。宋神宗也只好让王安石暂时离开东京，去江宁府休养。

第二年，宋神宗又把王安石召回京城当宰相。谁知几个月后，天空出现了彗星。这本来只是一种正常的自然现象，但是在当时的人看来这是不吉利的预兆。宋神宗又慌了，要大臣对朝政提意见。一些保守派便趁机对新法攻击诬蔑。王安石竭力为新法辩护，让宋神宗不要相信这种迷信的说法，但宋神宗还是犹豫不定。

后来王安石无法继续贯彻自己的主张，便于1076年春天，再一次辞去宰相的职位，回江宁府去了。

阿骨打建金

女真族是我国古代东北的少数民族。女真人附属于契丹人建立的辽国，其中居住在南部编入契丹户籍的称为熟女真，居住在北部不编入户籍的称为生女真。生女真有几十个部落，其中以完颜部最为强大，他们过着半渔猎半农耕的生活。

契丹人经常对女真人进行勒索剥削，辽统治者每年都向女真人索取大量贡品，如北珠、貂、桦、名马良犬。为了打猎，辽皇帝经常派使者到女真部落强行索取猎鹰"海东青"，女真人几乎抓尽了境内的海东青进贡给辽，但仍然不能满足辽国皇帝的贪欲。索贡的辽国使臣"银牌天使"到达女真部落后大肆搜刮勒索，奸污妇女，在榷场强买强卖女真人的物品，还经常无缘无故地殴打女真人，称之为"打女真"。他们的所作所为激起了女真人的无比愤怒。

辽天庆二年（1112年）二月，辽天祚帝耶律延禧来到春州（在今吉林省）巡游，兴致勃勃地在混同江（今松花江）钓鱼。依照辽朝礼

▲金副元帅印

制，四周各女真部落的酋长都要来拜见辽国皇帝，辽天祚帝举办宴会招待。那天天祚帝喝得高兴，命令各位酋长挨个跳舞助兴。各位酋长敢怒不敢言，只好照办。但轮到完颜部酋长完颜阿骨打时，被他严词拒绝。天祚帝见阿骨打居然敢当着众人的面顶撞他，很不高兴，声色俱厉地命令他跳。其他酋长怕他得罪天祚帝，招致杀身之祸，也在一旁劝他。可是无论别人怎么说，阿骨打软硬不吃，就是不跳，结果宴会不欢而散。

散席之后，辽天祚帝跟大臣萧奉先说："阿骨打这小子这样跋扈，简直是无法无天。应该趁早杀了他，免得后患无穷。"

萧奉先觉得阿骨打没有大过失，杀了他怕引起其他酋长的不满，导致女真部落离心，就劝说："他是个粗人，不懂规矩，不必跟他计较。就算他有什么野心，也不过是一个小小部落的酋长，成不了气候。"辽天祚帝觉得萧奉先说得有道理，就饶了完颜阿骨打一命。

阿骨打回到部落后，发誓要灭了辽，并开始为反辽做积极准备。他修建城寨，制造兵器，派人不断收集辽国的情报。为加强军事力量，阿骨打建立了猛安谋克制度，猛安在女真语中是军事酋长的意思，谋克是氏族长的意思。规定300户为一谋克，10谋克为一猛安，管理女真士兵及其家属，这使得部落更加军事化。

辽天祚帝得知阿骨打正在积极备战，一面派使者到阿骨打那里去责问，一面调集大军进驻宁江州（今吉林扶余东小城子）进行防守。

辽天庆四年（1114年）九月，完颜阿骨打召集女真各部精兵2500人，在来流水南岸（今黑龙江拉林河南岸），举行历史上著名的来流水誓师。在大会上，阿骨打历数契丹罪状，号召女真各部同心协力攻打契丹，并说"凡是立下军功的，奴婢可以变成平民，平民可以授予官职，有官职的可以提升。但如果违背誓言，就要处死在梃杖之下，连家属也不能赦免"。阿骨打说完，各酋长一一宣誓。誓师大会结束后，女真人斗志昂扬，趁辽大军还没有结集，决定先发制人，进攻混同江东的宁江州。

宁江州是辽国控制女真的前哨重地，阿骨打率军进入宁江州的地界后，与辽军相遇。阿骨打率领女真军奋勇拼杀，并亲自射死辽国大将耶律谢十，辽军大败，纷纷逃跑。互相践踏，死者达十分之七。来到宁江州城下后，阿骨打下令填平护城河，准备攻城。守城的辽军吓得连忙从东门逃走，结果被女真军包围，全军覆没。宁江州之战，女真军缴获了大量的马匹辎重，是女真族在反辽斗争中取得的第一个重大胜利，极大地鼓舞了女真人的士气，增强了女真人推翻辽国的信心。

辽天祚帝听说宁江州失守后，立即派 10 万大军进攻阿骨打。两军对峙于出河店（今黑龙江肇源西南）。当时忽然刮起大风，沙尘满天，女真军乘机发起进攻，辽军大败而逃。

1115 年正月初一，完颜阿骨打改名完颜旻，自称皇帝，国号金，年号收国，定都会宁府（黑龙江省阿城区南），完颜阿骨打就是金太祖。阿骨打在解释为什么定国号为金时曾说过："'契丹'是镔铁的意思，表示坚固，但镔铁也有损坏的时候，只有金才能长久不坏！"

金军灭辽

1115 年正月初五，阿骨打率军进攻辽国控制女真各部的重要据点黄龙府（今吉林农安）。辽天祚帝立即派大将耶律讹里朵率骑兵 20 万、步兵 7 万，前往黄龙府附近的达鲁古城（今吉林扶余西北土城子）戍守。阿骨打决定先击败耶律讹里朵再进攻黄龙府，于是挥师达鲁古城，抢占了城外的高地。

阿骨打登高观察辽军的阵势，发现辽军虽然人数众多，但阵型混乱，于是将金军分成三队，进攻辽军。阿骨打命令完颜宗雄率右军出击，辽军稍稍退却。然后，金军左翼绕到辽军阵后，阿骨打亲率金军主力进攻辽军的中将主力。经过 9 次的反复冲杀，辽军的阵势终于崩溃。完颜宗雄趁机进攻辽军右翼，辽军大败，退入达鲁古城。第二天，辽军突围北逃。金军追到阿娄冈，将辽的步兵全部歼灭。随后，金军占领了黄龙府。

辽天祚帝听到辽军惨败、黄龙府陷落的消息，大为震惊，决定趁阿骨打羽翼未丰之时，将其歼灭。他率领契丹和汉族联军 70 万，兵分两路夹击阿骨打。这时，辽军大将耶律章奴逃到辽上京（今内蒙古巴林左旗东南），拥立燕王耶律淳为帝。辽天祚帝气急败坏，急忙下令撤军，前去平叛。阿骨打得到消息后，立即率领 2 万精锐骑兵追击，终于在护步答岗（今黑龙江五常西）追上辽军。当时辽军没有防备，阿骨打全力进攻辽天祚帝所在的中军，经过反复冲杀，辽军全线崩溃，大败而逃，死者的尸体绵延百里。

辽天祚帝吓得骑马一昼夜狂奔 500 里。护步答岗一战，辽军主力丧失殆尽。

这时辽国境内各族人民，特别是渤海人和汉人，不堪忍受契丹贵族的压迫，纷纷起义。渤海人高永昌占据了包括辽的东京（今辽宁辽阳）在内的辽东半岛 50 多座城，自称大渤海国皇帝。趁辽东局势混乱，阿骨打派军杀死高永昌，占领了辽东半岛，辽统治下的熟女真全部投降金朝。

辽天祚帝派使者前去议和，结果被阿骨打严词拒绝，并指名道姓要辽天祚帝耶律延禧投降。

辽国光禄卿马植投降宋朝，被宋徽宗召见。北宋的君臣得知辽军屡战屡败，认为辽国即将灭亡，收复幽云十六州的时机已到。马植向宋徽宗提出了联合金夹击辽的建议，宋徽宗非常高兴，派他从山东半岛渡过渤海，出使金，商讨联合事宜。完颜阿骨打非常高兴，欣然答应。双方商定，宋金联合出兵灭辽，以长城为界，金进攻辽的中京（内蒙古宁城），宋进攻辽的南京（今北京），双方均不得与辽讲和。灭辽之后，宋将过去给辽的岁币转送给金。因为两国使者从渤海往来，所以被称为"海上之盟"。

海上之盟签订后，金如约进攻辽的中京，后又攻克辽的西京（今山西大同），占领了辽国长城以北的所有领土。正当宋朝集结大军准备进攻辽南京时，突然爆发了方腊起义，宋徽宗只好命令大军前去镇压，错过了约定的日期。

镇压方腊起义后，童贯率 10 万宋军进攻辽南京。这时的辽国已经处于风雨飘摇之中了。辽军屡战屡败，辽天祚帝逃往夹山（今内蒙古土默特左旗西北），燕王耶律淳自立为帝，向童贯求和，希望辽能做北宋防御金的屏障。童贯认为此时辽军已经不堪一击，南京唾手可得，对辽的提议置之不理，下令进攻南京。结果宋军被打得大败，狼狈逃回国境。不久耶律淳病死，童贯觉得有机可乘，率 20 万大军再次进攻南京，被辽军阻击在卢沟河以南，再次惨败。

▲辽代叠胜金牌

童贯为了掩盖两次攻打南京失败的罪责，暗中派人到金军大营，乞求阿骨打进攻南京。不久，金军占领南京。

金军占领南京后，宋朝开始向金提出燕云地区的接管问题，但金以宋未能如约攻辽为借口拒绝归还。经过交涉，宋答应除了原来每年给金的岁币50万外，再另加100万贯，作为南京的代税钱。金将南京地区的人口、财物掠夺一空后撤走，宋只得到了几座空城，改名为燕山府。

1125年，金军在应州（今山西应县）抓住了准备逃往西夏的辽天祚帝。辽灭亡。

靖康之辱

在金将宗望被迫退兵的时候，种师道向宋钦宗建议，趁金兵渡黄河之际，发动一次袭击，把金兵消灭掉。宋钦宗不但不同意这个好主意，反而把种师道撤了职。

金兵退走以后，宋钦宗和一批大臣以为从此可以安稳度日了，哪料到东路的宗望虽然退了兵，西路的宗翰率领的金兵却不肯罢休，仍然加紧攻打太原。宋钦宗派大将种师中带兵前去援救，半路上被金兵包围，种师中兵败牺牲。投降派的一些大臣正嫌李纲在京城碍事，就撺掇宋钦宗把李纲派到河北指挥作战。

李纲明知道自己遭到排挤，但是要他上前线抗金，他也不愿推辞。

李纲到了河阳，招兵买马，准备抗金。但是朝廷却命令他解散招来的新兵，立刻前往太原。李纲调兵遣将，分三路进兵，但是，那里的将领都受朝廷的直接指挥，根本不听李纲的命令。由于三路人马没统一领导，结果打了一个大败仗。

李纲名义上是统帅，却没有实际指挥权，只好向朝廷提出辞职。宋钦宗撤了李纲的职，把他贬谪到南方去了。

金朝君臣最怕李纲，现在李纲罢了官，他们就再没有顾忌了。金太宗又命令宗翰、宗望向东京进犯。

这时候，太原城被宗翰的西路军围困了八个月后，终于陷落在金兵手里。

▲听琴图　北宋　宋徽宗

宋徽宗是一位才子，却不是一个好皇帝。

太原失守之后，两路金兵同时南下。各路宋军将领听到东京吃紧，主动带兵前来援救。宋钦宗和一些投降派大臣忙着准备割地求和，竟命令各路援军退回原地。

面对两路金兵不断逼近东京，宋钦宗被吓昏了。一些投降派大臣又成天劝宋钦宗向金求和。宋钦宗只好派他弟弟康王赵构到宗望那里去求和。

赵构经过磁州（今河北磁县），州官宗泽对赵构说："金朝要殿下去议和，不过是骗人的把戏而已。他们已经兵临城下，是求和的态度吗？"

磁州的百姓也拦住赵构的马，不让他去金营求和。赵构也害怕被金朝扣留，就留在了相州（今河南安阳）。

没过多久，两路金军已经赶到东京城下，既而猛烈攻城。城里只剩下三万禁卫军，不久就差不多逃跑了一大半。各路将领因为朝廷下过命令，也不来援救东京。这时候，宋钦宗已是叫天天不应，叫地地不灵了。

眼看末日来到，没有办法，宋钦宗痛哭了一场，亲自带着几个大臣去金营送降书。宗翰勒令钦宗把河东、河北土地全部割让给金朝，并且向金朝献金一千万锭，银二千万锭，绢帛一千万匹。宋钦宗一一答应，金将才把他放回了城。

瘦金体

瘦金体是宋徽宗（赵佶，1082～1135年）创造的书法字体，亦称"瘦金书"或"瘦筋体"，也有"鹤体"的雅称，是楷书的一种。宋徽宗早年学薛稷、黄庭坚，参以褚遂良诸家，出以挺瘦秀润，融会贯通，变化二薛（薛稷、薛曜），形成自己的风格，号"瘦金体"。其特点是瘦直挺拔，横画收笔带钩，竖划收笔带点，撇如匕首，捺如切刀，竖钩细长；有些连笔字像游丝行空，已近行书。其用笔源于褚、薛，写得更瘦劲；结体笔势取黄庭坚大字楷书，舒展劲挺。现代美术字体中的"仿宋体"即模仿瘦金体神韵而创。

宋钦宗派了24名官吏帮金兵在皇亲国戚、各级官吏、和尚道士等人家里彻底查抄，前后抄了20多天，除了搜去大量金银财宝之外，还把珍贵的古玩文物、全国州府地图档案等也抢劫一空。

1127年四月，金军俘虏了宋徽宗、宋钦宗两个皇帝和皇族、官吏两三千人，满载着掠夺去的财物，回到北方，这便是历史上的"靖康之辱"。从赵匡胤称帝开始的北宋王朝统治了167年，至此宣告灭亡。

"莫须有"罪名

绍兴和议之后，兀术派使者给秦桧送去密信说："你天天向我们求和，但是岳飞不死，我们就不放心。一定得想法子把他杀掉。"秦桧接到密信，就对岳飞下了毒手。

秦桧先唆使他的同党、监察御史万俟卨给朝廷上奏章，攻击岳飞骄傲自满，捏造了岳飞在金兵进攻淮西的时候拥兵观望、放弃阵地等许多"罪名"。万俟卨开了第一炮以后，又有一批秦桧同党接连上奏章对岳飞进行攻击。

岳飞知道秦桧要陷害他，就主动要求辞去了枢密副使的职务。

▲岳王庙内之岳飞墓

然而，事情并没有到此结束。岳飞原来是大将张浚的部下，后来岳飞立了大功，受到张浚的妒忌。秦桧知道张浚对岳飞不满，就与张浚勾结起来，唆使岳家军的部将王贵、王俊，诬告另一个部将张宪想发动兵变、攻占襄阳，帮助岳飞夺回兵权，还诬告岳飞的儿子岳云曾经给张宪写信，秘密策划这件事。

岳飞、岳云两人被逮捕到大理寺的时候，张宪已被拷打得遍体鳞伤。岳飞见了，心里又难过、又气愤。

万俟卨开始审问岳飞，他拿出王贵、王俊的诬告状，放在岳飞面前，吆喝着说："朝廷并没有亏待你们三人，可你们为什么要谋反？"

岳飞说："我没有对不起大宋之处，你们掌管国法的人，可不能诬陷忠良啊！"

秦桧又派御史中丞何铸去审问岳飞，岳飞一句话也不说，他扯开上衣，露出脊梁让何铸看，只见岳飞背上刺着"尽忠报国"四个大字。何铸看后，大为震动，不敢再审，就把岳飞押回监狱。随后，他又看了一些卷案，觉得岳飞谋反的证据不足，只好向秦桧照实回报。

秦桧认为何铸同情岳飞，不再让他审问，仍叫万俟卨罗织罪名。万俟卨一口咬定岳飞曾经给张宪写信，部署夺军谋反的计划。他们没有物证，就诬说原信已经被烧毁了。

这个案件一拖就是两个月，审讯毫无结果。朝廷官员都知道岳飞冤枉，有些官员上奏章替岳飞申冤，结果却遭到秦桧陷害。

老将韩世忠气愤地亲自去找秦桧，责问他凭什么说岳飞谋反，证据是什么。秦桧吞吞吐吐地说："岳飞给张宪写信，虽然没有证据，但是这件事莫须有（就是'也许有'的意思）。"

韩世忠愤怒地说："'莫须有'三个字，怎能叫天下人心服！"

1142年一月的一个夜里，这位年仅39岁的抗金英雄被害牺牲。岳云、张宪也同时被害。

岳飞被害以后，临安狱卒隗顺偷偷地把他的遗骨埋葬起来。直到宋高宗死后，岳飞的冤案才得到平反昭雪。人们把岳飞的遗骨改葬在西湖边的栖霞岭上，后来又在岳墓的东面修建了岳庙。

文天祥抗元

元兵乘胜南下，眼看就要打到临安了。四岁的皇帝赵㬎自然无法处理朝政，他祖母谢太后和大臣们一商量，赶紧下诏书，要各地将领带兵到临安救驾。诏书发到各地，响应的人寥寥无几，只有赣州的州官文天祥和郢州（今湖北钟祥）守将张世杰两人立刻起兵救援。

文天祥是我国历史上著名的抗元英雄，吉州庐陵（今江西吉安）人。他自幼爱读历史上忠臣烈士的传记，立志要为国建功。20岁那年，他到临安参加进士考试，在试卷里表明他的救宋主张，很受主考官的赏识，中了状元。他到江西去担任赣州的州官时，南宋正值快要灭亡的危急时刻。

文天祥接到朝廷诏书，立刻招募了3万人马，排除种种干扰，领兵到了临安。右丞相陈宜中派他到平江（今江苏苏州）防守。这时候，元朝统帅伯颜已经渡过长江，三路进兵攻取临安。其中一路从建康出发，越过平江，直取独松关（今浙江余杭）。陈宜中得到消息，马上命令文天祥退守独松关。文天祥刚离开平江，独松关已经被元军占领，想再回平江，平江也在这时陷落了。

谢太后和陈宜中惊慌失措，赶紧派了一名官员带着国玺和求降表到伯颜大营求和。伯颜却指定要南宋丞相亲自去谈判。

陈宜中害怕被扣留，不敢到元营去，偷偷地逃往了南方；张世杰不愿投降，一气之下，带兵出海去了。

▲文天祥像

谢太后无可奈何，只好宣布文天祥接替陈宜中做右丞相，让他到伯颜大营去谈判投降事宜。

文天祥答应到元营去，但是他心里却另有打算。他带着大臣吴坚、贾余庆等到了元营，根本不提求和的事，反而义正词严地责问伯颜说："你们究竟是想跟我朝友好呢，还是想存心消灭我朝？"

伯颜说："我们皇上（指元世祖）的意思很清楚，没有消灭宋朝的打算。"

文天祥说："既然是这样，那么请你们立刻把军队撤回。如果你们硬要消灭我朝，南方军民一定会跟你们打到底，那样对你们也不会有好处的。"

伯颜把脸一沉，用威胁的口气说："你们再不老实投降，就饶不了你们。"

文天祥也气愤地说："我是堂堂南宋宰相。现在朝廷危急，我已经准备拼死报答朝廷，哪怕刀山火海，我也毫不畏惧。"

文天祥的气势把伯颜的威胁顶了回去，周围的元将个个惊呆了。之后，伯颜让别的使者先回临安去跟谢太后商量，却把文天祥扣留了下来。

▲文天祥《沁园春》诗意图

随同文天祥到元营的吴坚、贾余庆回到临安，把文天祥拒绝投降的事向谢太后奏报了一番。谢太后一心想投降，便改任贾余庆做右丞相，到元营去求降。伯颜接受降表后，把文天祥请进营帐，告诉他宋朝廷已另外派人来投降。文天祥气得痛骂了贾余庆一顿，但是投降的事已无法挽回了。

1276 年，伯颜带兵进入了临安，谢太后和赵㬎出宫投降。元军把赵㬎当作俘虏押往大都（今北京市），文天祥也被一同押走。一路上，他一直在考虑怎样逃脱。路过镇江时，他和几个随从人员商量好，趁元军没防备之机，逃出了元营。

后来，扬州的宋军主帅李庭芝听信谣

言，以为文天祥已经投降，便悬赏缉拿他。不得已，文天祥等人日行夜宿，历尽千难万险，从海口乘船到了温州。在那里，他听说张世杰和陈宜中在福州拥立新皇帝即位，就决定去福州。

张世杰死守厓山

在临安被元兵占领、小皇帝赵㬎被俘虏去大都以后，南宋皇族和大臣陆秀夫护送赵㬎的两个哥哥——九岁的赵昰和六岁的赵昺逃到福州。陆秀夫派人找到张世杰、陈宜中，把他们请到福州。3个大臣一商量，便拥立赵昰即位，继续反抗元朝。

文天祥得到消息，感到有了兴国的希望，马上也赶到福州，在新的朝廷里担任枢密使。

这个时候，元军南下攻打福州，宋军节节败退。陈宜中眼看兴国没有希望，就独自乘船逃到海外去了。张世杰和陆秀夫等人保护赵昰逃到海船上，往广东转移。年幼的赵昰在途中受了惊吓，得病死了。

行中书省

元朝统一中国后，疆域辽阔，为对国家实施有效治理，实行行省制度。元世祖忽必烈在中央设中书省，统辖大都附近河北、山东、山西、内蒙古等地，其余各地除西藏归宣政院统辖外，均置行中书省，简称行省或省，作为地方最高行政机构。

行省掌管境内的钱粮、兵甲、屯种、漕运及其他军国重事，统领路、府、州、县。全国共设10个行省，即岭北、辽阳、河南江北、陕西、四川、甘肃、云南、浙江、江西、湖广。中国疆域轮廓大致形成。元代行省制度的确立，是中国行政制度的一大变革。

明灭元后，改行省为承宣布政使司，但习惯上仍称行省，一般简称省。省作为地方一级行政区的名称，一直沿用到现代。

张世杰和陆秀夫又在海上拥立赵昺即位，把水军转移到崖山（在今广东新会南）坚守。

元世祖担心，如果不迅速扑灭南方的小朝廷，会有更多的宋人响应。就派张弘范为元帅，李恒为副帅，带领2万精兵，分水陆两路南下。

张弘范先派兵攻打驻守在潮州的文天祥。不久，文天祥便因兵少势孤，兵败被俘了。

张弘范知道张世杰平日很敬佩文天祥，就要文天祥写信给张世杰招降。文天祥接过笔，毫不犹豫地写下了两句诗：

人生自古谁无死，
留取丹心照汗青！

兵士把他写的诗句拿给张弘范看，张弘范眼看劝降毫无希望，就带兵猛烈攻打。

崖山地处我国南面海湾里，背山面海，地势十分险要。张世杰在海上把1000多条战船一字排开，用绳索连接起来，船的四周还筑起城楼，决心跟元兵决一死战。

张弘范先用火攻，失败后，就用船队封锁海口，断绝了张世杰通往陆地的交通。宋兵忍饥挨饿，誓死抵抗，双方相持不下。

这时候，元军副统帅李恒也从广州赶到崖山跟张弘范会师。张弘范增加了兵力，重新组织力量进攻。他把元军分为四路，围攻宋军。张世杰知道大势已去，急忙把精兵集中在中军，又派人驾驶小船去接，准备组织突围。

赵昺的坐船，由陆秀夫保护着。他对张世杰派出来接赵昺的小船，弄不清是真是假，担心小皇帝落在元军手中，就拒绝了使者的要求。他对赵昺说："大宋到了这步田地，陛下也只好以身殉国了。"说着，就背着赵昺跳进了大海，淹没在滚滚波涛里。

张世杰没有接到赵昺，便指挥战船，趁着夜色朦胧，突围撤退到海陵山。这时候，海岸又刮起了飓风，把张世杰的船打沉了，这位誓死抵抗的宋将落水牺牲。

1279年二月，元朝统一了中国，南宋宣告灭亡。

元世祖治国

元世祖孛儿只斤·忽必烈是成吉思汗的孙子，拖雷的第四个儿子，元宪宗蒙哥的弟弟。忽必烈从小就聪明好学，蒙古人擅长骑马打仗，而忽必烈不但弓马娴熟、能征善战，还热衷于学习汉文化，喜欢结交汉族儒士，这在蒙古王公贵族中是很少见的。1251年，长兄蒙哥即大汗位后，就派他管理大漠以南的汉人地区。

▲元世祖忽必烈像

当时，由于多年的战乱，漠南的汉人地区土地荒芜，人烟稀少。针对这种情况，忽必烈大胆任用原来宋、金的官员，采用汉族的统治制度来进行管理，得到了一大批汉人地主的拥护和支持。忽必烈采取了招抚流亡的人民，开垦荒地，存储粮食，整顿财政等一系列的措施。当时的蒙古，法制非常不健全，蒙古军队经常滥杀无辜。忽必烈非常痛恨这种行为，下令禁止滥杀无辜，违令者斩首。从此，蒙古军队再也不敢像以前那样胡作非为了。一次，邢州（今河北省邢台市）有两名官员求见忽必烈，向他提出建议说："邢州原来有1万多户百姓，后来百姓纷纷逃亡，只剩下5700多户了。您应该选派廉洁的官员前去治理。"忽必烈采纳了他们的建议，任命脱兀脱和张耕为邢州安抚使，刘肃为商榷使，前往邢州治理。在很短的时间里，邢州的人口就增加了十倍，又繁荣起来。1252年，忽必烈采纳了谋士姚枢的建议，严厉打击为害一方的地方军阀，处死横征暴敛的贪官污吏，百姓无不拍手称快。

为了更好地管理漠南汉人地区，忽必烈把自己的王府迁到了桓州（今内蒙古自治区黑城子），在那里开设幕府，打出"尊儒揽士"的旗号，招揽了汉人儒生60多人，使他们成为自己的智囊。忽必烈的政策维护了当地汉人大地主的利益，得到了他们的拥护。在忽必烈的精心治理下，漠南汉地很快成为蒙古人统治下的最发达的地区，为以后灭亡南宋奠定了物质基础。

▲浴马图　元　赵子昂

蒙古族靠马上功夫一统天下，此图即描绘了河边浴马的情景。

　　1258年，忽必烈随蒙哥进攻南宋。蒙哥在钓鱼城被飞石砸死。留守国都和林（在今蒙古国境内）的蒙哥的弟弟阿里不哥听到消息后，自立为大汗。忽必烈急忙率军北返。1260年，忽必烈在开平（今内蒙古自治区多伦）即汗位，建元中统。经过四年的战争，忽必烈击败阿里不哥，成为蒙古唯一的大汗。1271年，忽必烈称皇帝，国号元，定都大都（今北京），忽必烈就是元世祖。1279年，南宋灭亡，元朝统一全国，结束了自唐朝末年以来长达300年的分裂割据局面。

　　为了维护统一，巩固自己的皇位，元世祖忽必烈废除了蒙古传统的分土立国的方法，在中央设立中书省管理全国的行政，设立枢密院管理全国的军事，设立御史台监督官员，加强了中央集权。在地方则设立行中书省（简称行省）、行枢密院和行御史台。他还改革了军事制度，将军政和民政分开，把成立的26队亲兵牢牢控制在自己手里，独掌军权，还在全国派驻军队，对地方进行了有效的控制。

　　忽必烈在用人上能慧眼识英才，唯才是举。安童是"开国四杰"之首的木华黎的孙子，但他不愿意倚仗祖辈功劳的荫庇，而是胸怀大志，勤奋

黄道婆

　　黄道婆，又称黄婆，生卒年及姓名无从查考，松江乌泥泾镇（今属上海）人，元朝女纺织技术家。出身贫苦，少年受封建家庭压迫，年轻时流落崖州（今海南岛），从黎族人那里学习先进棉纺织技术。1295～1296年，她回到家乡，传授推广这种技术，改进纺织工具，对棉纺织业发展作出了很大贡献。

学习。忽必烈战胜阿里不哥后，抓住了阿里不哥的部下千余人。忽必烈故意问安童说："我想把他们全部处死，你认为怎么样？"安童说："他们也是各为其主，跟随阿里不哥也是身不由己。现在大汗刚刚登上汗位，如果要是因为泄私愤而杀了他们，那又怎么能让天下人诚心归附呢？"忽必烈没想到一个16岁的少年竟然说出这样有见识的话来，惊讶地说："你小小年纪竟然知道这样的大道理？你说的和我想的一样啊！"从此，忽必烈对安童刮目相看。安童18岁的时候，忽必烈看他为人稳重，处世练达，办事果断，就决定破格提拔他为丞相。安童知道后就连忙推辞说："我年纪小，资格浅，恐怕难以服众。还请皇上另请高明。"忽必烈主意已定说："我已经决定了。"于是提拔安童为中书右丞相。安童少年得志，招来不少人的嫉妒，一些大臣联合起来想剥夺安童的大权。但忽必烈非常信任安童，处处维护他。安童一直身居要职，为元朝效力达31年，为元朝初年国家的稳定和繁荣作出了巨大的贡献。1294年，忽必烈去世，庙号世祖，共在位35年。

天文学家郭守敬

　　元世祖忽必烈非常重视吸收汉族的人才，刘秉忠便是他重用的汉族大臣之一，将国号定为元就是刘秉忠的主张，刘秉忠还向忽必烈推荐了著名科学家郭守敬。

　　郭守敬出生在河北邢台的一个学者家庭里，他的祖父郭荣学识渊博，对数学和水利都有深入的研究。祖父常常带着小孙子东看看西摸摸，教他数学，教他技术。郭守敬认真读书，刻苦钻研，进步很快。十五六岁时，他看到一幅从石刻上拓印的莲花漏（古代一种计时器）图，没用多少时间，他就弄清了它的制造方法和

▲简仪　元

原理。

忽必烈统一全国以后，下令要修改历法，郭守敬和王恂受命主持这项工作。由于原有的天文观测仪器已经陈旧不堪，难以精确地观测天象，郭守敬便决定把创制天文仪器的工作放在首位。他说："历法的根本在于测验，而测验是否精确，首先要有精密的仪器。"于是，他自己动手创制和改造天文仪器。在三年之中，郭守敬制成了简仪、圭表、仰仪等10多种天文仪器。

首先，郭守敬大胆地改革了圭表。圭表是我国古代发明的一种测量日影的工具，根据日影变化以决定春分、秋分、夏至和冬至等二十四节气。

郭守敬又创制了简仪。简仪是一种用来测量日月星座位置的天文仪器，它是郭守敬对西汉落下闳发明的浑仪改造而来的。郭守敬大刀阔斧地把浑仪几个妨碍视线的活动圆环去掉，又拆除原来作为固定支架的圆环，改用柱子托住，这样既简单，又实用，故称简仪。简仪制成于1276年，比欧洲发明同样类型的仪器要早300多年。

郭守敬不仅是一个天文学家，又是一个水利专家，他在水利方面所作的最大贡献是开凿了从大都到通州的"通惠河"。

有一年，成宗皇帝召郭守敬到上都，商议开凿铁幡竿河渠的事。郭守敬认为这个地方降雨量大，年年有山水暴发，要开凿河渠，非得有六七十步宽不可。但是，执管的官员嫌水利工程费用太大，不接受郭守敬的建议，在施工的时候，将郭守敬提出的宽度缩减了三分之一。结果，第二年大雨一来，山水凶猛下泻，淹没了许多人、畜、房子，差一点把皇帝的行宫也冲毁。成宗皇帝后悔莫及地说："郭太史（郭守敬）真是神人，当初实在不该不听他的话呀！"

▲元代观星台和石圭，位于今河南登封。

郭守敬在历法方面也有

卓越的成就。他修成《授时历》，计算出一年为 365.2425 天，这和地球绕太阳的周期只差 26 秒，与现在世界上公用的阳历相同。

郭守敬一生坚持不懈地从事于科学实践，直到 86 岁高龄还在进行研究。

马可·波罗来中国

马可·波罗的父亲尼古拉·波罗和叔父玛飞·波罗是威尼斯的商人，兄弟俩常常到国外去做生意。

有一次，忽必烈的使者在布哈拉经过，见到这两个欧洲商人，感到很新奇，便邀请他们一起来到上都（今内蒙古自治区多伦县西北）。忽必烈听到来了两个欧洲客人，十分高兴，把他们召进行宫，问这问那，特别热情。

忽必烈从他们那儿听说了一些欧洲的情况，要他们回欧洲给罗马教皇捎个消息，请教皇派人来传教。两人就告别了忽必烈，离开了中国。他们在路上走了三年多，才回到威尼斯。那时候，尼古拉的妻子已经死去，留下了已经十五岁的孩子马可·波罗。

马可·波罗听父亲和叔父说起中国的繁荣景象，羡慕得不得了，央求父亲带他一块儿去中国。尼古拉觉得让孩子一个人留在家里不放心，就决定带他同走。

尼古拉兄弟拜见了教皇，随后带着马可·波罗到中国来。路上又花了三年多时间，在 1275 年到了中国。那时候，忽必烈已经即位称帝，听说尼古拉兄弟来了，便派人到很远的地方迎接，一直把他们接到上都。

尼古拉兄弟带着马可·波罗进宫拜见元世祖。元世祖一看尼古拉身边站着一位少年，诧异地问这是谁，尼古拉回答说："这是我的孩子，也是陛

▲马可·波罗像

下的仆人。"

元世祖看着英俊的马可·波罗，连声说："你来得太好了。"当天晚上，元世祖特地在皇宫里举行宴会，欢迎他们。后来，又把他们留在朝廷里办事。

马可·波罗聪明伶俐，很快学会了蒙古语和汉语。元世祖见他进步这样快，十分赏识他。没有多久，就派他到云南去办事。马可·波罗出门，每到一处，都留心观察风俗人情。回到大都，就详细向元世祖汇报，元世祖高兴地夸奖马可·波罗能干。

马可·波罗在中国整整住了17年，被元世祖派到许多地方视察，还经常出使到国外。

日子一久，3个欧洲人开始思念起家乡来，三番五次向元世祖请求回国。但是元世祖宠爱着马可·波罗，舍不得让他们回去。到了后来，元世祖见他们思乡心切，只好答应。

马可·波罗回国后，向人们讲述了东方和中国的情况。有一个名叫鲁思梯谦的作家，把马可·波罗讲述的事记录下来，编成一本叫作《马可·波罗游记》（一名《东方闻见录》）的书。在这本游记里，马可·波罗把中国的著名城市都作了详细的介绍，称颂中国的富庶和文明。这本书一出版，便激起了欧洲人对中国文明的向往。

从那以后，中国和欧洲人、阿拉伯人之间的来往更加密切。阿拉伯的天文学、数学、医学知识开始传到中国来；中国古代的三大发明——指南

▲大元进贡宝货碑　元

此碑记载了当时各国进贡元朝宝货的史实。其中有玛瑙、玻璃、安息香、珊瑚、金银器等各种物品。

针、印刷术、火药，也传到了欧洲（中国的另一个大发明造纸术，传到欧洲要更早一些）。

关汉卿与《窦娥冤》

元朝初期，元世祖采取了许多促进生产发展的措施，使社会经济出现了繁荣的景象。但是，最大的受益者，是那些蒙古的王公贵族和地主官僚，而处于社会底层的平民百姓，在残酷的阶级压迫和民族压迫下，依然过着悲惨的日子。

元世祖死后，他的孙子铁穆耳即位，即元成宗。元成宗在位期间，官吏、贵族贪赃枉法的情况日益严重，冤案繁出，民不聊生。正是在这样的社会背景下，诞生了一个伟大的杂剧作家关汉卿。

关汉卿是一个刚直不阿、不向权贵屈服的人。在元代那个黑暗的社会里，像关汉卿这样具有正义感的汉族中下层读书人，根本受不到重用。关汉卿也就索性不服务于统治阶级，成为一位"不屑仕进"的有骨气的知识分子。

关汉卿钟爱戏曲艺术，他把毕生的精力用在这一事业上。随着年龄的增长和许多严酷现实的磨炼，关汉卿对当时的黑暗社会有了清醒而深刻的认识。他把自己所看到或听到的民间悲惨遭遇，编写成杂剧，猛烈地抨击了官府的黑暗统治和社会不公平现象。

尤其值得称道的是关汉卿晚年的代表作品《窦娥冤》。

《窦娥冤》的全名是《感天动地窦娥冤》，主要情节说的是：

当时楚州（今江苏淮安一带）地方，有一个贫苦的女子，名叫窦娥。她三岁就失去了母亲。七岁时，她父亲窦天章为还清借债和筹集进京赶考的盘缠，欠了蔡婆婆几十两银子，便将女儿窦娥卖给蔡家做童养媳。窦娥到蔡家没两年，丈夫又生病死了，家里只剩下老少寡妇俩相依为命。

一天，蔡婆婆出外索债，赛卢医谋财害命，想将她勒死。张驴儿父子搭救了蔡婆婆。

原来张驴儿是个流氓、地痞，他看见蔡家婆媳无依无靠，就趁机要挟，逼迫蔡婆婆嫁给了张老头。张驴儿见窦娥年轻美貌，欲娶她为妻。窦娥秉性刚强，坚决拒绝，还痛骂了张驴儿一顿。

张驴儿怀恨在心，企图用毒药害死蔡婆婆，以便强娶窦娥，不料，却把自己贪嘴的父亲给毒死了。张驴儿嫁祸于人，把毒死他父亲的罪名栽到了窦娥的身上，告到了楚州衙门。

楚州的知府是一个见钱眼开的官吏，背地里被张驴儿买通了，就在公堂上百般地拷打窦娥，逼窦娥招供。窦娥虽受尽了折磨，痛得死去活来，却始终不肯承认。

这个贪官知道窦娥非常孝敬婆婆，就把蔡婆婆抓来，当着窦娥的面严刑拷打。窦娥想到婆婆年老体弱，受不了这种重刑，只好含冤招了供。

在赴刑场的路上，窦娥满腹冤屈，无处去申诉，于是她喊出了"衙门自古向南开，就中无个不冤哉"的强烈抗议。临刑时，她指着天发了三桩誓愿：血溅丈二白练、六月飞雪、楚州三年大旱。她的三桩誓愿震动了天地，件件应验了。

▲杂剧图　元

此图为山西省洪洞县广胜下寺水神庙壁画，再现了元泰定元年（1324年）四月忠都秀作场演北曲杂剧的情况。壁画上部有一帐幔，上写"大行散乐忠都秀在此作场"，下部绘两块壮士持剑斗蛟的画面。演员排列成两行，后排乐工立于作场人身后，大鼓置于上场门处，一未上场的角色掀帘探望。前排演员居中者为主唱角色正末，在整个舞台中占据突出地位。这种伴奏演出形式形成了中国戏曲600年来的传统规则。

后来，窦娥的父亲窦天章在京城做了大官，窦娥的冤案得到了昭雪，杀人凶手张驴儿被判处死罪，贪官知府也得到了惩处。

窦娥不向黑暗势力低头，坚贞不屈的顽强斗志，代表了当时人民的精神面貌，反映了在封建统治下，无数含冤受苦的百姓申冤报仇的强烈愿望。

关汉卿的杂剧创作丰富了中国古代文学的宝库。他的杂剧以思想性和艺术性的完美统一，得到了国内外广大人民的喜爱和推崇。

红巾军起义

元朝从成宗以后，又传了九个皇帝，皇室斗争日趋激烈，政治也越来越腐败，人民生活在水深火热之中。最后一个皇帝元顺帝（又叫元惠宗）妥懽帖睦尔即位后，荒淫残暴，百姓没有了活路，纷纷起来造反。

河北有个叫韩山童的农民，聚集了不少受苦受难的百姓，烧香拜佛，后来慢慢发展成了白莲会（一种秘密宗教组织）。

韩山童对他们说：佛祖见天下大乱，将要派弥勒佛下凡，拯救百姓。

正巧这时黄河在白茅堤决口，两岸百姓遭受了严重的水灾。1351年，元王朝征发了汴梁（今河南开封）、大名等地民工15万和兵士2万人，到黄陵冈开挖河道，疏通河水。

韩山童决定利用这个机会起事。他先派几百个会徒去做挑河民工，在工地上传播一支民谣："石人一只眼，挑动黄河天下反。"

民工们不懂这首歌谣是什么意思，开河开到了黄陵冈，有几个民工，忽然挖出一座石人来。大家好奇地聚拢来一瞧，只见石人脸上正是一只眼，都禁不住呆住了。这件新鲜事很快地在十几万民工中传开，大家心里想，民谣说的真的应验了，既然石人出来了，天下造反的日子自然也来到了。

不用说，这个石人是韩山童事先派人偷偷地埋在那里的。

百姓被鼓动起来了。韩山童便挑选了一个日子，聚集起一批会徒，杀了一匹白马，一头黑牛，祭告天地。大家都推举韩山童做领袖，号称"明王"，并约定日子，在颍州颍上（今安徽阜阳、颍上）起义，起义军用红巾裹头作为标记。

然而正在歃血立誓的时候，有人走漏了消息。官府派兵士抓走了韩山童，押到县衙门杀了。韩山童的妻子带着他儿子韩林儿，逃脱了官府追捕，到武安（今河北武安）躲了起来。

韩山童的伙伴刘福通逃出包围，把约定起义的农民召集起来，攻占了颍州等地。在黄陵冈开河的民工得到消息，也杀死了河官，纷纷投奔刘福通。起义兵士头上裹着红巾，历史上称作"红巾军"。不到十天的工夫，红巾军已经发展到十多万人。

刘福通的红巾军陆续攻下了一些城池。江淮一带的农民早就受到白莲会的影响，也纷纷响应刘福通起义。

1354年，元顺帝派丞相脱脱，动用了西域、西番的兵力，号称百万，围攻占领高邮的张士诚起义军。起义军正处在危急存亡之时，元王朝突然发生内乱，脱脱被撤掉官爵。元军失去了统帅，不战自乱，全军崩溃。

第二年二月，刘福通把韩山童的儿子韩林儿接到亳州（今安徽亳州）正式称帝，国号宋，称韩林儿为小明王。

韩林儿、刘福通在亳州建立政权以后，分兵三路，出师北伐。其中毛贵的东路军一直打到元大都城下。刘福通亲自率领大军攻占了汴梁，然后把小明王韩林儿接来，定汴梁为都城。

元王朝不甘心失败，纠集地主武装加紧镇压红巾军，致使三路北伐军先后失利，汴梁重新落在元军手里。元王朝又用高官厚禄招降了张士诚。刘福通保着小明王逃到安丰（今安徽寿县）后，受到张士诚的袭击，1363年，刘福通战死。红巾军经过12年的战斗，最终失败。

和尚皇帝

在刘福通带领红巾军征战的同时，据守在濠州的郭子兴领导的红巾军，也在日益壮大。濠州虽处在元军的包围中，但义军将士们英勇不屈，众志成城，使元军无计可施。

一天，在凛冽的寒风中，匆匆赶来了一位衣衫褴褛的年轻和尚。城卫怀疑他是元军的奸细，一面将他捆在拴马桩上，一面派人去通报元帅郭子兴。郭元帅闻讯赶到城门，只见绳索紧缚的和尚，相貌奇伟，气度非凡，心里不禁暗暗称绝。此人便是后来的大明开国皇帝朱元璋。

▲ 郭子兴像
朱元璋就是在郭子兴的军中崭露头角的。

朱元璋祖籍江苏沛县，本名朱重八。当时布衣百姓一般都不取正式名字，只用行辈或父母年龄合计数作为称呼。

朱元璋小时候一有空就跑到皇觉寺去玩耍，这寺内的长老见他聪明伶俐，讨人喜欢，便抽空教他识文认字。朱元璋天赋过人，过目不忘，天长日久，便也粗晓些古今文字了。

朱元璋17岁那年，淮北发生旱灾、蝗灾和瘟疫，他的父母、长兄在不到半个月的时间里相继死去。乡里人烟稀少，非常凄凉，朱元璋走投无路，只好剃发进了皇觉寺，当了一个小行童，整天扫地上香，敲钟击鼓，还经常受到那些老和尚的训斥。为了混口饭吃，朱元璋只好忍气吞声。

后来，灾情越来越严重，靠收租米度日的皇觉寺再也维持不下去了。主持只好把寺里的和尚一个个打发出去云游化斋，自谋生路。进寺刚刚五十天的朱元璋也只得背上小包袱，一手拿木鱼，一手托瓦钵，穿城越村，加入了云游僧人的队伍。

云游中，朱元璋亲眼看见了混乱不堪的世事，对当时的社会有了深刻的认识，人生经验也大大丰富，他决定广泛交游，等待出人头地的时机。三年后，他回到了皇觉寺，不久，接到了已在郭子兴部队当了军官的穷伙伴汤和的来信，邀他前去投军。于是他连夜奔往濠州城。

朱元璋加入郭子兴的起义军后，打仗非常勇敢，无论遇到什么样的强敌，他总是奋不顾身，冲在前面。加上他又识得一些文字，就格外受到郭子兴的器重，打仗时，总让朱元璋伴随左右。没多久，他就成为军中的重要将领。郭氏夫妇看到朱元璋人才出众，对郭子兴的事业很有帮助，就把21岁的养女嫁给了朱元璋。

1355年三月，郭子兴死去，朱元璋取得了这支起义军的领导权。他率领着这支部队，采纳老儒朱升"高筑墙，广积粮，缓称王"（即积极扩充兵力，加固城防，发展生产，储备粮食，不图虚名，暂不称王）的建议，转战南北，最终夺得了天下，做了皇帝。

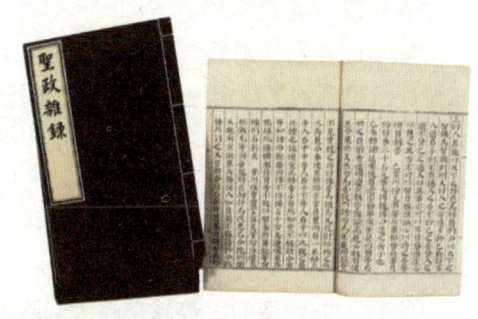

▲《圣政杂录》书影
这是一部记述明太祖朱元璋事迹的史书。

鄱阳湖大战

当朱元璋向南方发展势力的时候，遇到了一个强敌名叫陈友谅。陈友谅占据江西、湖南和湖北一带，地广兵多，自立为王，国号叫汉。1360年，他率领强大的水军，从采石沿江东下，进攻应天府，想一下子吞并朱元璋占领的地盘。

朱元璋赶忙召集部下商量对策。大家七嘴八舌，议论纷纷，只有新来的谋士刘基待在一旁，一声不吭。

朱元璋犹豫不决，散会后，把刘基单独留下来，问他有什么主意。刘基说："敌人远道而来，我们以逸待劳，还怕不能取胜？您只需用一点伏兵，抓住汉军的弱点痛击，就可以打败陈友谅了。"

朱元璋听了刘基的话，非常高兴。

朱元璋有个部将康茂才，跟陈友谅是老相识。朱元璋把康茂才找来，和他定下了引陈友谅上钩的计策。

康茂才回到家里，按照朱元璋的吩咐写了封信，连夜叫老仆去采石求见陈友谅。陈友谅见了这封信，并不怀疑，问老仆说："康公现在在什么地方？"

老仆回答说："现在他带了一支人马，在江东桥驻守，专等大王去。"

陈友谅连忙又问："江东桥是什么样子？"

老仆说："是座木桥。"

陈友谅在老仆走后，立刻下令全体水军出发，由他亲自带领，直驶江东桥。没想到到了约定地点，竟没见木桥，只有石桥。

一霎间，战鼓齐鸣，朱元璋安排在岸上的伏兵一起杀出，水港里的水军也加入战斗。

陈友谅遭到突然袭击，几万大军一下子溃败下来，被杀死的和落水淹死的不计其数。

此后，朱元璋的声势越来越大。陈友谅不甘心，3年之后，他造了大批战船，带领60万大军，向洪都进攻（今江西南昌）。

朱元璋亲自带领20万大军援救洪都，陈友谅这才撤去包围，把水军全部撤到鄱阳湖。朱元璋把鄱阳湖出口封锁起来，决定跟陈友谅在湖里决战。

陈友谅的水军有大批战船，又高又大；朱元璋的水军，却尽是一些小船，实力比陈友谅差得多。双方打了三天的仗，朱元璋的军队失败了。

朱元璋采纳了部将的建议，采用火攻。他命令用七条小船，装载着火药，每条船尾带着一条轻快的小船。傍晚时分，空中刮起了东北风，朱元璋派了一支敢死队驾驶这七条小船，乘风点火，直冲陈友谅大船。风急火烈，一下子就把汉军大船全部烧起来。陈友谅在突围的时候，被朱军的乱箭射死。

▲ **常遇春像**

在鄱阳湖之战中，常遇春功勋卓著。

第二年，朱元璋又消灭了张士诚的割据势力。接着，朱元璋任命徐达为征虏大将军，常遇春为副将军，率领 25 万大军北伐。两个月后，徐达的军队占领了山东。

1368 年正月，朱元璋在应天即位称帝，国号叫明，他就是明太祖。

这一年八月，明军攻下大都，元顺帝逃往上都。统治中国 97 年的元王朝终于被推翻了。

胡惟庸之案

明太祖即位后，总不放心那些帮助他开国的功臣。他设立一个叫"锦衣卫"的特务机构，专门监视大臣的活动，谁被发现有什么嫌疑，就有被打进牢狱甚至杀头的危险。

1380 年，有人告发丞相胡惟庸谋反，明太祖立刻把胡惟庸满门抄斩，还下令查他的同党。这一追查，竟株连文武官员 1.5 万人。明太祖发了狠心，把那些有胡党嫌疑的人全杀了。

学士宋濂，在明朝开国初期受过明太祖重用，后来又当过太子的老师。

▲锦衣卫术印

宋濂为人谨慎小心，但是明太祖对他也不放心。有一次，宋濂在家里请了几个朋友喝酒，第二天上朝，明太祖问他昨天喝酒的事，宋濂一一照实回答。明太祖笑着说："你没欺骗我。"原来，宋濂家那天请客的时候，明太祖早已偷偷派人去监视了。后来明太祖称赞宋濂说："宋濂跟随我19年，从没说过一句谎言，也没说过别人一句坏话，真是个贤人啊！"宋濂68岁时告老还乡，明太祖还送他一块锦缎，说："留着它，32年后，做件百岁衣吧！"

胡惟庸案件发生后，宋濂的孙子宋慎被揭发是胡党，于是宋濂也受到株连。明太祖派锦衣卫把宋濂从金华老家抓到京城，要处死他。

马皇后知道这件事后，劝明太祖说："老百姓家为孩子请个老师，尚且恭恭敬敬，何况是皇帝家的老师呢。再说，宋先生在乡下居住，他怎么会知道孙子的事呢？"

锦衣卫

朱元璋建明朝后，设立了特务机构——锦衣卫。锦衣卫的"诏狱"，有不经法司而进行刑讯、判罪和行刑的权力。锦衣卫官员经常利用特权任意逮人、草菅人命，造成了人人自危的恐怖气氛。锦衣卫与政府各部门没有隶属关系，所以明朝历代帝王都将其作为爪牙，用来监视臣民。

明太祖正在气头上，不肯饶恕宋濂。当天，马皇后陪明太祖吃饭，她呆呆地坐在桌边，不喝酒，也不吃肉。明太祖感到奇怪，问她是不是身体不舒服。马皇后难过地说："宋先生就要死了，我心里难受，在为宋先生祈福呢。"

马皇后和太祖是患难夫妻，明太祖平时对她也比较尊重，听她这一说，也有点感动，才下令赦免宋濂死罪，改成充军茂州（今四川茂县）。70多岁的宋濂，禁不起这场折腾，没到茂州就死去了。

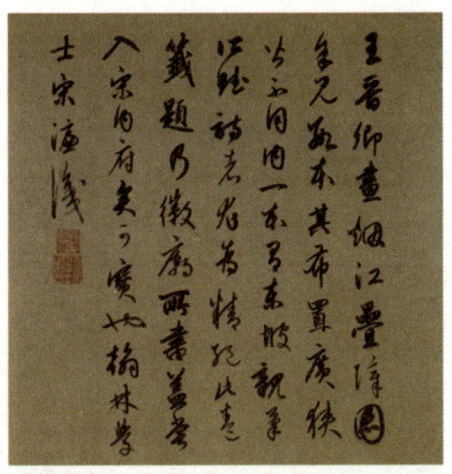

▲宋濂草书

宋濂还是一名杰出的书法家，他的字行笔流畅、气势不凡，自成一派。

过了十年，又有人告发李善长明知胡惟庸谋反不检举揭发，犯了大逆不道的罪。李善长是第一号开国功臣，又是明太祖的亲家，明太祖大封功臣的时候，曾经赐给李善长两道免死铁券。可是明太祖一翻脸，把已经77岁的李善长和他的全家七十几口全部处死。接着，再一次追查胡党，又处死了一万多人。

事情并没到此结束。

过了三年，锦衣卫又告发大将蓝玉谋反。明太祖杀了蓝玉，追查同谋，又杀了文武官员及牵连致死者1万多人。

这两件大案下来，几乎把朝廷功臣杀个精光，明太祖的专制和残暴在历史上也就出了名。

燕王进南京

明太祖杀了一些权位很高的大臣，把他的24个儿子分封到各地为王。明太祖认为这样做，可以巩固他建立的明王朝的统治，却不料后来引起了一场大乱。

明太祖60多岁的时候，太子朱标死了，朱标的儿子朱允炆被立为皇太孙。各地的藩王大都是朱允炆的叔父，眼看皇位的继承权落到侄儿的手里，心里不服气。特别是明太祖的第四个儿子——燕王朱棣，他多次立过战功，对朱允炆更瞧不起了。

▲明成祖像

朱允炆的东宫里，有个官员叫黄子澄，是朱允炆的伴读老师。有一次，黄子澄见朱允炆一个人坐在东角门口，心事重重，便问太孙为什么发愁。朱允炆说："现在几个叔父手里都有兵权，将来如何管得了他们。"

黄子澄跟朱允炆讲了一个西汉平定七国之乱的故事，来安慰他。朱允炆听后，心总算放宽了一点。

1398 年，明太祖死了，皇太孙朱允炆继承皇位，这就是明惠帝，历史上又叫建文帝（建文是年号）。当时京城里就听到谣传，说几位藩王正在互相串通，准备谋反。建文帝听了这个消息害怕起来，忙让黄子澄想办法。

黄子澄找建文帝另一个亲信大臣齐泰一起商量。齐泰认为诸王之中，燕王兵力最强，野心最大，应该首先把燕王的权力削除掉。黄子澄不赞成这个做法，他认为燕王已有准备，先从他下手，容易引发突变。于是，两人商量好先向燕王周围的藩王下手。建文帝便依计而行。

燕王早就暗中练兵，准备谋反。为了麻痹建文帝，他假装得了精神病，成天胡言乱语。齐泰、黄子澄不相信燕王有病，他们一面派人到北平把燕王的家属抓起来，一面又秘密命令北平都指挥使张信去捕燕王，还约定燕王府的一些官员做内应。不料张信是站在燕王一边的，反而向燕王告了密。

燕王是个精明人，知道建文帝毕竟是法定的皇帝，公开反叛，对自己不利，就说要帮助建文帝除掉奸臣黄子澄、齐泰，起兵反叛。历史上把这场内战叫"靖难之变"（靖难是平定内乱的意思）。

这场战乱，差不多打了 4 年。到了 1402 年，燕军在淮北遇到朝廷派出的南军的抵抗，战斗进行得十分激烈。有些燕军将领主张暂时撤兵，燕王却坚持打到底。不久，燕军截断南军运粮的通道，发起突然袭击，南军一下子垮了。燕军势如破竹，进兵到应天城下。

《大明律》

洪武七年（1374年），明政府颁行《大明律》。朱元璋称帝前，即令人修订法律，1374年制成《大明律》。《大明律》是以《唐律》为蓝本，共12篇606条，克服了元朝法例条律冗繁的弊病。经过1397年的进一步修订，《大明律》成为中国封建社会较为完备的法典。与前代相比，在量刑上大抵罪轻者更为减轻，罪重者更为加重。前者主要是指地主阶级内部的诉讼，后者主要指对谋反、大逆等阶级镇压的严厉措施。不准"奸党""交结近侍官员""上言大臣德政"等，反映了明朝初年来朱元璋防止臣下揽权、交结党援的集权思想。

过了几天，守卫京城的大将李景隆打开城门投降。燕王带兵进城，只见皇宫火光冲天。燕王派兵把大火扑灭时，已经烧死了不少人。他查问建文帝的下落，有人报告说，燕兵进城之前，建文帝下令放火烧宫，建文帝和皇后都跳到大火里自焚了。

随后，燕王朱棣即了位，这就是明成祖。1421年，明成祖迁都北京。从那时起，北京一直是明朝的京城。

郑和下西洋

明成祖夺得皇位后，有一件事总使他心里不安稳，那就是皇宫大火扑灭之后，没有找到建文帝的尸体。为了把这件事查个水落石出，他派出心腹大臣，去各地秘访建文帝的下落，但是这件事不好公开宣布，就借口说是求神问仙。

后来，明成祖又想，建文帝会不会跑到海外去呢？于是，他就决定派一支队伍，出使国外。他想到跟随他多年的宦官郑和，是最合适的人选。

郑和小时候就从父亲那里听说过外国的一些情况。后来，他进宫里当了太监。明成祖见他聪明能干，很信任他，还给他起了郑和这个名字。

1405年六月，明成祖正式派郑和为使者，带一支船队出使"西洋"。那时候，人们叫的"西洋"，指的是我国南海以西的海和沿海各地。郑和带的船队，一共有2.7万多人，除了兵士和水手外，还有技术人员、翻译、医生等。他们驾驶62艘大船，从苏州刘家河（今江苏太仓浏河）出发，经过福建沿海，浩浩荡荡，扬帆南下。

郑和第一次出海，到了占城（在今越南南方）、爪哇、旧港（在今印度尼西亚苏门答腊岛东南岸）、苏门答腊、满剌加、古里、锡兰（今斯里兰卡）等国家。他每到一个国家，先把明成祖的信递交国王，并且把带去的礼物送给他们。许多国家见郑和带了那么大的船队，而且态度友好，都热情地接待他。

郑和这一次出使，一直到第三年九月才回来。西洋各国国王见郑和回国，也都派了使者带着礼物跟着他一起回访。各国的使者见了明成祖，送上大批珍贵的礼物。明成祖见郑和把出使的任务完成得很出色，高兴得合不拢嘴。

后来，明成祖觉得没有必要再去寻找建文帝了，但是出使海外的事，既能提高中国的威望，又能促进与各国的贸易往来，有很多好处。所以从那以后，明成祖一次又一次派郑和带领船队下西洋。从1405年到1433年的将近30年里，郑和出海7次，先后一共到过印度洋沿岸30多个国家。

郑和第六次出使回国的同一年，明成祖得病死了。当他第七次出使回来后，大臣们认为郑和出使花费太大，便把出外航行的事业停了下来。

土木之变

有一年，皇宫要招收一批太监。蔚州（今河北蔚县）地方的一个二流子，名叫王振，年轻的时候读过一点书，参加几次科举考试都名落孙山，便在县里当了教官。后来因为犯罪该判充军，听说皇宫招太监，就自愿进了宫，从而充了罪罚。宫里识字的太监不多，王振粗通文字，所以大家都叫他王先生。后来，明宣宗派他教太子朱祁镇读书。朱祁镇年幼贪玩，王振就想出各种各样法子让他玩得高兴。

明宣宗一死，刚满9岁的太子朱祁镇继承皇位，这就是明英宗。王振

▲土木堡遗址

明正统十四年（1449年）七月，瓦剌大举攻明。明英宗在宦官王振的怂恿下，率50万大军亲征土木堡。结果王振死于乱军之中，明英宗被俘。

当上了司礼监，帮助明英宗批阅奏章。明英宗年少好玩，根本不问国事，王振趁机掌握了朝廷军政大权。朝廷大员谁敢顶撞王振，不是被撤职，就是被充军发配。一些王公贵戚都讨王振的好，称呼他"翁父"。王振的权力可以说是顶了天了。

这个时候，我国北方的蒙古族瓦剌部已经强大起来。1449年，瓦剌首领也先派3000名使者到北京进贡马匹，要求赏金。王振发现也先谎报人数，而且还将进贡的马匹减少了，于是就削减了赏金。也先又为他的儿子向明朝求婚，也被王振拒绝。这一来，也先被激怒了，他率领瓦剌骑兵进攻大同。守大同的明将出兵抵抗，被瓦剌军打得溃不成军。

司礼监

官署名。明置，明朝内廷管理宦官与宫内事务的"十二监"之一，有提督、掌印、秉笔、随堂等太监。提督太监掌督理皇城内一切礼仪，刑名及管理当差、听事各役。明朝初年，太监识字被严格禁止，但明宣宗设置了太监学堂，鼓励太监识字，于是凡皇帝口述命令，例由秉笔太监用朱笔记录，再交内阁撰拟诏谕并由六部校对颁发，其实是为了让司礼监的太监牵制内阁的权力。但自明武宗时宦官刘瑾专权以后，司礼监遂专掌机密，批阅章奏，实权在内阁首辅之上。

边境的官员向朝廷告急，明英宗召集大臣商量对策。大同离王振家乡蔚州不远，王振在蔚州有大批田产，他怕家产受损失，竭力主张英宗带兵亲征。兵部尚书（兵部尚书和侍郎是军事部门的正副长官）邝埜和侍郎于谦认为朝廷准备不够充分，不能亲征。明英宗是个没主见的人，王振怎么说，他就怎么听，不管大臣劝谏，就冒冒失失决定亲征。

明英宗叫他弟弟郕王朱祁钰和于谦留守北京，自己跟王振、邝埜等官员100多人，带领50万大军从北京出发，浩浩荡荡向大同开去。

过了几天，明军的前锋在大同城边被瓦剌军打得全军覆没，各路明军也纷纷溃退下来。明军退到土木堡（在今河北怀来东）时，太阳刚刚下山，有人劝英宗趁天没黑，再赶一阵，进了怀来城（今河北怀来）再休息，即使瓦剌军来了，也可以坚守。可是王振却想着落在后面装运他家财产的几千辆车子，硬要大军在土木堡停下来。土木堡名称叫作堡，其实没有什么城堡可守。不久，明军就遭到了瓦剌军兵的伏击。明军毫无斗志，丢盔弃甲，狂奔乱逃。瓦剌军紧紧追赶，被杀和被乱兵踩死的明军，不计其数，邝埜在混乱中被杀死，祸国殃民的奸贼王振也被禁军将领樊忠一铁锤砸死。明英宗做了俘虏。历史上把这次事件称作"土木之变"。

经过这一场战斗，不仅50万明军损失了一多半，明王朝大伤元气，而且北京也受到瓦剌军的威胁。

于谦守京城

英宗帝被俘的消息传到北京后，满朝文武大臣乱作一团，没有一个人能拿出好主意。翰林侍讲官徐珵主张走为上策，向南撤退。此时，朝中你一言，我一语，吵吵嚷嚷，毫无结果。正在关键时刻，兵部侍郎于谦挺身而出，他说："京都是国家的根本，如果朝廷一撤出，大势就完了，大家难道忘了南宋的教训了吗？"

于谦的主张得到许多大臣的赞同。皇太后和朱祁钰眼看到在这关键时刻，能站出一位力挽狂澜的忠臣，当然满心欢喜，立即委以于谦兵部尚书的重任，让他负责指挥军民守卫京城。

这个时候，由于朝中观点不同，事实上已分成主战和主和两派，加上英宗不能回朝主政，长此下去不是办法。于谦等人为了拯救明朝，向皇太后提出请求，立郕王朱祁钰为皇帝。太后再三考虑后，表示赞成。九

▲ 于谦像

月，朱祁钰即位，号代宗皇帝，改年号为景泰，尊英宗为"太上皇"。

景泰元年九月，代宗即位不久，瓦剌军进逼宣府城下。于谦面对敌我兵力悬殊的态势，一面抓防卫，一面抓备战，大力征募新兵，调运粮草，赶制兵器，不到一个月，就征集了20万人马，做好一切迎敌的准备。

十月，也先挟持着被俘的皇帝朱祁镇攻破紫荆关，兵逼北京城。于谦主张先打掉也先的嚣张气焰，鼓舞士气。他调集了20万军队，做好迎战准备，并作了周密布置：都督王通、副都御史杨善率部守城，其余将士分别

▲ 于谦《题公中塔图赞》

驻扎在九个城门外，列阵待敌。

明军副总兵高礼首先在彰义门外告捷，歼敌数百，夺回民众千人。也先眼看明军有于谦等将领指挥，硬攻不能取胜，便变换手法，以送还朱祁镇为名，准备诱杀于谦等人，但被于谦识破了。

也先见此计不成，便采取强攻。于谦不在正面与也先拼杀，他派骑兵佯攻，把瓦剌军引入伏击圈内，便用埋伏好的火炮轰击，瓦剌军伤亡惨重，也先的弟弟勃罗也在炮火中丧生。

瓦剌军围攻京都，屡遭挫败，进攻居庸关又遭守将罗通的抵抗。也先怕归路被明军切断，忙带着朱祁镇向良乡（北京房山东）后撤。明军乘胜追击，大获全胜。也先带着残兵败将逃回塞外。

北京之战，瓦剌军受到重挫，引起内部不和。也先见留着朱祁镇也没有多大作用，就把他送回了北京。从此，瓦剌军再也不敢进犯明朝了。

荒唐天子明武宗

明武宗朱厚照，是明孝宗的独生子，生母是张皇后，自幼就被视为掌上明珠，两岁被立为皇太子。他是明朝唯一一个以嫡长子即位的皇帝。

朱厚照小的时候非常聪明好学，老师教他的东西很快就能学会。但他身边的以刘瑾为首的8个太监，整天给他一些新奇的玩具，组织各种各样的演出和体育活动。渐渐地，朱厚照荒废了学业。

明孝宗死后，15岁的朱厚照即位，就是明武宗，年号正德。当上皇帝的朱厚照，不仅没有收敛自己的玩乐行为，反而更加离谱了。明武宗下令在宫中建造了许多店铺，让太监、宫女们扮成老板、百姓，自己扮成富商，前去购买商品，还煞有介事地讨价还价，从中取乐。

大臣们看到这种情况，非常着急。他们联合起来，不顾性命地上书要求处

▲明武宗朱厚照像

死明武宗身边的 8 个太监。明武宗刚即位不久，还没有见过这种阵势，顿时没了主意，只好按大臣们的要求办。这时狡猾的刘瑾在明武宗面前痛哭流涕，求他原谅，明武宗立刻心软了。

第二天上朝，明武宗罢免了领头上书的两位大臣。这样一来，大臣们谁也不敢在提罢免 8 个太监的事了。刘瑾的权力越来越大，人称"立皇帝"（站着的皇帝）。其他的几个太监仗着皇帝的势力，在宫外飞扬跋扈，老百姓把他们称为"八虎"。刘瑾等人给明武宗建了一座

▲青花鱼藻纹碗　明

豹房，让他在里面胡作非为。后来刘瑾被大臣杨一清设计处死。

明武宗结婚很早，但一直没有子女，这成了他的一大遗憾。为了弥补遗憾，从正德四年开始，明武宗大收义子，一生共收了 100 多人为义子。正德七年九月，他一次就收义子 127 人，并赐姓朱。在众多的义子中，影响最大的就是钱宁、江彬和许泰三人。卫士江彬由于奋不顾身地力斗老虎，救了明武宗一命，获得了明武宗的信任，被收为义子。江彬原来是一名大将，在他的蛊惑下，明武宗亲自操练兵马，希望能像明太祖、明成祖那样建功立业。

明武宗有时出游时从外国使节中选几个人做侍从，模仿他们的举止习惯。当时明朝的海上贸易很发达，北京有很多外国人。明武宗还曾亲自接见葡萄牙使者，学葡萄牙语。

后来明武宗在宫里玩腻了，就离开北京，开始巡游天下。从正德十二年（1517 年）开始，明武宗先后到过昌平、密云、居庸关、宣府、阳和（今山西高阳县）、大同、太原、榆林、淮安、南京等地。在北部边境，明武宗封自己为"总督军务威武大将军总兵官"和"镇国公"，改名为朱寿，希望能亲自上阵领兵打仗。正德十二年十月，蒙古小王子率军侵扰明朝，将总兵王勋包围在应州。明武宗闻讯后非常高兴，决定亲自率军前往救援，同小王子大战一场。小王子得知明武宗到应州后，派主力全力进攻，明武宗也不甘示弱，亲自部署大将进行抵御。战斗十分激烈，双方杀得难分难解。明军一度被蒙古军分割包围。武宗见状，亲自率领军前往援救，甚至

还亲手杀敌数人，才使明军转危为安。双方大小百余战，在此期间明武宗与士兵同吃同住，极大地鼓舞了明军士气。最后，小王子感觉难以取胜，率军撤走，明军获胜，史称"应州大捷"，但明武宗居然加封自己为太师。这次大捷以后，蒙古很长时间内不敢侵犯明朝。应州大捷成为明武宗一生中最光彩的时刻。

明武宗的胡作非为，让远在南昌的宁王朱宸濠觉得有机可乘，于是起兵谋反，企图夺取皇位。明武宗决定以御驾亲征为名，南下游玩。走到半路，明武宗获悉宁王已经被王守仁俘虏，叛乱平定。为了继续南下，他秘而不宣，派人让王守仁释放宁王，好让自己亲自抓住宁王。这个荒唐的提议当然被王守仁拒绝了。明武宗到达南京后，举行收俘礼，然后下令班师回朝。途中在淮安清江浦捕鱼时，明武宗因船翻落水，被救后受了风寒再加上惊吓，得了一场大病。正德十六年（1521年），武宗病死于"豹房"，结束了他酗酒好色、游玩无度的荒唐一生，时年31岁。

海瑞罢官

严嵩掌权时，不仅他的自家亲戚，就连他手下的同党，也都是依仗权势作威作福之辈。上至朝廷大臣，下至地方官吏，谁敢不让着他们几分！

▲明世宗朱厚熜像

可是在浙江淳安县里，有一个小小的县官，却能够秉公办事，对严嵩的同党也不讲情面。他的名字叫海瑞。

海瑞是广东琼山人。他从小失去父亲，靠母亲抚养长大，生活十分贫苦。他20多岁中了举人后，被调到浙江淳安做知县。海瑞到了淳安，认真审理过去留下来的积案，不管什么疑难案件，到了海瑞手里，都一件件调查得水落石出，从不冤枉一个好人。当地百姓都称他是"海青天"。

海瑞的顶头上司浙江总督胡宗宪，

是严嵩的同党，他到处敲诈勒索，谁敢不顺他心，他就让谁倒霉。

有一次，京里派御史鄢懋卿到浙江视察。鄢懋卿是严嵩的干儿子，敲诈勒索的手段更阴险。他每到一个地方，地方官吏要是不"孝敬"他一笔大钱，他是绝不会放过的。各地官吏听到鄢懋卿要来视察的消息，都一筹莫展。可鄢懋卿却装出一副奉公守法的样子，他通知各地，说他向来喜欢简单朴素，不爱奉迎。

八股文

八股文也称"时文""时艺""制艺""制义""八比文""回书文"。它是明朝考试制度所规定的一种特殊的文体。它以"四书"（即《大学》《中庸》《论语》《孟子》）、"五经"（即《诗经》《尚书》《礼》《易》《春秋》）中的文句命题，解释要以朱熹的注释为依据。它专讲形式，没有内容，文章的每个段落，死守在固定的格式里面，连字数都有一定的限制，人们只是按照题目的字义敷衍成文。文章的格式必须包括规定的破题、承题、起讲、入手、起股、中股、后股和束股八个部分。历史上，把这种文章叫作"八股文"。

海瑞听说鄢懋卿要到淳安来，就给鄢懋卿送了一封信，信里说："我们接到通知，要我们招待从简。可是据我们得知，您每到一个地方都是花天酒地，大摆筵席。这就叫我们不好办啦！要按通知办事，怕怠慢了您；要是像别地方一样大肆铺张，又怕违背您的意思。请问该怎么办才好？"

鄢懋卿看到这封揭他老底的信，气得咬牙切齿。但是他早听说海瑞是个铁面无私的硬汉，心里有点害怕，就临时改变主意，绕过淳安，到别处去了。

通过这件事，鄢懋卿对海瑞怀恨在心。后来，他在明世宗面前狠狠告了海瑞一状，海瑞被撤了淳安知县的职务。

严嵩倒台后，鄢懋卿也被充军到外地，海瑞恢复了官职，后来又被调到京城做官。

那时候，明世宗已经有二十多年没有上朝了，他整天躲在宫里跟一些

▲海瑞墓，位于今海口市。

道士们鬼混，一些朝臣谁也不敢说话。海瑞虽然官职不大，却大胆写一道奏章向明世宗劝谏。他把明王朝的昏庸腐败现象痛痛快快地揭露出来。

海瑞这道奏章在朝廷引起了一场轰动，更触怒了明世宗。明世宗看了奏章后，又气又恨，下令把海瑞抓了起来，交给锦衣卫严刑拷打。直到明世宗死了，海瑞才被释放。

戚继光抗倭

明世宗在位期间，有一些日本的海盗经常到我国东南沿海一带骚扰。他们和中国的土豪、奸商勾结起来，到处抢掠财物，杀害百姓，闹得沿海一带不得安宁。历史上把这类海盗叫作倭寇。

后来，朝廷派熟悉沿海防务的老将俞大猷去平乱。俞大猷一到浙江，就打了几个胜仗。可是不久，浙江总督张经被严嵩的同党赵文华陷害，俞大猷也被牵连坐了牢。沿海的防务没人指挥，倭寇又猖獗起来。朝廷把山东的将领戚继光调到浙江，这个局面才得到扭转。

戚继光，字元敬，山东蓬莱人。戚继光的六世祖戚祥原是朱元璋部将，东征西讨近30年，最后在云南战死。明太祖追念戚祥的功绩，授他的儿子戚斌为明威将军，世袭登州卫（今山东蓬莱）指挥佥事。

1544年，戚继光的父亲戚景通病死，17岁的戚继光承袭了登州卫指挥佥事，从此开始了他的军职生涯。两年后，戚继光分工管理屯田事务。这时，卫所的军丁大多逃亡，屯田遭到破坏，海防受到很大影响。戚继光了解了这些情形，进行清理整顿，很快收到成效。

戚继光调到浙江抗倭前线后，发现军队缺乏训练，临阵畏缩，根本不能打仗。于是提出创立兵营、选兵、练兵等具体办法。一年后，倭寇进犯舟山，他奉命进剿，大获全胜。

戚继光在上级官员的支持下，到义乌招募了 4000 名年轻力壮的农民和壮士。接着，他对招募的士兵进行严格训练，效法岳家军，终于建立起一支战斗力极强的劲旅"戚家军"。

1561 年四月，倭寇聚集了 1 万多人，驾数百艘战船，又一次大举侵扰浙东的台州和温州，骚扰了大片地区，声势震动了整个东南。戚家军迅速出击，先在龙山和雁门岭打败倭寇，接着驰援台州，在台州外上风岭设伏。戚家军士兵每人执松枝一束，隐蔽住身体，使倭寇以为是丛林，等倭寇过去一半，立刻发起进攻。士兵一跃而起，居高临下，猛烈冲锋，全歼了这股倭寇。台州的战斗历时一个多月，共斩杀倭寇 1400 多人，烧死溺死 4000 多人。戚继光因功升为都指挥使。

这时，福建沿海倭患严重，福建巡抚向朝廷一再告急。戚继光奉命到福建抗倭，仅仅 3 个月，就荡平了横屿、牛田、林墩三个倭寇巢穴。戚继光升任都督同知、总兵官，镇守福建全省及浙江金华、温州二府。

不久，倭寇又聚集了 2 万多人，陆续在福建泉州、漳州、兴化等地登陆。戚家军分成数支，和倭寇展开激战，在一个月内就打了 12 次胜仗，杀死倭寇 3000 多人。公元 1563 年十一月，2 万多倭寇围攻仙游。仙游军民昼夜在城上死守，情势十分危急。戚继光调各路明军，切断仙游倭寇与福建其他各处倭寇的联系，对围攻仙游的倭寇发起总攻，一举把这批倭寇消灭了。仙游大捷是以戚家军为主力的明军继平海卫之战后的又一重大胜利，共歼灭倭寇 2000 多人。

接着，戚继光又在同安、漳浦两地指挥戚家军大败倭寇，使福建境内倭患平定下来。1565 年以后，广东总兵俞大猷官复原职，戚继光任职副总兵配合抗击倭寇。经过戚继光、俞大猷等抗倭将领的共同努力，以及沿海军民的浴血奋战，到 1566 年时，横行几十年的倭患，终于得到基本解决。

李时珍论药

明世宗在位期间，贪图享乐，但又担心有死掉的那一天，享乐的日子就此结束。于是，他便挖空心思想得到长生不老的药剂。他下令让各地官吏推荐名医。正在楚王府里做医生的李时珍，便被推荐到朝廷做太医。

▲黑漆描金龙药柜　明

盛药用具，黑漆地，正面及两测饰描金双龙纹，背面及柜里饰描金花蝶纹。其双开门内有八方旋转式药屉80个，每屉盛药一种；两侧各有长屉10个，每屉分3格放药。每个药屉上用金泥为药鉴，墨书药名，全柜能放药140种，柜下有大屉3个，以供放置取药工具及方剂之用。柜子的背后有金泥书写的"大明万历年制"款，为宫款御药房所用。

李时珍，字东壁，湖北蕲州（今湖北蕲春县）人，世代行医。他的祖父是悬壶济世的郎中，留下不少民间秘方（含偏方单方），他的父亲李言闻，对医学也很有研究。

李时珍自幼聪慧，读了不少"四书""五经"之类的文章，14岁时中秀才。在17岁后，参加武昌府试，屡试不中。父亲还是要他继续努力，但他早已无心求取功名了。从此，李时珍跟随父亲左右抄写药方或上山采草药。

1545年，蕲州一带洪水泛滥成灾，灾后瘟疫流行，人民贫困，无钱求医。李时珍有志学医，又体恤民众疾苦，借此机遇临床实践，治好了许多病人。由于勤奋钻研，37岁的李时珍已成为荆楚一带的名医，"千里求药于门"者，络绎不绝。

有一次，楚王的儿子得了一种抽风的病，久治不愈。楚王慕名派人请李时珍为他儿子诊病。李时珍看了病人的气色，又按了按脉，知道这孩子的病是由肠胃引起的。他开了调理肠胃的药方，楚王的儿子吃过药后，病就全好了。楚王非常高兴，挽留他在府中任"奉祠正"兼楚王私人医生，李时珍同意了。他知道楚王一向与郝、顾两个富绅交往密切，而这两家藏书很多，借此机会可以弄到《神农百草经》《征类本草》等历代药典研究，既可以丰富自己的医学知识，又可以为今后撰著《本草纲目》打下基础。

不久，明世宗下令让全国名医集中太医院，楚王只好遵旨推荐李时珍赴京都太医院任职。李时珍也借此机会，更好地与名医切磋交流医术，同时，阅读了许多民间看不到的善本医学经籍。在此期间，他几次提议编撰

《本草》一书，但都被拒绝。李时珍只在太医院待了一年，就告病归乡了。

回乡后，他边行医，边查阅前贤著述、药典、典故、传奇等。此外他踏遍青山，尝尽百草，足迹遍及河南、河北、江西、安徽、江苏等省，又攀登了天柱峰、茅山、武当山，采集标本，求教于药农、果农，亦冒险品尝了仙果（榔梅），熟食鼓子花（旋花）。

李时珍花了将近30年的时间，写成了著名的医药著作《本草纲目》一书。在这本书里，一共记录了1892种药，收集了1万多个药方，详尽地讲述了各种药材的产地、形态、栽培、采集等，还说明了炮制方法，分析性能和功用，是一本不可多得的医药经典。

张居正改革赋役

明世宗千方百计寻找长生不老的药方，不但没有得到，反而误服了有毒的"金丹"，命丧九泉。明世宗死后，他的儿子朱载垕即位，这就是明穆宗。

明穆宗在位期间，大学士张居正才华出众，得到穆宗的信任。1572年，穆宗死去，太子朱翊钧继承皇位，这就是明神宗。张居正等三个大臣奉穆宗遗命辅政。

明神宗即位后，张居正成了首辅。他根据穆宗的嘱托，像老师教学生一样，辅导年仅10岁的明神宗。他自编了一本图文并茂的历史故事书，叫作《帝鉴图说》，每天讲给神宗听。

神宗把张居正当作严师看待，既尊敬，又惧怕。再加上太后和宦官冯保支持张居正，朝中大事几乎全部由他做主了。

那个时候，沿海的倭寇已经肃清了，但北方的鞑靼族还不时入侵内地，对明王朝构成威胁。张居正把抗倭名将戚继光调到北方去镇守蓟州（在今河北北部），戚继光从山海关到居庸关

▲明神宗朱翊钧像

▲张居正为皇帝编著的《帝鉴图说》

的长城上修筑了3000多座堡垒，以防鞑靼的进攻。戚家军号令严明，武器精良，多次打败鞑靼的进攻。鞑靼首领俺答见使用武力不行，便表示愿意和好，要求通商。张居正奏明朝廷，封俺答为顺义王。以后的二三十年中，明朝和鞑靼之间就没有发生战争，北方各族人民的生活也安定下来。

当初，由于朝政腐败，大地主兼并土地，巧取豪夺，地主豪绅越来越富，国库却越来越穷。张居正下令清查土地，结果查出了一批被皇亲国戚、豪强地主隐瞒的土地，这一来，使一些豪强地主受到了抑制，增加了国家的收入。

丈量土地后，张居正又把当时名目繁多的赋税和劳役合并起来，折合成银两来征收，称为"一条鞭法"。经过这种税收改革，一些官吏就不能营私舞弊了。

经过10年的努力，张居正的改革措施起到明显的效果，使十分腐败的明朝政治有了转机，国家的粮仓存粮也足够支用十年的。但是这些改革触犯了一些豪门贵族的利益，他们表面不得不服从，背地里却对张居正恨之入骨。

由于张居正的权力太集中了，明神宗长大后，却反而闲得没事干。这时候，就有一批亲近的太监在内宫用各种办法给他取乐。

后来，由张居正作主，把那些引诱神宗胡闹的太监全部赶出宫去，太后还让张居正代神宗起草了罪己诏（皇帝责备自己的诏书）。这件事发生后，使明神宗对张居正从惧怕发展到怀恨了。

1582年，张居正病死，明神宗亲自执政。那些对张居正不满的大臣纷纷攻击张居正执政时专横跋扈。第二年，明神宗把张居正的官爵全部撤掉；还派人查抄了张居正的家。张居正的改革措施也遭到极大的破坏，刚刚有一点转机的明朝政治又昏暗下去。

努尔哈赤建后金

当明王朝政治越来越腐败的时候，在我国东北地区的女真族的一支——建州女真不断扩大势力，渐渐强大起来，它的首领是爱新觉罗·努尔哈赤。

努尔哈赤出生在建州女真的贵族家庭里。祖父觉昌安和父亲塔克世都被明朝封为建州左卫的官员，努尔哈赤从小就学习骑马射箭，练得一身好武艺。

努尔哈赤25岁那年，建州女真部有个土伦城的城主尼堪外兰，引来明军攻打古勒寨城主阿台。阿台的妻子是觉昌安的孙女，觉昌安便带着塔克世到古勒寨去，途中碰上明军攻打古勒寨，觉昌安和塔克世都死在混战中。

努尔哈赤痛哭了一场，葬了他的祖父、父亲，但是想到自己的力量太弱，不敢得罪明军，就把怨恨全集中在尼堪外兰身上。努尔哈赤满腔悲愤地回到家里，找出了他父亲留下的盔甲，分发给他手下的兵士，向土伦城进攻。尼堪外兰根本不是努尔哈赤的对手，狼狈逃走。努尔哈赤攻克了土伦城后，趁机又征服了建州女真的一些部落。

努尔哈赤灭了尼堪外兰，声名远扬。过了几年，他统一了建州女真。这样一来，引起女真族其他部落的恐慌。当时女真族有三部，除了建州女真之外，还有海西女真和"野人"女真。海西女真中数叶赫部实力最强。1593年，叶赫部联合了女真、蒙古九个部落，合兵三万，分三路向努尔哈赤进攻。

努尔哈赤听到九部联军来攻，便在敌军来路上埋伏了精兵；在路

▲努尔哈赤像

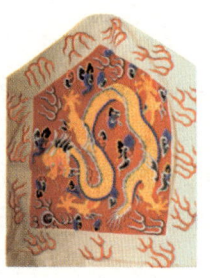

▲ 八旗大纛

八旗大纛是八旗军队的八面军旗。1601年努尔哈赤创建黄、白、红、蓝四旗军队，每旗军队各以本旗色布绣一云龙为本旗徽。1615年，增建镶四旗，旗帜均镶边。

旁山岭边，安放了滚木石块。九部联军一到古勒山下，建州兵就派出一百骑兵挑战。叶赫部一个头目冲过来，马被木桩绊倒，建州兵上去把他杀了，另一头目当时被吓昏过去。这样一来，九部联军没有了统一指挥，四散逃窜，努尔哈赤乘胜追击，打败了叶赫部。又过了几年，努尔哈赤统一了女真族各部。

努尔哈赤统一了女真后，把女真人编为八个旗。旗既是一个行政单位，又是军事组织。为了麻痹明朝，努尔哈赤继续向明朝朝贡称臣，明朝廷认为努尔哈赤态度恭顺，便封他为"龙虎将军"。

1616年，努尔哈赤认为时机成熟，就在八旗贵族拥护下，在赫图阿拉（今辽宁新宾附近）即位称汗，国号大金。历史上为了跟过去的金朝区别，把它称为"后金"。

萨尔浒之战

1618年，努尔哈赤召集八旗首领和将士誓师，宣布跟明朝结下七件冤仇，叫作"七大恨"。第一条就是明朝无故杀死了他的祖父和父亲。为了报仇雪恨，他决定起兵征伐明朝。

第二天，努尔哈赤亲自率领2万人马攻打抚顺。他先写信给抚顺明军守将李永芳，劝他投降。李永芳见后金军来势凶猛，无法抵抗，就投降了。后金军俘获人口、牲畜30万。明朝的辽东巡抚派兵救援抚顺，也被后金军在半路上打垮了。

明神宗得知消息后，派杨镐为辽东经略，讨伐后金。杨镐经过一番紧张的调兵遣将，聚集了10万人马。1619年，杨镐分兵四路，由四个总兵官率领，进攻赫图阿拉。杨镐坐镇沈阳，指挥全局。

经过侦察，努尔哈赤得知山海关

▲萨尔浒大战的遗物——明代铁炮

总兵杜松率领的中路左翼是明军主力，他们正从抚顺出发，打了过来。努尔哈赤决定集中兵力，先对付杜松。

杜松是一位身经百战的名将。从抚顺出发时，天正下着大雪，杜松立功心切，不管气候恶劣，急急忙忙冒雪行军。他先攻占了萨尔浒（今辽宁抚顺东）山口；接着，把一半兵力留在萨尔浒扎营，自己带了另一部精兵攻打后金的界藩城（今新宾西北）。

努尔哈赤得知杜松分散了兵力，心里暗暗高兴，便集中八旗的兵力，一口气打下萨尔浒明军大营，把杜松后路截断了。接着，努尔哈赤又急行军援救界藩。正在进攻界藩的明军，听到后路被抄，军心动摇。驻守在界藩的后金军居高临下从山上往下攻，把杜松军杀得七零八落。杜松中箭身亡，一路人马先覆灭了。

北路的马林从开原（今辽宁开原）出兵，刚刚到离萨尔浒还有40里的地方，努尔哈赤率领的八旗兵便从界藩马不停蹄地攻来。马林败下阵来，没命地逃奔，才回到开原，第二路明军又被打散了。坐镇沈阳的杨镐，接到两路人马覆灭的消息，连忙派快马传令另外两路明军立刻停止进军。

中路右翼的辽东总兵李如柏胆小谨慎，行动也特别迟缓，他一接到杨镐的命令，急忙撤退。剩下的是南路军刘铤。杨镐发出停止进军命令的时候，刘铤军已经深入到后金军阵地，各路明军失败的情况，他一点也不知道。努尔哈赤派出一支穿着明军衣甲的后金兵打着明军旗帜，装扮成杜军前来接应。刘铤毫不怀疑，带着人马进入了后金军的包围圈。后金军里应外合，四面夹击，明军阵势大乱。刘铤虽然勇敢，但毕竟寡不敌众，战死在乱军中。

这场战争从开始到结束，只有5天的时间，杨镐率领的10万明军损失过半，文武将官死了 300 多人。这就是历史上著名的"萨尔浒之战"。

萨尔浒之战后，明朝元气大伤。两年后，努尔哈赤又率领八旗大军，接连攻占了辽东重要据点沈阳和辽阳。1625 年三月，努尔哈赤把后金都城迁到沈阳，把沈阳称为盛京。从那以后，后金就对明朝的统治构成了威胁。

徐光启研究西学

面对后金的威胁，翰林院官员徐光启一连上了三道奏章，认为要挽救国家危局，只有精选人才，训练新兵，才有希望。明神宗听说徐光启精通军事，就批准他到通州训练士兵。

徐光启出生在上海。长大以后，因为参加科举考试，路过南京，听说那儿来了个叫利玛窦的欧洲传教士经常讲些西方的科学知识，于是经人介绍，徐光启结识了利玛窦。

利玛窦传播科学知识，目的是方便传教。同时，他觉得要扩大传教，一定要得到中国皇帝的支持才行得通。到了北京后，利玛窦通过宦官马堂的门路，送给明神宗《圣经》、圣母图，还有几只新式的自鸣钟。

明神宗接见利玛窦时，请利玛窦讲一下西洋的风俗人情。听后，明神宗很感兴趣，赏给利玛窦一些财物，让他留在京城传教。有了皇帝的支持，利玛窦就很容易跟朝廷的官员们接触了。

几年后，徐光启考取了进士，也到了北京，在翰林院供职。他认为学习西方的科学，对国家富强有好处，就决心拜利玛窦为师，向他学习天文、数学、测量、武器制造等各方面的科学知识。后来，徐光启翻译了大量的外国科学著作。

这一次，徐光启提出练兵的主张，得到明神宗的批准，他满怀希望，想尽快把新兵练好，加强国防。哪料到朝廷各个部门都腐败透顶，练兵衙门成立了一个月，徐光启要人没人、要钱没钱，闲得无事可做。后

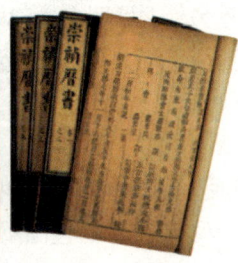

▲明崇祯刻本《崇祯历书》

徐光启晚年专心规划，督率编译并亲加校改而成。

来，领到了一点军饷，可是到了通州，检阅了一下招来的 7000 多新兵，大多是老弱残兵，能够勉强充数的只有 2000 来人，他大失所望，只好请求辞职。

1620 年，明神宗死去，他的儿子明光宗朱常洛又接着病死，神宗的孙子朱由校继承皇位，这就是明熹宗。徐光启又重返京城，他看到后金的威胁越来越严重，便竭力主张要多造一些西洋大炮。为了这件事，他跟兵部尚书发生了矛盾。不久，就被排挤出朝廷。

《农政全书》

《农政全书》是一部集中国古代农业科学技术之大成的著作。明代徐光启撰。全书共 60 卷，60 万字。成书于 1633 年以前，于 1639 年刊行。它是一部农业百科全书，辑录古代与当时农业文献 229 种，加以评注，以介绍中国古代有关农业生产的理论和科学方法，同时介绍了欧洲的水利技术。是中国农学史上最早传播西方近代科学知识的书籍，至今仍有参考价值。

徐光启回到上海时，已经是 60 多岁的老人了。他从前就对研究农业科学很有兴趣，回到家乡后，亲自参加劳动，在自己的田里做了一些试验。后来，他把他平日的研究成果，写成了一部著作，叫作《农政全书》。书中详细记载了我国的农具、土壤、水利、施肥、选种、嫁接等农业技术，可以称得上是我国古代的一部农业百科全书。

皇太极用反间计

努尔哈赤死后的第二年，皇太极亲自率领人马，攻打明军。后金军分兵三路南下，先包围了锦州城。袁崇焕料定皇太极的目标是宁远，决定自己镇守宁远，派部将带领 4000 骑兵援救锦州。果然，援兵还没出发，皇太极已经派兵来攻打宁远。袁崇焕亲自到城头上督战，用大炮猛轰后金军；

城外的明军援军也配合战斗内外夹击，把后金军打跑了。

皇太极把人马调到锦州，但是锦州的明军守得很严密，皇太极只好退兵。

袁崇焕虽然打了胜仗，可是魏忠贤阉党却把功劳记在自己的名下，还责怪袁崇焕没有亲自救锦州是失职。袁崇焕知道魏忠贤有心跟他过不去，就辞了职。

1627 年，明熹宗死去，他的弟弟朱由检即位，这就是明思宗，也叫崇祯帝（崇祯是年号）。

崇祯帝早就知道魏忠贤作恶多端，他一即位，就宣布了魏忠贤的罪状，把魏忠贤充军发配到凤阳。魏忠贤在充军的路上自杀了。

崇祯帝又把袁崇焕召回朝廷，提拔他为兵部尚书，负责指挥整个河北、辽东的军事。

袁崇焕重新回到宁远，选拔将才，整顿队伍，士气大振。有一次，东江总兵毛文龙作战不力，虚报军功。袁崇焕使用崇祯赐给他的尚方剑，把毛文龙杀了。

皇太极打了败仗，当然不肯善罢甘休，他知道宁远、锦州防守严密，决定改变进兵路线。1629 年十月，皇太极率领几十万后金军，从龙井关、大安口（今河北遵化北）绕到河北，直扑明朝京城北京。

这一着出乎袁崇焕的意料。袁崇焕得到情报，赶忙带着明军赶了两天两夜到了北京，没顾上休息，就和后金军展开激烈的战斗。

后金军退走后，崇祯帝亲自召见袁崇焕，慰劳了一番。但是一些魏忠贤的余党却到处散布谣言，说这次后金兵绕道进京，是由袁崇焕引进来的。

崇祯帝是个疑心极重的人，听了谣言，也有些怀疑起来。正在这时，有一个被金兵俘虏去的太监从金营逃了回来，向崇祯帝报告，说袁崇焕和皇太极订下

▲清太宗皇太极像

了密约，要出卖北京。

崇祯帝把袁崇焕召进宫，拉长了脸责问说："袁崇焕，你为什么要擅自杀死大将毛文龙？为什么金兵到了北京，你的援兵还迟迟不来？"

袁崇焕一时不知如何回答才好。他正想答辩，崇祯帝已经喝令锦衣卫把他捆绑起来，押进大牢。

▲ 调兵信牌

木质，长 20.3 厘米，宽 31.2 厘米，厚 2.6 厘米。为皇太极统一东北各部时使用的调兵信牌，牌中间汉字为"宽温仁圣皇帝信牌"。

崇祯帝拒绝大臣的劝告，到了第二年，下令把袁崇焕杀了。

皇太极用反间计除掉了对手袁崇焕，高兴得无法形容。到了 1635 年，皇太极把女真改称满洲；又过了一年，皇太极在盛京（今辽宁沈阳）称帝，改国号叫清。皇太极就是清太宗。

闯王李自成

崇祯帝即位的第二年，陕西闹了一场大饥荒，老百姓没粮吃，连草根树皮也被掘光了。在这种情况下，一些地方官吏还照样催租逼税。于是，陕西各地爆发了农民起义。

这年冬天，明王朝从甘肃调了一支军队开赴北京。这支军队走到金县（今陕西榆林）时，由于兵士们领不到军饷，闹到了县衙门。带兵的将官出来弹压，有个年轻兵士引头，把将官和县官杀了。这个兵士就是李自成。

李自成是陕西米脂人，出生在一个农民家庭里，少年时就喜欢骑马射箭，练得一身好武艺。

这一次，李自成在金县杀了朝廷命官，带着几十个兵士一起投奔王左佳领导的农民军。不久，王左佳禁不住高官厚禄的诱惑，投降了朝廷，李自成不得不另找队伍。后来，他打听到高迎祥领导一支队伍起义，自称"闯王"，就去投奔了高迎祥。高迎祥见李自成带兵来投奔，十分高兴，立刻叫他担任一个队的将官，大家把他叫作"闯将"。

▲兵部报告李自成活动情况行稿　明

这是崇祯十七年（1644年）明朝兵部向各地下属机构发布的行稿。在行稿中，明政府不得不承认李自成的军队受到农民"如醉如痴"的欢迎，许多地方官员也"开城款迎"。行稿要求各地主迅速报告"倡迎逆贼"的官员的情况。1644年春，李自成在西安称帝，建立大顺政权，准备率领军队向北京进攻，行稿就是在这种形势下发布的。两个月后，李自成率领军队攻取北京，明朝灭亡。

　　为了对付官军围剿，高迎祥把十三家起义军的大小头领约到荥阳开会，商量对敌办法。李自成认为起义军应该分成几路，分头出击，打破敌人的围剿。大家听了，都觉得李自成说得有道理。经过商量后，十三家起义军分成了六路。有的拖住敌军，有的流动作战。高迎祥、李自成和另一支由张献忠领导的起义军向东打出了包围圈。

　　崇祯帝和地方大臣都把高迎祥的队伍看成眼中钉，千方百计地要消灭他们。有一次，高迎祥带兵向西安进攻。陕西巡抚孙传庭在（今陕西周至）的山谷里埋下了伏兵，高迎祥没有防备，被捕牺牲，李自成带领余部杀出来。将士们失去了主帅，心情十分沉痛。大伙认为闯将李自成是高迎祥最信任的将领，加上他有勇有谋，就拥戴他做了闯王。从那以后，李闯王的名声就在远近传开了。

　　李闯王的威名越高，越使明王朝害怕和仇恨。崇祯帝命令总督洪承畴、巡抚孙传庭专门围剿李自成，李自成的处境一天比一天困难起来。在这个困难的时刻，另两支起义军的首领张献忠、罗汝才都接受了明朝的招降，李自

▲永昌通宝

明崇祯十七年（1644年），张献忠在成都称帝，建国号"大西"，改元曰"大顺"，设立政府机构，并设铸钱局，铸"大顺通宝"通行于市。同年，李自成在西安称帝，建国号曰"大顺"，建元曰"永昌"，改六部为政府，设局铸造钱币名曰"永昌通宝"。中国历代开国时都要铸造本朝货币，确认自己的地位，李自成、张献忠也是如此。

成手下的将领也有叛变的，这使李自成处于极其危险的境地。

1638年，李自成从甘肃转移到陕西，准备打出潼关去。洪承畴、孙传庭事先探听到起义军的动向，便在潼关附近的崇山峻岭中，布置了三道埋伏线，然后故意让开通向潼关的大路，诱使李自成进入他们的包围圈。李自成中了敌人的计。起义军经过几天几夜的搏斗，几万名战士在战斗中阵亡，队伍被打散了。

李自成和他的部将刘宗敏等17个人冲出重重包围，翻山越岭，排除了千难万险，才到了陕西东南的商洛山区，隐蔽起来。

崇祯帝自缢

明思宗朱由检（1611～1644年），年号崇祯，明光宗第五子，明熹宗的弟弟。天启二年（1622年）被封为信王。

明熹宗朱由校登基时，年少无知的朱由检问道："哥哥，你当的是个什么官啊？我能当吗？"问这个问题在当时可是死罪，吓得旁边的太监们急忙劝说："殿下千万不要乱讲话！"明熹宗听了以后一愣，随即大笑，说："可以，可以，我当几年就让给你做！"没想到一语成谶。

明熹宗朱由校虽然不是一个好皇帝，但却是一个好哥哥。他派了几位进士出身的翰林院官员做朱由检的老师，在他们的悉心调教下，朱由检进步很快，他精通书法、诗文，还善于弹琴，文化修养比他哥哥强得多。虽然朱由检的生母很早就去世了，但一直在李选侍（光宗有2个李选侍，此为东李，封庄妃）的抚养下健康地成长。李选侍人品端正，受她的影响，朱由检从小就养成了刚毅性格和良好的生活习惯。天启二年（1622年），朱由检被封为信王。后来明熹宗又替他完婚，聘周奎之女为王妃。

天启七年（1627年），明熹宗病入膏肓，奄奄一息。明熹宗没有儿子，而兄弟7人中活着的也只剩下五弟朱由检一人，兄终弟及，明熹宗死后，由朱由检继承皇位。

朱由检入宫以后，犹如进入了狼窝虎穴之中。他不敢吃宫里的食物，不敢喝宫里的水，袖子里藏着从信王府带来的大饼。晚上，朱由检战战兢兢地手持宝剑，坐在龙椅上，一刻也不敢闭眼，生怕魏忠贤派人谋害他。

宫中的太监宫女都是魏忠贤和客氏的心腹，就是远方两个小太监交头接耳，也让朱由检心惊肉跳，以为他们在商量对付他的阴谋诡计。

在天启皇帝死后的第三天，朱由检正式即皇帝位，改元崇祯。当时，魏忠贤根本没有把朱由检放在眼里，认为他只不过是和明熹宗一样可以被自己玩弄于股掌之间的年轻人而已。

崇祯帝虽然对魏忠贤和客氏恨之入骨，但他深深地知道现在还不是除掉他们的时候。他一面像哥哥朱由校一样，继续优待魏忠贤和客氏，一面将信王府中的宦官和宫女带到宫中，以保证自己的安全。大臣们也都不知道皇帝打什么算盘，都持观望态度。

等到时机成熟后，崇祯帝首先免去了魏忠贤的亲信崔呈秀的兵部尚书一职。大臣们终于明白了皇帝的意图。于是揭发和弹劾魏忠贤的奏折一个接一个地递到了崇祯帝的手中，魏忠贤被迫辞去了官职。崇祯帝派他到凤阳去守皇陵。魏忠贤离京的时候，财物装了40多辆大车，有1000名侍卫护送，耀武扬威地出城而去。崇祯帝得知后，非常生气，立刻又下了一道圣旨，命锦衣卫将魏忠贤缉拿回京。魏忠贤知道回京后一定没有什么好结果，就在阜城县（今河北阜城）南关的旅舍中上吊自尽。崇祯帝又下令铲除了魏忠贤的党羽，将客氏乱棍打死。百姓大臣无不拍手称快。

但由于崇祯帝的前几任皇帝，如万历、天启等无一不是昏君，给他留下了一个无法收拾的烂摊子，虽然崇祯本人非常勤政，但由于他性格多疑，刚愎自用，喜怒无常，明朝没能在他手里中兴。在崇祯统治的17年里，他一共任用过50位内阁大学士，吏部尚书13人，户部尚书8人，兵部尚书17人，刑部尚书16人，工部尚书13人，都察院左都御史132人。他还冤杀了大将袁崇焕，导致明军的辽东防线全面崩溃。

明崇祯元年（1628年），陕西爆发了严重的旱灾，颗粒无收，人民被迫铤而走险，纷纷起义。崇祯又裁汰驿站的驿卒，导致他们也加入了起义军的行列。以李自成、张献忠为首的农民起义军不断发展壮大。

崇祯十七年（1644年），李自成的起义军包围了北京城。城外的炮声隐隐可闻，不久太监曹化淳开城投降。崇祯帝想召集大臣商议，他亲自拿起钟杵，敲响景阳钟，但等了许久，大臣们一个都没来。万念俱灰的崇祯帝见大势已去，回到内宫逼死了周皇后，随后又用剑砍伤了长平公主，崇祯对她说："为什么你要生在帝王家？"接着又砍死昭仁公主。万念俱灰的崇祯帝来到煤山（今景山）上，在寿皇亭旁的槐树上自缢而死。

崇祯帝死后，南明弘光政权为他定庙号为"思宗"，谥"烈皇帝"，后改庙号为"毅宗"，隆武政权又改庙号为"威宗"。清朝入关后，为他发丧，谥号"端皇帝"，庙号"怀宗"。清顺治十六年（1659 年）去庙号，改谥"庄烈愍皇帝"。

冲冠一怒为红颜

1644 年，李自成在西安建立了政权，国号大顺。不久，李自成亲自率领 100 万起义军渡过黄河，兵分两路进攻北京。两路大军势如破竹，到了这年三月，就在北京城下会师了。北京城外驻守的明军最精锐的三大营全部投降。

起义军猛攻北京城。

第二天晚上，崇祯帝登上煤山（在皇宫的后面，今北京景山），在寿皇亭边的一棵槐树下上吊自杀了。统治中国 277 年的明王朝，就此灭亡。

大顺政权一面出榜安民，一面惩治明王朝的皇亲国戚、贪官污吏。李

▲陈圆圆像

自成派刘宗敏和李过，勒令那些权贵、官僚交出平时从百姓身上搜刮来的赃款，充当起义军的军饷。

有个叫吴襄的大官僚，也被刘宗敏抄了家产。有人告诉李自成说，吴襄的儿子吴三桂是明朝的山海关总兵，手下还有几十万大军。如果招降了吴三桂，就可以解除大顺政权的一个威胁。

吴三桂原来是明朝派到关外抗清的，驻扎在宁远一带防守。吴三桂收到吴襄的劝降信，便打算到北京去看看情况再说。

吴三桂带兵到了滦州，遇到一些从北京逃出来的人，找来一问，听说他父亲吴襄被抓，家产被抄，顿时心生恨意。后来，又听说他最宠爱的歌姬陈圆圆也被起义军抓走，不禁勃然大怒，立刻下令全军退回山海关。

▲明崇祯山海关镇炮

李自成得知吴三桂拒绝投降，亲自带领20多万大军，向山海关进攻。吴三桂听到这消息，惊慌失措。他马上给清朝写了一封求救信。

清朝辅政的亲王多尔衮接到信，觉得机会来了，马上回信同意帮助吴三桂。接着，他亲自带着十几万清兵，马不停蹄地向山海关挺进。

李自成军从南面开到山海关边，与吴三桂的军队展开激战。李自成骑着马登上西山指挥作战。吴三桂带兵一出城，就被起义军的左右两翼合围包抄。明兵东窜西突，无法冲出重围；起义军个个奋勇，喊杀声震天动地。

这时候，多尔衮看准时机，命令埋伏在阵后的几万清兵一起杀出，向起义军发动突然袭击。起义军没有防备，也弄不清是哪儿来的敌人，心里一慌张，阵势乱了起来。

李自成在西山上发现清兵已经进关，想稳住阵脚，已经来不及了，只好传令撤兵。多尔衮和吴三桂的队伍里外夹击，起义军惨败。李自成带领将士边战边退，吴三桂仗着清兵的势力，在后面紧紧追赶。起义军退到北京时，兵力已经大大削弱了。

李自成回北京后，在皇宫大殿里举行了即位典礼，接受官员的朝见。第二天一清早就率领起义军，匆匆离开北京，向西安撤退。

1644年十月，多尔衮把顺治帝从沈阳接到北京，把北京作为清朝国都。从那时起，清王朝就开始统治中国了。

第二年，清军兵分两路攻打西安。一路由阿济格和吴三桂、尚可喜率领；一路由多铎和孔有德率领。李自成被迫放弃西安，向襄阳转移。几个月后，农民军在湖北通山县遭到当地地主武装袭击，李自成战败被杀。

李自成退出北京后，张献忠在四川称帝，国号大西。到了1647年，清军进兵四川，张献忠在川北西充的凤凰山的一场战斗中，中箭身亡。至此，明朝末年的两支主要起义军都失败了。

郑成功收复台湾

　　隆武帝在福州建立政权后，他手下的大臣黄道周一心想帮助隆武帝出师北伐，抗清复明。但是掌握兵权的郑芝龙贪图富贵，抛弃了隆武帝，向清朝投降，隆武政权也就瓦解了。

　　郑芝龙有个儿子叫郑成功，是个22岁的青年将领。郑芝龙投降清朝的时候，郑成功苦苦劝阻不成，气愤之下，就单独跑到南澳岛，招募了几千人马，坚决抗清。

　　郑成功是个将才，在他的努力下，队伍渐渐强大起来，在厦门建立了一支水师。他跟抗清将领张煌言联合起来，乘海船率领17万水军，开进长江，向南京进攻，一直打到南京城下。清军见硬拼不行，就用假投降的手段欺骗他。郑成功中了清军的计，最后打了败仗，又退回厦门。

　　郑成功回到厦门时，清军已经占领福建大部分地方，他们采用封锁的办法，断绝了郑军的供应，打算困死郑成功。郑成功在那里招兵筹饷，都遇到困难，就决定向台湾发展。

　　台湾自古以来就是我国的领土。明朝末年，欧洲的荷兰人趁明王朝腐败无能，霸占了台湾。

　　郑成功少年时期曾经跟随他父亲到过台湾，亲眼看到台湾人民遭受的苦难。这一回，他决心赶走侵略军，就下令让他的将士修造船只，积蓄粮草，准备渡海。

　　正巧这时，有一个在荷兰军队里当过翻译的何廷斌，赶到厦门见郑成功说，台湾人民受侵略军欺侮压迫，早就想反抗了，只要大军一到，一定能够把荷兰人赶走。何廷斌还送给郑成功一张台湾地图，把荷兰侵略军的军事布置都告诉了郑成功。郑成功有了这个可靠的情报，信心就更足了。

　　1661年三月，郑成功亲率2.5万名将士，乘坐几百艘战船，浩浩荡荡从金门出发。他们冒着风浪，越过台湾海峡，在澎湖休整几天，便直取台湾。

　　荷兰侵略军听说郑军攻打台湾，十分惊慌。他们把队伍集中在台湾（在今台湾东平地区）和赤嵌（在今台南地区）两座城堡里，还在港口沉了

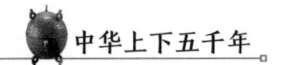

好多破船，想阻挡郑成功的船队登岸。

何廷斌为郑成功领航，利用海水涨潮的机会，驶进了鹿耳门，登上台湾岛。

侵略军调动一艘最大的军舰"赫克托"号，气势汹汹地开了过来，阻止郑军的船只继续登岸。郑成功沉着镇定，指挥他的60多艘战船把"赫克托"号围住，随即一声令下，60多只战船一齐开炮，把"赫克托"号击沉了。还有3艘荷兰船见势不妙，吓得掉头就跑。

随后，郑成功派兵猛攻赤嵌。赤嵌的敌军拼死顽抗，一时攻不下来。有个当地人为郑军出主意说，赤崁城的水都是从城外高地流下来的，只要把水源切断，敌人就会不战自乱。郑成功采用这个办法，没出三天，赤嵌的荷兰人乖乖地投降了。

盘踞台湾城的侵略军企图顽抗，等待援兵。郑成功采取长期围困的办法逼他们投降。在围困八个月之后，郑成功下令向台湾城发起猛攻。荷兰侵略军走投无路，只得扯起白旗投降了。

1662年初，侵略军头目被迫到郑成功大营，在投降书上签了字，灰溜溜地离开了台湾。郑成功从荷兰侵略者手里收复了我国的宝岛台湾，成为我国历史上了不起的民族英雄。

康熙帝削藩

南明最后一个政权灭亡的同年，顺治帝病死，他的儿子玄烨即位，这就是清圣祖，历史上称为康熙帝。

康熙帝即位时，年仅八岁。顺治帝遗诏，由四个满族大臣帮助他处理国事，叫作辅政大臣。四个辅政大臣中，掌握兵权的叫鳌拜，他欺负康熙帝年幼，独断专行。

康熙帝满14岁的时候，亲自执政。这个时候，另一个辅政大臣苏克萨哈和鳌拜发生了争执。鳌拜便勾结同党诬告苏克萨哈犯了大罪，奏请康熙帝处死苏克萨哈，康熙帝不肯批准。鳌拜在朝堂上卷起袖子，伸出拳头，跟康熙帝争了起来。康熙帝想到鳌拜势力太大，只好忍耐，由他把苏克萨哈杀了。

从那以后，康熙帝决心除掉鳌拜。他派人物色一批健壮有力的十几岁的贵族子弟担任侍卫。康熙帝把他们留在身边，天天练摔跤。

鳌拜进宫时，常常看到这些少年吵吵嚷嚷地在御花园里摔跤，只当是孩子们闹着玩，并不在意。

有一天，鳌拜接到康熙帝召见的命令，要他单独进宫商量国事。鳌拜像平常一样大模大样地进宫去。刚跨进内宫的门槛，忽然一群少年拥了上来，将他围住，有的拧胳膊，有的拉大腿，一下子就把他打翻在地。任凭他大喊大叫，也没有人搭救他。

把鳌拜抓进大牢后，康熙帝马上让大臣调查鳌拜的罪行。大臣们认为，鳌拜独断专横，擅杀无辜，罪恶累累，应该处死。康熙帝从宽发落，革了鳌拜的官爵。

康熙帝除掉鳌拜，朝廷里一些骄横的大臣知道了这个年轻皇帝的厉害，就不敢在他面前放肆了。

康熙帝亲自执政后，大力整顿朝政，使新建立的清王朝渐渐强盛起来。但是，南方的三个藩王却成了康熙帝的一块心病。

这三个藩王是投降清朝的明军将领，一个是引清兵入关的吴三桂，一个是尚可喜，一个是耿仲明。因为他们帮助清朝消灭南明，镇压农民军有功，清廷便封吴三桂为平西王，驻防云南、贵州；尚可喜为平南王，驻防广东；耿仲明为靖南王，驻防福建，合起来叫作"三藩"。三藩之中，数吴三桂势力最大。

康熙帝知道要统一政令，三藩是很大的障碍，一定要找机会削弱他们的势力。他找来大臣们商议撤藩，可大臣们怕撤藩会引起反叛，都有顾虑。

康熙帝果断地说："吴三桂早有野心。撤藩，他要反；不撤，他迟早也要反。不如先发制人。"接着，就下诏撤藩。诏令一下，吴三桂果然暴跳如雷。他自以为是清朝开国老臣，现在年纪轻轻的皇帝居然撤他的权，便决定造反。

吴三桂在西南一带势力强大，一开始，叛军打得很顺利，一直打到湖南。他又派人跟广东的尚之信（尚可喜的儿子）和福建的耿精忠联系，约他们一起反叛。这两个藩王有吴三桂撑腰，也反了。历史上把这件事称作"三藩之乱"。

康熙帝并没有被他们吓倒，一面调兵遣将，集中兵力讨伐吴三桂；一面稳住尚之信、耿精忠，停止撤销他们的藩王称号。尚之信、耿精忠一看形势对吴三桂不利，又投降了。

吴三桂开始打了一阵子后，力量渐渐削弱，处境十分孤立。经过八年战争之后，他自己知道无力回天，连悔带恨，生了一场大病死了。

清军平定了叛乱势力，统一了南方。正当朝廷庆贺平定叛乱告捷的时候，在我国东北边境又传来沙皇俄国侵犯边境的消息。

雍正帝即位

康熙帝一共有 35 个儿子，成年且受册封的只有 20 人。为了争夺储位，他们分为三个集团，一是皇太子集团；二是皇四子集团；三是皇八子集团。三派钩心斗角、明争暗斗。

太子胤礽，排行老二，清康熙十三年（1674 年）生，生母为皇后赫舍里氏。皇后赫舍里氏难产而死，康熙帝十分伤心，次年胤礽被册封为皇太子。康熙帝对胤礽格外疼爱，亲自教他读书识字，每次外出围猎都把他带在身边。康熙十七年（1678 年），皇太子出痘，当时正值三藩之乱，但康熙帝亲自照顾太子，竟连续 12 天没有批阅奏折。

但皇太子的表现太让康熙帝失望了。康熙二十九年（1690 年），康熙帝亲征噶尔丹，途中得病，召见皇太子。谁知皇太子对康熙帝漠不关心，令康熙帝深感寒心。皇太子的舅舅大学士索额图，与皇太子密谋，想夺权篡位。康熙帝知道后，盛怒之下将索额图处死，以此警告皇太子。但皇太子并未因此而收敛，反而更加嚣张。康熙四十七年（1708 年），康熙帝到木兰围场围猎，途中皇

▲康熙帝读书像

十八子生病，皇太子竟毫不关心弟弟的病情，甚至在夜间向康熙帝的御帐里窥探。康熙帝深感自己的皇位和生命受到威胁，说："说不定哪一天我就会被毒死，或者被谋杀，真是要日夜警惕啊。"九月十六日，围猎还没有结束，康熙帝召集诸王、大臣，历数太子罪状，宣布废太子之位，声泪俱下，最后昏倒在地。太子的亲信被处死，康熙十分难过，连续七天七夜不吃不睡。皇长子受命看管废太子，回京后康熙帝命令皇四子胤禛（就是后来的雍正帝），一同负责看管。胤禛当时还是个贝勒，次年被封为雍亲王。

康熙帝以为废掉太子就可以缓和诸皇子之间的矛盾，但是令他万万没有想到的是，诸皇子争夺储位的斗争反而更加激烈。太子之位成为诸皇子角逐的目标。

皇八子为人干练，有德有才，交际很广。从小由皇长子的母亲惠妃抚养长大，与皇长子关系很好。皇长子找人诅咒胤礽发疯，甚至直接向康熙帝建议立皇八子为太子，如果康熙帝想处死废太子他愿意负责处置。康熙帝勃然大怒，将皇长子关押起来，把皇八子革爵关押，附和皇八子的大臣或被革职或被处死。

康熙帝看到废皇太子后诸皇子争夺储位斗争更加激烈，为了根绝储位之争，在康熙四十八年（1709年），重新立胤礽为皇太子，释放了皇八子并恢复了他的爵位。诸皇子都明白，既然皇太子能被废掉一次，也可能再次被废掉。所以皇太子党与皇八子党之间的斗争更加激烈。

当大臣们把目光注视在皇太子和皇八子身上时，皇四子胤禛悄然崛起。胤禛很有心计，为人谨慎、做事不露声色。他对皇太子党和皇八子党既不依附，也不反对。他还经常在康熙帝面前讲太子的好话，对康熙帝也非常孝顺。康熙帝生病时，他服侍康熙帝吃药治疗。在处理兄弟关系方面，他的原则是"不结党""不结怨"。康熙帝交给他办的事，他都尽心尽力地办好，令康熙帝非常满意，也赢得了很多大臣的好感。

康熙五十一年（1712年），无可奈何的康熙帝决定再次废掉依旧嚣张的皇太子，幽禁在咸安宫，对其党羽严厉惩罚。这时势力上升最快的是皇四子的同母弟皇十四子胤禵。康熙五十七年（1718年），皇十四子被封为抚远大将军，主持西北军务。康熙帝很喜欢他，当时被公认为太子人选。

康熙六十一年（1722年）十一月，康熙帝突然生病。次日，康熙帝病逝。康熙帝死后，皇四子胤禛的舅舅隆科多宣布遗诏，皇位继承人不是胤禤而是胤礽。众人议论纷纷，认为皇四子胤禛与隆科多串通一气，毒杀了康熙帝，篡改遗诏。

其实这是不可信的。满文为清朝的国文，宫廷的书写制度是满汉两种文字并用，绝不会只用汉文；而汉字当时用的是繁体字，"于"写作"於"，"于"字根本无法改成"於"字；按照惯例，皇子应称皇第几子，如皇十四子，绝不会只写"十四子"。遗诏应为"皇位传于皇四子"，因此汉文也无法添改。由此可见，雍正帝篡改遗诏之说，就不攻自破了。

乾隆帝禁书修书

清王朝经过康熙、雍正两朝的经营，经济发展很快。到雍正帝儿子清高宗弘历（也叫乾隆帝）在位的时候，已经可以称得上国富民强了。清朝初期的文治武功（也就是文化和武力的统治），在这个时期都达到了鼎盛。

1757年，原来已归服清朝廷的准噶尔贵族阿睦尔撒纳发动叛乱。乾隆帝派兵两路进攻，平定了叛乱。

乾隆帝跟他祖父、父亲一样，不仅注意武功，还十分重视文治。他一面继续招收文人学者做官；一面又大兴文字狱，镇压有反清嫌疑的文人。乾隆时期文字狱之多，大大超过了康熙、雍正两朝。

但是，乾隆帝明白，光靠文字狱来实行文化统治去不了根，还有成千上万的书籍贮藏在民间。如果里面有不利于他们统治的内容，那就无可奈何了。

后来，他想出一个一举两得的办法，就是集中全国的藏书，来编辑一部规模空前巨大的丛书。这样做，一来可以进一步笼络大批知识分子，显示皇帝重视文化；二来借这个机会正好可以把民间藏书统统审查一下。

1773年，乾隆帝正式下令开设

▲《四库全书》书影

四库全书馆。派了一些皇亲国戚和大学士担任总管，那些皇亲国戚大多是挂名监督的。真正担任编纂官的都是当时一些有名的学者，像戴震、姚鼐、纪昀等人。要编纂的那套丛书名称就叫《四库全书》。

要编这样一套规模巨大的丛书，先得收集大量的书籍。乾隆帝下了命令，叫各省官员搜集、收购各种图书，并且定出了奖励办法，私人进献图书越多，奖励越大。这道命令一下，各地图书便源源不绝送到北京。两年之中，就聚集了二万多种，再加上宫廷里收藏的大量图书，数量就很可观了。

▲乾隆皇帝朝服像

书收集得差不多了，乾隆帝就下令四库全书馆的编纂官员对图书进行认真检查。凡是有"违碍"（对清统治者不利）字句的，一律毁掉。经查发现在明朝后期的大臣奏章里，提到清皇族的上代，不那么尊重，乾隆帝认为这是很不体面的，就下令把这类图书一概烧毁。据不完全统计，在编《四库全书》的同时，被查禁烧毁的图书也有3000多种。

后来，这部规模巨大的《四库全书》终于编出来了。编纂者们对大批图书进行编辑、校勘、抄写，足足花了十年工夫，到1782年正式完成。这套丛书共收图书3503种，79337卷。不论乾隆帝当初的动机怎样，这部书对后代人研究我国古代丰富的文化遗产，毕竟是一项重大而珍贵的贡献。

民族英雄林则徐

在乾隆、嘉庆在位期间，清朝的国力开始由强盛走向衰弱。与此同时，英、美、法等国正逐渐完成工业革命，资本主义需要广阔的商品市

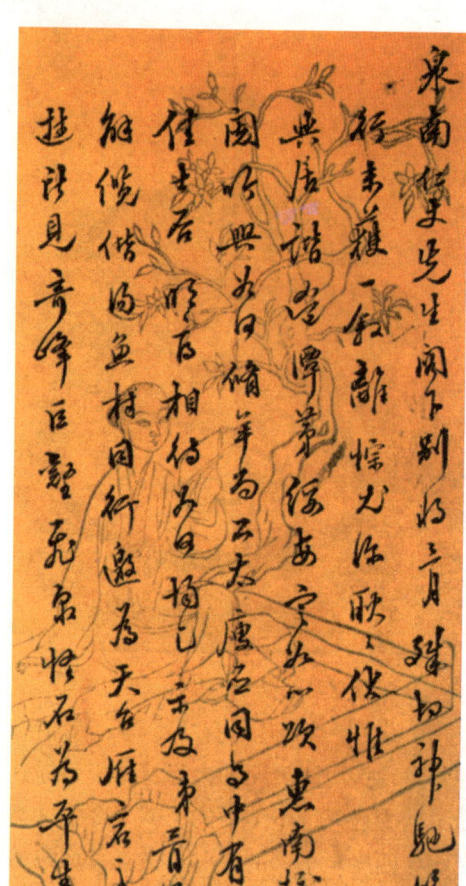

▲林则徐书法

场和原料产地，英国首先将目光投向了中国。

由于中国是自给自足的自然经济，英国只得借助于鸦片贸易来扭转巨大的贸易逆差。到了道光年间，吸食鸦片已成为危及中华民族存亡的祸患。面对这种局面，以林则徐为代表的官员大声疾呼彻底消灭烟毒。道光帝也感到吸食鸦片的危害，决定派林则徐赴广东禁烟。

林则徐是福建侯官（福州）人，他的父亲林宾日是个以教书为业的秀才。林则徐27岁那年被选为翰林院庶吉士。在京时期，他与南方出身的清流派小京官结成文学团体"宣南诗社"，社友中有陶澍、黄爵滋、龚自珍等人。他们之间常常议论时局，讨论治世的学问，这自然为林则徐日后出任封疆大吏，建立斐然政绩打下了良好的基础。

这一次，道光帝任命林则徐为钦差大臣，节制广东水师，到广州海口查小鸦片走私案件。林则徐不敢怠慢，水陆兼程，赶赴广州。他会同两广总督邓廷桢，在钦差行辕传见十三行洋商。原来清朝只允许广州一口十三行官商与洋人贸易，而这些官商常暗中走私鸦片，中饱私囊。林则徐一到，便严厉地审问他们。

英国驻华商务监督义律一向认为中国官吏是雷声大、雨点小，准备采取拖延手段。而林则徐严正表示："鸦片一日不杜绝，我便一日不回朝廷。"并下令对负隅顽抗的英国鸦片商人采取一些制裁手段。义律黔驴技穷，无可奈何，只得下令让英国鸦片贩子向中国政府缴烟。

林则徐定在虎门外的龙穴岛销烟。后来担心节外生枝，销烟地点又改到沙角。

销烟这天，林则徐、邓廷桢等人亲临虎门视察，只见销烟池池水沸腾，烟雾弥漫，顷刻间鸦片化为渣沫黑烟。

为了对林则徐的虎门销烟实施报复，更为了打开中国的市场，英国从本土和印度调派了远征军，向中国进攻。1840 年 6 月，英舰到达珠江口，因林则徐防范严密，英军无隙可乘，便北上攻陷浙江定海，又直逼天津大沽口。以穆彰阿为首的投降派攻击林则徐，将英军来犯的原因全都推在林则徐身上。不久，林则徐便被革职，充军到新疆伊犁。1842 年，英国封锁瓜州，攻陷镇江，兵舰直驶南京下关。这时候，昏庸无能的清政府与英国侵略者签订中国近代史上第一个不平等条约——《南京条约》，中国从此开始沦为半殖民地半封建社会。

1845 年十月，林则徐获赦复职。此后，他又担任了陕甘总督、云贵总督的官职。

1850 年，洪秀全组织反清运动，道光帝得知后，慌忙召林则徐入京，但这时的林则徐已重病在身，无法受命了。第二年，洪秀全起义爆发了。

太平天国起义

英国人用鸦片掠夺中国，又用炮舰保护了罪恶的鸦片贸易。《南京条约》签订后，外国货如潮水般涌入中国，清政府也为支付战争赔款，加重了对人民的剥削，广东首当其冲。不久，太平天国起义在两广地区爆发了。领导起义的首领就是洪秀全。

洪秀全出生在广东省花县的一个中农家庭里。他 7 岁时，到村中私塾读书，由于天性好学，聪明过人，到了 18 岁，他在史学和文学方面的造诣已经远近闻名了。后来，他父母相继死去。服孝期满后，他来到府城广州赶考，结果名落孙山。1843 年，他重整旗鼓又赴广州考秀才，结果仍然落榜。

洪秀全在广州应试期间，曾得到一本基督教的宣传品《劝世良言》，他无意中翻阅之后，觉得书的内容十分新奇，便认真研读起来。

《天朝田亩制度》

《天朝田亩制度》是太平天国前期的纲领性文件。它是一个以解决土地问题为中心的比较完整的社会改革方案，它的主要内容是：关于土地纲领提出了废除封建土地所有制，按人口平均分配土地的原则和办法。关于理想社会蓝图，太平军的组织系统移植在社会上，制定了"兵民合一"的社会组织和守土乡官制度。规定五家为伍，设伍长；五伍为两，设两司马；四两为卒，设卒长；五卒为旅，设旅帅；五旅为师，设师帅；五师为军，设军帅。军帅以上设监军、总制，称守土官。每一户为一个生产单位，规定每户必须种桑织布，养五只母鸡，两头母猪。各家有婚娶、生育、吉喜等事，由两司马按一定标准从国库开支。每家设一人为伍卒，有警则首领统带为兵，杀敌捕贼；无事则首领督带务农。

这个纲领继承和发展了中国历代农民在革命斗争中提出过的"均贫富""等贵贱"的思想，表现了农民群众对封建土地制度大胆否定的革命精神，但是，它所规定的分配土地和"通天下皆一式"的经济生活方案，是一种绝对平均主义思想，实际上是不可能实现的。

1843年7月，洪秀全约合了老同学冯云山和族弟洪仁玕，来到官禄布村外一条叫石角潭的小河，跳进水中，洗净全身，这是依照基督教行"洗礼"仪式。此后，三人结为一个秘密的团体——拜上帝会。洪秀全称自己是上帝的次子，耶稣是上帝的长子，他相信这种舶来的新教将会吸引许多信众。

洪秀全建立拜上帝会后做的第一件事，就是砸毁了家里的孔、孟牌位，然后便和冯

▲太平军号衣图

云山赴广西紫荆山区传教。洪秀全等到组织基本建立后回到广东，开始了两年多的著述活动。他写了《原道救世歌》《原道醒世训》《原道觉世训》。在这些书里，他阐发了农民的平等和平均思想，第一次提到社会上的两大对立面：正义与邪恶。

与此同时，冯云山在紫荆山区烧炭工人中发展会员，很快会员就发展到数千人，初步形成了以洪秀全、冯云山、杨秀清、萧朝贵、石达开、韦昌辉等人为首的领导核心。

1850年正月，清宣宗旻宁病死，咸丰皇帝即位，历史上称为清文宗。当年7月，洪秀全下令各地会友在10月4日前到桂平县金田村集合，并计划在洪秀全38岁生日那天举行武装起义。

拜上帝会在各地的会员接到命令后，向金田聚集。很快，人数就超过了二万。一天，洪秀全、冯云山正在花洲山人胡以晃家中密谋起义，官府得知这一消息，派兵包围了那里。杨秀清等人听说后立即派兵救援，并全歼了官兵。这就是太平天国史上著名的"迎主之战"。

1851年1月11日，太平军按原定计划举行隆重仪式，正式宣布起义。由此，太平军揭开了纵横18省、坚持14年的农民运动的序幕。

英法联军火烧圆明园

圆明园包括圆明、长春、绮春（万春）三园，占地约350公顷，是清朝皇帝在150多年间陆续建造的一座皇家宫苑群。圆明园最初是康熙帝赐给皇四子胤禛（即后来的雍正帝）的花园。雍正帝即位后，开始大规模扩建圆明园，并在园南增建了正大光明殿和勤政殿以及内阁、六部、军机处诸值房，在这里处理政务。雍正、乾隆、嘉庆、道光、咸丰五位皇帝，都曾长年居住在圆明园优游享乐，举行朝会，外理政事，它与紫禁城同为当时的全国政治中心，被特称为"御园"。

圆明园主要兴建于康熙末年和雍正年间。到雍正末年，园林风景群已占地3000亩。乾隆年间又在园内进行增建和改建。主要园林风景群，有著名的"圆明园四十景"，即正大光明、勤政亲贤、九州清晏、缕月开云、天然图画、碧桐书院、慈云普护、上下天光、杏花春馆、坦坦荡荡、茹古涵今、

▲圆明园九州清晏图　清

长春仙馆、万方安和、武陵春色、山高水长、月地云居、鸿慈永祜、汇芳书院、日天琳宇、澹泊宁静、映水兰香、水木明瑟、濂溪乐处、多稼如云、鱼跃鸢飞、北远山村、西峰秀色、四宜书屋、方壶胜境、澡身浴德、平湖秋月、蓬岛瑶台、接秀山房、别有洞天、夹境鸣琴、涵虚朗鉴、廓然大公、坐石临流、曲院风荷、洞天深处，以及紫碧山房、藻园、若帆之阁、文源阁等。当时悬挂匾额的主要园林建筑多达600座，为古今中外皇家园林之冠。

长春园始建于乾隆十年（1745年），1751年正式设置管园总领时，园中路和西路的各主要景群已基本建成，如澹怀堂、含经堂、玉玲珑馆、思永斋、海岳开襟、得全阁、流香渚、法慧寺、宝相寺、爱山楼、转湘帆、丛芳榭等。后来又相继建成茜园和小有天园。乾隆三十一年（1766年）至三十七年（1772年）又建成了该园东部景观，如映清斋、如园、鉴园、狮子林和西洋楼景区。长春园占地1000亩，悬挂匾额的园林建筑为200座。

绮春园始建于康熙末年，乾隆三十五年（1770年）正式归入御园，定名绮春园，成为清帝园居的主要园林之一。至此，圆明三园处于全盛时期。嘉庆帝曾写"绮春园三十景"诗，后又陆续新成20多景。当时比较著名的园林景群有敷春堂、清夏斋、涵秋馆、生冬室、春泽斋、凤麟洲、蔚藻堂、中和堂、竹林院、喜雨山房、烟雨楼、含晖楼、澄心堂、畅和堂、湛清轩、招凉榭、凌虚亭等30处。悬挂匾额的园林建筑有百余座。1860年被毁后，在同治年间试图重修时，改称万春园。

圆明园是中国园林建筑史上一个精美绝伦的杰作，它将古今、南北、中西建筑之美和谐地集于一体，被诗化为"人间天上诸景备，移天缩地入君怀"。圆明园盛名还传至欧洲，被誉为"万园之园"。法国大文豪雨果曾评价说："你只管去想象那是一座令人心神往的、如同月宫的城堡一样的建筑，夏宫（指圆明园）就是这样的一座建筑。人们常常这样说：希腊有帕特农神殿，埃及有金字塔、罗马有斗兽场，东方有夏宫。这是一个令人叹为观止的无与伦比的杰作。"

　　咸丰十年（1860 年）7 月，英法侵略军逼近北京，咸丰帝仓惶从圆明园逃往避暑山庄。10 月 6 日，英法侵略军直扑北京城西北郊的圆明园。守护圆明园的大臣、侍卫以身殉国。侵略军的军官和士兵，从四面八方涌进圆明园，肆意抢劫。他们为了抢夺财宝，互相殴打，甚至械斗。因为园内珍宝太多，他们一时简直不知道抢什么才好，有的搬走景泰蓝瓷瓶，有的去拿镶嵌珠玉的挂钟，有的大口袋里装满了各种金银珠宝，有的半身缠着织锦绸缎，有的脖子上挂着翡翠项圈。一个英国军官抢了一个金佛像，价值数万英镑。一个法国军官抢劫了价值 60 万法郎的财物。法军总司令孟托邦的儿子抢的财宝装满了好几辆马车。一个名叫赫利思的英国军官，抢了 2 座金佛塔，发了大财，享用终身，得了个"中国詹姆"的绰号。随后法国士兵手抢木棍，将不能带走的东西全部捣碎。10 月 18 日、19 日，三四千名侵略军在园内到处纵火，大火烧了三天三夜，全园化为一片火海，烟雾笼罩，火光冲天。相距 20 多里的北京城上空日光黯淡，好像日食一样。这座举世无双的园林杰作、中外罕见的艺术宝藏，就这样被付之一炬。

　　圆明园被毁后，慈禧太后曾重修了一部分。1900 年，八国联军入侵北京，慈禧和光绪帝逃往西安，北京秩序大乱，八旗士兵、土匪地痞趁火打劫，圆明园内残存和修复的约百座建筑物，都被拆抢一空，圆明园的建筑和古树名木遭到彻底毁灭。

慈禧夺权

　　1856 年，第二次鸦片战争爆发了，英、法分别以"亚罗"号和马神甫事件为借口，组成联军对中国发动侵略战争，意在扩大对中国的侵略权益。1860 年，英、法联军攻入北京，火烧圆明园。咸丰帝令恭亲王奕䜣担任议和大臣，与英、法等国谈判，屈辱地签订了《北京条约》。

　　咸丰在位的十年，内忧外患不断：先是太平军起义，然后是捻军大乱淮泗；而英、法等国又乘机要挟，大动干戈；沙俄更是狮子大开口，一下子就割去东北 100 多万平方千米的土地，甚至连帝国的发祥地也不放过。

▲慈禧皇太后之宝玺及玺文　清

这真是爱新觉罗宗室的奇耻大辱啊！

在这种内忧外患的交迫下，咸丰帝身染重病，一病不起。

1861年七月，咸丰皇帝在多次昏厥之后，知道自己将要去世，便考虑托孤一事。他知道懿贵妃（就是慈禧）是权利欲极强的女人，而皇后钮钴禄氏（后来的慈安）没有主见。为了防止出现女后专权的局面，他把辅政的重责交给协办大学士、尚书肃顺和怡亲王载垣、郑亲王端华等八大臣。在他看来，八大臣联手足可以对付懿贵妃，即便是恭亲王站在懿贵妃一边也不怕。

但是，由于咸丰留下了"御赏""同道堂"两颗印章，便埋下了后宫垂帘听政的祸根。

原来"御赏"是咸丰帝赐皇后钮钴禄氏的私章，"同道堂"是咸丰帝赐给独子载淳的私章。这两枚私章成为皇权的象征，咸丰皇帝的意思已十分明确，那就是说，用这两颗印章来制约八大臣。

不久，八大臣上了一个极有利于懿贵妃的章疏：尊皇后钮钴禄氏为慈安皇太后；尊懿贵妃叶赫那拉氏为慈禧皇太后。

慈禧做了皇太后之后，权力欲望急剧膨胀，为举行政变紧锣密鼓地做着准备。

不久，慈禧与恭亲王奕诉趁到热河避暑山庄为咸丰帝吊丧之机，逮捕了肃顺。肃顺被抓的同一天，七大臣也在紫禁城被捕。

至此，咸丰皇帝任命的八位襄赞政务大臣，五个被革职，充军发配到新疆。载垣、端华被赐自尽，肃顺处斩。

辛酉政变标志着叶赫那拉氏爬上了统治中国的最高宝座，这一年，她刚刚27岁。

甲午战争

明治维新后，日本开始大力发展资本主义，建立近代化国家。明治天皇具有极强的对外扩张欲望，极力鼓吹军国主义，并将侵略矛头首先指向其近邻朝鲜和中国。1874 年日本侵略中国的台湾，虽未得逞，但却尝到了甜头，特别是中法战争造成的中国"不败而败"的结局，更加刺激了日本侵略中国的野心，于是日本伺机对中国发动大规模战争。

1894 年 4 月，朝鲜南部农民起义军占领全罗南道首府全州，朝鲜政府请求清政府派兵协助镇压。日本以清军入朝为借口，大批调遣日军赴朝，迅速抢占从仁川至汉城一带的战略要地，同时设立战时大本营，作为指挥侵略战争的最高机构。

海军衙门

1885 年，清政府认为马尾海战失败是因为"水师不如人"，于是宣布"以大治水师为主"，成立了总理海军事务衙门，简称海军衙门。海军衙门是清政府管理全国海军的机构，相当于现在的海军司令部。海军衙门统一了海军指挥权，总管海军、海防事宜。醇亲王奕谭、北洋大臣李鸿章为会办，正红旗汉军都统善庆、兵部右侍郎曾纪泽为帮办，实权掌握在李鸿章手中。

李鸿章利用海军衙门整顿海防的名义，大力采购外国军舰，并将南洋水师和福建水师中较好的船调拨到北洋水师。光绪十四年（1888 年）建成北洋水师。海军经费原定每年 400 万两，因慈禧太后挪用海军经费大修颐和园，所以在光绪十四年（1888 年）以后，就没有添置新舰。光绪十七年（1891 年）以后又停止购买军火。

甲午战争中北洋水师全军覆没，海军衙门也于 1895 年三月裁撤。

▲李鸿章与伊藤博文等人会面图　清

8月上旬，卫汝贵、马玉昆、左宝贵和丰升阿等四部援朝清军万余人先后抵达平壤。8月中旬，日本大本营除已派第5师余部赴朝外，又增遣第3师参战，两师合编为第1集团军。同时，日方决定组建第2集团军，待机进攻中国的辽东半岛。

9月15日，日军分三路进攻平壤，清军分路抗拒，左宝贵中炮牺牲，玄武门失守。叶志超指挥无方，见北门不守，即下令撤军，弃平壤逃走，渡过鸭绿江退入国境，日军轻易地占领了全部朝鲜。

日军在平壤得手后，遂寻机在海上消灭清政府的北洋舰队。9月17日，北洋舰队在完成护航任务后正准备由大东沟口外返航，遭到了以中将伊东祐亨为司令的日军联合舰队的拦截，随即爆发了著名的黄海海战。战斗历时5个多小时，北洋舰队沉毁5舰，伤4舰，日本联合舰队伤5舰。日军在第一阶段作战中，适时调整作战计划，海陆同时出击。北洋舰队虽然受到重创，但实力还是相当强大，但李鸿章却令北洋舰队躲在威海港中，不许出战，使日本联合舰队达到了控制黄海制海权的目的，造成以后中国海军被动挨打的局面。

平壤之战和黄海海战后，由于对日军主攻方向判断失误，清廷集重兵于鸭绿江一线和奉天、辽阳之间。同时，为保卫北京，又在各省抽调兵力，驻守山海关至秦皇岛之间，以及天津、大沽、通州等地。这种布署使地处渤海门户正面的辽东半岛兵力不足，防御极其空虚。

日军第1集团军在九连城上游的安平河口突破成功，继而攻克虎山。其他各部清军闻虎山失陷，不战而逃。26日，日军未遇抵抗即占领九连城和安东（今辽宁丹东），清军鸭绿江防线崩溃。与此同时，日军第2集团军开始在旅顺后路的花园口登陆，意在夺取旅顺口和大连湾。11月6日，日军攻占金州（今属大连）。7日，日军分三路向大连湾进攻，大连湾守军不战而逃，日军占领大连湾。18 日，日军前锋进犯旅顺口附近的土城子，除徐邦道率部奋勇抗击外，旅顺各守将毫无斗志，对徐邦道不加援助。22 日，日军攻陷旅顺口，并血洗全城。

日军攻占旅顺后，以陆军第 2 集团军为基础组建"山东作战军"，又令联合舰队协同山东作战军作战，并以陆军第 1 集团军在辽东战场进行佯攻，继续吸引清军主力。清廷对日军主攻方向又一次判断失误，以重兵驻守奉天、辽阳及天津至山海关一线，北洋舰队则根据李鸿章"水陆相依"的防御方针，躲藏在威海卫港内，不许出战。

1895 年 1 月 20 日，日"山东作战军"在荣成龙须岛登陆，占领荣成。30 日，南帮炮台在日军的合围下陷落，遂即北帮炮台也为日军占领。此后，日军水陆配合，攻击刘公岛和港内的北洋舰队。北洋舰队提督丁汝昌、总兵刘步蟾等先后自杀殉国。17 日，威海卫海军基地陷落，北洋舰队覆灭。

2 月 28 日，日军从海城分路出击，3 月 4 日进攻牛庄（今辽宁海城西北），牛庄为清军后方根本，守军却极少，守军奋勇苦战，死伤被俘 3000 多人，牛庄失陷。7 日，日军攻克营口。9 日，清军在田庄台大败。至此，日军占领了辽东、辽南地区。

早在日军占领辽东半岛后，清廷便开始通过外交途径向日本请和，威海卫失陷后，清廷求和之心更切。在美国安排下，李鸿章以头等全权大臣的身份，在美国顾问科士达陪同下赴日议和。1895 年 4 月 17 日，李鸿章在中日《马关条约》上签字，甲午战争结束。

戊戌变法

1895 ～ 1898 年，在中国发生了一场颇有声势的资产阶级维新变法运动。到了 1898 年，百日维新成为这次运动的高潮。这是一场由资产阶级改良主义者领导的改革。然而，这一场改革触动了封建顽固派守旧势力的利益。因此，百日维新一开始，围绕顽固派和维新派的斗争便展开了。

慈禧太后首先逼迫光绪皇帝下令将翁同龢革职。翁同龢是光绪皇帝的亲信大臣，在帝党和维新派之间起着桥梁的作用，将他革职，就大大削弱

▲光绪帝朝服像

了变法维新的力量。接着，慈禧太后逼迫光绪任命荣禄为直隶总督兼北洋通商大臣，统率北洋三军，这实际上是把北京控制在她的手里。慈禧太后又用光绪帝的名义，宣布在1898年10月19日去天津检阅军队，准备到时发动政变，逼迫光绪帝退位。

在这危急的时刻，光绪帝便与维新派的主要人物反复商量，认为唯一能想到的办法，就是依靠袁世凯的军事力量。

袁世凯早年曾在天津小站督练新建的陆军，当时做荣禄的部下，是北洋三军中的重要将领，他的军队就驻扎在天津附近。当光绪帝皇位难保之时，谭嗣同挺身而出，表示愿意冒险去找袁世凯，说服他出兵帮忙。

当天深夜，谭嗣同独自到了袁世凯的寓所，拿出光绪帝的密诏，并将维新派的全部计划也和盘托出，要袁世凯扶持光绪皇帝诛杀荣禄，消灭后党。

谭嗣同慷慨激昂地说："今天只有你能救皇上。如果你愿意，就请全力救护；如果你贪图富贵，就请到颐和园告密，你可以升官发财！"

袁世凯正颜厉色地说："你把我袁某看成什么人了！皇上是我们共事的圣主，救驾的责任，你有，我也有！"

第二天，光绪帝召见了袁世凯，要他保护新政。退朝之后，袁世凯匆匆赶回了天津。一到天津，他就去向荣禄告密。荣禄得报后，连夜乘专车进京，赶往颐和园去向慈禧太后报告。袁世凯从这一叛变行动开始，便飞黄腾达起来，他用维新派的鲜血，染红了自己的顶戴。

第二天凌晨，慈禧太后就带着大批人马，气急败坏地从颐和园赶到紫禁城，下令把光绪帝囚禁在中南海的瀛台。对外则宣布光绪帝生病，不能亲理政务，由慈禧太后"临朝听政"。同时，下令大肆搜捕维新派和倾向维新派的官员。百日维新期间推行的新政，除了京师大学堂等少数几项措施以外，全部被废除了。这一年，正是甲子纪年的戊戌年，所以，通常把这场政变称为"戊戌政变"。

公车上书

1895 年 4 月《马关条约》签订以后，举国上下掀起了反侵略、反投降的斗争。当时在北京应试的各省举人举行集会，公推康有为起草上皇帝万言书，签名的举人有 1.3 万多人。5 月到都察院呈递。这就是著名的"公车上书"。

康有为在上书中痛呈：割让辽东和台湾是列强瓜分中国的信号，亡国大祸即将临头，因此，拒和、迁都、练兵、变法是当前的正确对策，而变法以立国自强最为急务。公车上书是一次爱国知识分子的请愿活动，在社会上产生了巨大影响，标志着知识分子改良主义运动在中国的开始。

维新派领袖人物康有为得知消息后，从天津搭乘英国轮船逃往香港。梁启超当天得到日本使馆的保护，化装逃往日本。

1898 年 9 月 28 日，慈禧太后下令杀死谭嗣同、康广仁、刘光第、林旭、杨锐、杨深秀六人，他们被称为"戊戌六君子"。

至此，清朝资产阶级改良主义运动彻底失败了。

末代皇帝溥仪

光绪在位 34 年，最终抑郁而死。他"驾崩"两个时辰后，醇亲王载沣被宣入中南海，跪在西太后的帏帐前。

慈禧开口说："载沣，你得了两个儿子，这是值得喜庆的事。光绪晏驾，我又在病重之中。现国家有难，朝廷不可一日无君，我决定立你的长子溥仪为嗣，继承皇位，赐你为监国摄政王！"向来懦弱的载沣，听了这番话，如五雷轰顶。他手足无措，不知该怎么办才好，只是反复念叨说："溥仪仅仅三岁，溥仪仅仅三岁……"慈禧马上劝慰说："这是神意，也是列祖列宗牌位前卜卦请准了的！明天，你将溥仪带进宫，举行登基仪式。"

▲幼年溥仪旧照

西太后的决定传到醇王府，醇王府立即炸锅了。溥仪的祖母不等念完谕旨就昏了过去。刚苏醒过来，便一把夺过溥仪，紧紧抱在怀里，一把鼻涕一把泪地说："你们把自家的孩子（指光绪）弄死了，却又来要咱的孙子，这回咱是万万不能答应的！"

对于西太后的歹毒，她是领教过的，所以她止不住地哭闹着，不忍心让孙子再落入西太后的魔掌。

后来，府中的人不得不把她扶走。这时候接皇帝的内监要抱溥仪走，但三岁的溥仪见到这些男不男、女不女的生人，拼命地挣扎，他一点也不管"谕旨不可违"的说教，连哭带打不让太监来抱。于是，太监们一商量，决定由载沣抱着"皇帝"，带着乳母一起去中南海。

1908 年 10 月，一群太监将溥仪带入皇宫，第二天，西太后便一命呜呼了。又过了一个多月，也就是 12 月 2 日，举行了隆重的皇帝登基大典。

登基大典开始时，不满三周岁的溥仪，坐在皇帝的龙床宝座上，竟哇哇地大哭起来。他父亲载沣侧身坐在龙床上，双手扶着他，叫他不要再哭闹。

根本还不懂事的溥仪，见那些文武百官不断地磕头，高呼："万岁、万岁、万万岁"，加之山崩地裂般的锣声、鼓声、钟声，更加害怕，哭声也更大了。

载沣觉得在这样的盛典上，皇帝却哭闹不止，太不像话，心中一急，不由脱口而出，叫道："就快完了！就快完了！马上回老家了！一完就回老家了！"

话一出口，文武官员们不由得窃窃私语起来："怎么说是'快完了'呢？说要'回老家'是什么意思呢？"回满洲老家？不就是结束 270 年的满族统治吗？

载沣这一番话，竟得到了应验。到了 1911 年，溥仪当皇帝不到三年，辛亥革命就爆发了，在重重压力下，隆裕皇太后不得不替溥仪宣布退位，大清帝国就此宣告灭亡了。

武昌起义

辛亥武昌起义前夕，中国社会各种矛盾空前激化。人民群众自发的反抗斗争此起彼伏，和资产阶级革命党人连续不断的武装起义相呼应。1911年9月14日，在同盟会中部总会推动下，文学社和共进会消除门户之见，联合反清，建立了统一的起义领导机关。9月24日，两个革命团体召开第二次联席会议，决议在10月6日（农历八月十五）发动起义，蒋翊武为临时总司令。

革命党人的活动引起了湖北当局的注意，并且采取了一定措施，如实行全城戒严，进行大搜

▲同盟会会员证章

查，收缴士兵子弹，使枪弹分离等。革命党人见清军已有准备，再加上同盟会重要领导人黄兴、宋教仁、谭人凤等人迟迟未到武汉，所以起义不得不延期。

10月9日，孙武等配制炸弹时，不慎爆炸，俄国巡捕闻声赶来，搜去了革命党人名册、起义文告、旗帜、印信等物，并转交总督署，湖广总督立即下令关闭四城，搜捕革命党人。

面对这场突变，蒋翊武、刘复基、彭楚藩、杨宏胜等人召开紧急会议，决定立即发动起义。蒋翊武以临时总司令的名义起草命令，派人送往各标、营革命党人手中，约定当晚12时，以南湖炮队的炮声为号，发动起义。

但是，湖广总督已于事先听到风声，派军警查抄了武昌的各个革命机关，逮捕了刘复基、彭楚藩、杨宏胜等人，蒋翊武逃离武汉。湖广总督下令杀害刘、彭、杨3人，按查获的名册搜捕革命党人。由于起义的命令未及时送到南湖炮队，10月9日晚起义的计划落空。

在群龙无首的情况下，新军中的革命党人自行联络，决定以枪声为号，在第二天晚上按原计划发难。10月10日晚，新军工程第八营的革命党人

打响了起义的第一枪，夺取了中和门附近的楚望台军械库以及库内的枪支弹药，他们还陆续集合了200多人，推举左队队官吴兆麟为临时总指挥。

枪声一响，城内城外的革命党人、各标营的革命党人及其部众、炮兵营、工程队以及测绘学堂的学兵都相继起义，迅速向楚望台集中。这是，起义人数已达到近3000人，吴兆麟、熊秉坤、蔡济民等决定趁夜向总督署及紧靠督署的第八镇司令部发起进攻。

晚上10点30分，起义军分三路进攻督署后院、第八镇司令部和督署翼侧、前门。同时，已入城的炮八标占领发射阵地后，开始对督署轰炸。第一次进攻曾一度受挫，后来又有一部分起义士兵前来参战，加上炮队完全进入蛇山阵地，局势才开始好转。

晚12点后发动的第二次进攻异常激烈。起义军突破防线，逼近督署附近。三路义军互相配合，在炮兵火力支援下，一举冲入督署，将大堂点燃。督署和司令部守军见大势已去，降的降，散的散。10月11日黎明，武昌城内各官署、城门均为起义军所控制。10月11日上午，处于观望状态的清兵陆续向楚望台集中，听从革命党人指挥。

十八星旗插上武昌城头，武昌起义取得胜利。

接着，汉阳、汉口的革命党人也闻风而动，先后光复，武汉三镇均处于革命党人的控制之下。随即革命党人发表宣言，改国号为中华民国，还成立中华民国军政府湖北都督府，号召各省起义响应。在湖北的影响下，全国有13个省陆续宣布独立。

1912年1月1日，中华民国临时政府成立，1912年2月12日，清帝退位，清王朝被推翻。